大国学文化系列丛书

U0839275

泺尚·创意中国调研报告(2019)

本卷主题:文体旅产业融合的复杂适应系统

黄泰康　名誉主编
昝胜锋　主　　编

山东大学出版社

图书在版编目(CIP)数据

泺尚·创意中国调研报告.2019/昝胜锋主编.—
济南:山东大学出版社,2019.8
ISBN 978-7-5607-6415-3

Ⅰ.①泺… Ⅱ.①昝… Ⅲ.①文化产业—调查报告—
中国—2019 Ⅳ.①G124

中国版本图书馆 CIP 数据核字(2019)第 198437 号

责任策划:陈海军
责任编辑:陈海军
封面设计:张 荔 孙 婷

出版发行:山东大学出版社
社 址 山东省济南市山大南路 20 号
邮 编 250100
电 话 市场部(0531)88363008
经 销:新华书店
印 刷:济南景升印业有限公司
规 格:787 毫米×1092 毫米 1/16
21.25 印张 349 千字
版 次:2019 年 8 月第 1 版
印 次:2019 年 8 月第 1 次印刷
定 价:96.00 元

世界未来发展的根本方向是身心健康、本来如一！

《泺尚·创意中国调研报告(2019)》

课 题 组

一、学术指导单位

大国学院　农工党中央联络委　文化产业协作体

二、编撰单位

文化产业动能转换与生态系统（山东大学）山东省文化科技重点实验室

山东大学文化产业研究院　山东大学体育产业研究中心

三、顾问委员会

陈昌智　全国人大常委会原副委员长、民建中央原主席

陈宗兴　全国政协原副主席、农工党中央原常务副主席

桑国卫　全国人大常委会原副委员长

陈　竺　全国人大常委会副委员长、农工党中央主席

蔡达峰　全国人大常委会副委员长、民进中央主席

齐续春　全国政协原副主席、民革中央原常务副主席

何　维　全国政协副主席、农工党中央常务副主席

四、专家委员会

王永章（中华文化促进会）　　　　王育济（山东大学）

孙晋海（山东大学）

胡惠林（上海交通大学）

范　周（中国传媒大学）

范建华（云南省社科联）

陈少峰（北京大学）

顾　江（南京大学）

祁述裕（国家行政学院）

齐勇锋（中国传媒大学）

李　炎（云南大学）

金元浦（中国人民大学）

李凤亮（南方科技大学）

单世联（上海交通大学）

黄永林（华中师范大学）

彭岚嘉（兰州大学）

黄昌勇（上海戏剧学院）

傅才武（武汉大学）

盘　剑（浙江大学）

李　季（清华大学）

李向民（南京艺术学院）

向　勇（北京大学）

蔡尚伟（四川大学）

曹　莉（曲阜师范大学）

五、专业指导委员会

王廷琦（山东省文化和旅游厅）

刘　皓（山东省委宣传部）

康海民（青海省文化和旅游厅）

赵红川（四川省文化和旅游厅）

宋　波（河北省文化和旅游厅）

刘显世（山东省图书馆）

张百科（山东省文化和旅游厅）

郭洪森（山东省文化和旅游厅）

李文超（济南市委宣传部）

郅　良（济南市文旅局）

徐　伟（济宁市文旅局）

郭春森（中国海瓷集团）

于双胜（淄博市委宣传部）

冷大伟（威海市文旅局）

李成才（烟台市委宣传部）

张景亮（滨州市供销社）

杨春正（夏津县文旅局）

岳仁强（槐荫区委宣传部）

马本法（历城区委宣传部）

安　丽（泰山区委宣传部）

于　阳（济南国际创新设计产业园）

赵传新（山东景阳冈酒厂有限公司）

夏　冰（中国艺术研究院）

林国良（中华妈祖研究会）

王海平（农村教育发展中心）

席学军（华江饭店集团）

汪明华（人民艺术家杂志）	李康化（上海交通大学）
卜希霆（中国传媒大学）	周建新（深圳大学）
詹一虹（华中师范大学）	梁　君（广西师范大学）
胡洪斌（云南大学）	郭新茹（南京师范大学）
王　波（南京邮电大学）	唐月民（山东艺术学院）
吴承忠（对外经贸大学）	程志理（体育与科学杂志社）
石振国（山东大学）	昝胜锋（山东大学）

六、报告编撰委员会

名誉主编	黄泰康	中国农工民主党中央联络委员会主任、教授、博导 国家药品监督管理局原正司级干部、研究员
名誉副主编	刘　娟	大国学院副总干事、林则徐基金会名誉副会长、教授
	曲凤宏	中国农工民主党中央专职副主席兼秘书长
	徐永清	武警部队原政委上将
	林　强	林则徐基金会会长
	隋　路	农工党中央办公厅主任
	洪　伟	公安部办公厅副主任
	郭　廉	国家开发银行行务委员
	薛国强	武警部队原副司令员
	吴志明	民建福建省委主委
主　　编	昝胜锋	
副 主 编	陈　旭　周朋飞　李　娇　黄仕熙　陈永和 俞建文　唐小龙　谢海光	
编辑工作组	昝胜锋　陈　旭　周朋飞　李　娇　宋　莹　张逸凡 崔甜雪　石振国　丁庆建　成会君　杜高山　高　岩 王　飞　田　雨　张宪亮　李拓键　郭学庆　范泽斌	

孙国晓　韩　英　侯　滢　张凌云　李　伟　朱启莹

董雪梅　贾国静　朱文雁　邵明华　丁培卫　朱青莹

李大伟　朱　伟　臧丽娜　唐月民　李　阳　朱雪婷

孙　萧　唐煜昕　王　婵　韩朝阳　张克成　高　龙

施明槟　王余松

前言

2019年3月，第十三届全国人民代表大会第二次会议和中国人民政治协商会议第十三届全国委员会第二次会议在北京胜利闭幕，两会精神不仅为各行业新发展举旗定向，也对2019年文化产业发展提出了高点定位：既要提供优质的精神文化产品，满足群众对美好生活的需要，又要融入国民经济的大格局中，为高质量发展提供新动能。2019年迎来建国70周年，我们可以清楚地看到，无论是国家文化经济政策，还是文化市场动态均呈现“回暖”趋势，监管部门出台的各项新政策的内容，也无一不在回应业内人始终关注的一个经典问题：2019年文化产业的春天值得期待。

2018年，是贯彻党的十九大精神的开局之年，是改革开放40周年，也是决胜全面建成小康社会、实施“十二五”规划承上启下的关键一年。坚持全面贯彻十九大精神，推动高质量发展成为当前和今后一个时期确定发展思路、制定经济政策、实施宏观调控的根本要求。按照《国家“十三五”时期文化发展改革规划纲要》和《文化部“十三五”时期文化产业发展规划》要求，以数字化产业为代表的文化新兴产业成为重点关注和受益的对象，同时围绕两会的工作部署，在文化产业领域内贯彻履行弘扬社会主义核心价值观要求、继承发展中华优秀传统文化及深化“一带一路”文化交流合作等内容。在这一年里，文化产业领域取得了来之不易的新成绩，互联网新业态的快速发展改变了文化产业发展格局，文化消费需求的提升促进了内容产业的提质升级，文化与旅游部门的机构调整加速了文化与旅游等多个行业的深度融合，文化产业进入新的发展阶段。

《泺尚·创意中国调研报告（2019）》针对本卷编写主题，重点关注2018年文化及体育领域的以下几大事件：第一，2018年，文化部与旅游部正式合并，“诗”和“远方”走在了一起。3月13日，国务院机构改革方案提请十三届全国人大一次会议审议，在此次调整中，文化部与国家旅游局合并，正式组建文化和旅游部，并履行贯彻落实党的宣传文化工作方针政策，研究拟订文化和旅游工作政策措施，统筹规划文化事业、文化产业、旅游业发展，深入实施文化惠民工程，组织实施文化资源普查、挖掘和保护工作，维护各类文化市场包括旅游市场秩序，加强对外文化交流，推动中华文化走出去等职责。文化与旅游部的组建，预示着“文化＋旅游”将成为推动国内经济发展的重要力量。第二，《文化及相关产业分类（2018)》颁布。为深化文化体制改革和持续推进社会主义文化强国建设提供统计保障，建立科学可行的文化及相关产业统计制度，国家统计局于2018年4月2日颁布了新修订的《文化及相关产业分类（2018)》，并发文要求文化主管部门和各地区的统计部门认真贯彻执行这一统计分类标准。此次修订是根据2017年6月颁布的新的《国民经济行业分类》，在《文化及相关产业分类(2012)》的基础上，为适应以“互联网＋”为依托的文化新业态不断涌现、迅猛发展、日益成为文化产业新的增长点的新形势而进行的，分类的修订吸收了近年来文化体制改革的有关成果，突出了文化核心领域内容，体现了文化生产活动的特点，类别结构设置符合我国文化改革和发展管理的现实需要和认知习惯。第三，明确体育产业与“智能产业”“互联网＋”的融合发展方向。2018年，政府工作报告明确体育产业与“智能产业”“互联网＋”的融合发展方向，确立推进体育改革，支持社会力量提供体育服务，体育产业首次进入国家经济总体布局。在深入推进供给侧结构性改革中，文化体育产业作为新兴产业，需要实施大数据发展行动，强调注重“互联网＋”的发展理念，发展智能产业，拓展智能生活，为人们更美好的生活奠定基础。总体来看，我国体育产业发展的重要性日益突显，不仅体现在体育产业发展上升到国家战略层面，与全民健身、竞技体育并驾齐驱，成为驱动我国体育发展的第三驾马车；而且，从政府工作报告对体育产业的表述支持发展、统筹发展等转变为如何发展和如何推动方面来看，体育产业的发展目标和发展路径更为清晰与准确，即以供给侧改革为主线，积极提供体育服务供给，重视与突显社会力量、社会领域的作用，强调政府、社会、市场三位一体。第四，文化领域内知识产权的保护管理日益严格。2018年2月，中办国办印发《关于加强知识产权审判领域改革创新若干问题的意见》，文件意在强化知识产权创造、保护、运用，破解制约知识产权审判发展的体制机制障碍，充分发挥知识产权在审判激励和保护创新、促进科技进步和社会发展方面的职能作用；3月，国务院又发布了《知识产权对外转让有关工作办法（试行）》，文件明确了知识产权对外转让的审查范围、审查内容、审查机制等内容，为规范知识产权对外转让秩序，贯彻落实总体国家安全观，完善国家安全制度体系，维护国家安全和重大公共利益迈出了坚实一步。与此同时，广电总局发布的《关于进一步规范网络视听节目传播秩序的通知》特级文件里，对版权问题亦有涉及。总局指出，严格管理包括网民上传的类似重编节目，不向存在导向问题、版权问题、内容问题的剪拼改编视听节目提供传播渠道。对节目版权方、广播电视播出机构、影视制作机构投诉的此类节目，要立即做下线处理。第五，乡村振兴继续精准发力。2018年是乡村振兴元年，也是农村改革40周年，从2018年1号文件到最新的《乡村振兴战略规划（2018—2022年）》正式印发，无不表明乡村振兴作为调节我国社会收入结构及贫富分化，实现惠及近6亿人“高质量发展”的大国战略始终是政策推动的重中之重。乡村振兴战略自明确提出并上升至国家战略以来，一直受到高层高度重视，同时，相关政策也在加紧部署落地，其中《乡村振兴战略规划（2018—2022年）》坚持乡村振兴和新型城镇化双轮驱动，从城乡融合发展和优化乡村内部生产生活生态空间两个方面，明确了国家经济社会发展过程中乡村的新定位，提出了重塑城乡关系、促进农村全面进步的新路径和新要求：一是统筹城乡发展空间，加快形成城乡融合发展的空间格局；二是优化乡村发展布局，坚持人口资源环境相均衡、经济社会生态效益相统一，延续人与自然有机融合的乡村空间关系；三是完善城乡融合发展政策体系，推动城乡要素自由流动、平等交换，为乡村振兴注入新动能；四是把打好精准脱贫攻坚战作为优先任务，把提高脱贫质量放在首位，推动脱贫攻坚与乡村振兴有机结合。从特色小镇建设、传统村落保护到精准扶贫，乡村特色文化产业作为一种独特的资源越来越受到重视，发展乡村特色文化产业，从产业角度来说，可以发挥其对相关产业的带动作用，如乡村旅游、乡村文创、传统手工艺、乡村土特产等，自下而上满足人民对美好生活的向往与追求，进一步深化农业供给侧结构性改革。

基于对当下文化及体育产业、旅游产业的发展分析，泺尚中国创意产业网在成功出版发行《泺尚·创意中国调研报告》2013—2018年卷的基础上，重点关注了中国文化生态建设、文旅产业、文体产业、乡村振兴的发展现状，结合当下文化、体育、旅游产业发展的新趋势和新要求，筹划编写《泺尚·创意中国调研报告》2019年卷。作为泺尚中国创意产业网、泺尚有道规划设计院的学术支持机构，文化产业动能转换与生态系统（山东大学）山东省文化科技重点实验室、山东大学文化产业研究院、山东大学体育产业研究中心昝胜锋博士团队，依托专业的学术研究基础和丰富的文体产业区域调研经验，承担了本报告的具体编纂工作。本报告专注中国文化生态建设、文体产业、乡村振兴等领域的理论研究及实践调研分析，聚焦文体热点，探究产业发展路径，以期对读者认知当前国内文体产业发展现状及趋势有所裨益。

本报告由四部分内容组成，包括区域文化产业发展调研报告、文化体育产业融合发展报告、文化产业新旧动能转换发展调研报告、泺尚年度评选榜单。

第一篇区域文化产业发展调研报告。内容包括济南市槐荫区文化产业发展调研报告、威海市文化产业发展调研报告、烟台市文化产业发展调研报告、德州市夏津县文化产业发展调研报告等，选取主题具有鲜明代表性，从发展基础、总体要求、业态体系、重点突破等各个角度，针对各地市文化产业关键领域中的重大问题提出了突破性、可操作建议，从区域文化产业建设发展、文化融入经济科技及产业载体等各个角度诠释文化产业发展的相关情况。

第二篇文体产业融合发展调研报告。内容包括扬州省运会居民体育认知与心态调研报告、济南市新媒体产业发展调研报告、威海创建联合国教科文组织创意城市调研报告、济宁市大运河文化经济带发展调研报告等，以多视角、多维度的方式对文化、体育产业融合发展的价值与意义、方法与策略进行调研论证，进而搭建系统化的顶层设计。

第三篇文化产业新旧动能转换发展调研报告。内容包括济南新旧动能转换先行区文化产业调研报告、济宁市新旧动能转换文化产业调研报告、贵州省文化扶贫调研报告、济宁市泗水县新旧动能转换文化产业调研报告等。2018年依据中央一号文件《国务院关于山东新旧动能转换综合试验区建设总体方案的批复》，山东省人民政府颁布了《山东省新旧动能转换重大工程实施规划》，加快推进新旧动能转换重大工程，全面提升发展质量和效益成为2018年各地市工作的重中之重。本部分依照新旧动能转换重大工程中对文化产业的具体要求，对统筹地方文化产业空间布局、业态体系、重点任务等方面提出了对策建议。

第四篇泺尚年度评选八大榜单。通过梳理2018年度文化体育界的重大事件及流行关键词，探析其背后的深层原因，以拨云见日。

为了适应文化科技融合发展趋势，本报告电子版在实验室网站数据库同期发布，具体登陆http：//www. cslab. sdu. edu. cn/。

最后，感谢大国学院、农工党中央联络委、世界书画院、文化产业协作体、中国管理科学研究院全球智库战略研究所、文化产业动能转换与生态系统（山东大学）山东省文化科技重点实验室、山东大学体育产业研究中心、山东大学文化产业研究院、泺尚有道文化创意产业规划院、济南国际创新设计产业园等提供的智力或财力帮助。

《泺尚·创意中国调研报告（2019）》编委会

2019年8月1日

目　录

开卷语 …… 1

《泺尚·创意中国调研报告（2019）》年度总评 …… 3

第一篇　区域文化产业发展调研报告 …… 15

第一章　济南市槐荫区文化产业发展调研报告 …… 17

第一节　现实基础 …… 19

第二节　发展路径 …… 23

第三节　对策建议 …… 26

第二章　威海市文化产业发展调研报告 …… 36

第一节　基础现状 …… 37

第二节　主要任务 …… 41

第三节　对策建议 …… 47

第三章　烟台市文化产业发展调研报告 …… 53

第一节　现实基础 …… 55

第二节　发展路径 …… 63

第三节　对策建议 …… 68

第四章　德州市夏津县文化产业发展调研报告 …… 84

第一节　现实基础 …… 86

第二节　发展路径 …… 94

第三节 发展建议 …… 96

第二篇 文化、体育产业融合发展调研报告 …… 103

第一章 扬州省运会居民体育认知与心态调研报告 …… 105

第一节 课题概述 …… 107

第二节 趋势分析 …… 109

第三节 发展路径 …… 132

第二章 济南市新媒体产业发展调研报告 …… 150

第一节 基础现状 …… 150

第二节 发展路径 …… 153

第三节 对策建议 …… 157

第三章 威海创建联合国教科文组织创意城市调研报告 …… 164

第一节 基础分析 …… 165

第二节 结论建议 …… 169

第四章 济宁市大运河文化经济带发展调研报告 …… 171

第一节 现实基础 …… 172

第二节 总体要求 …… 176

第三节 对策建议 …… 179

第三篇 文化产业新旧动能转换发展调研报告 …… 191

第一章 济南新旧动能转换先行区文化产业调研报告 …… 193

第一节 基础分析 …… 195

第二节 战略路径 …… 208

第三节 对策建议 …… 218

第二章 济宁市新旧动能转换文化产业调研报告 …… 245

第一节 发展基础 …… 246

第二节 总体要求 …… 250
第三节 对策建议 …… 253
第三章 贵州省文化扶贫调研报告 …… 265
第一节 现状分析 …… 266
第二节 发展对策 …… 271
第四章 济宁市泗水县新旧动能转换文化产业调研报告 …… 273
第一节 现实基础 …… 274
第二节 发展路径 …… 278
第三节 对策建议 …… 281

第四篇 泺尚年度评选榜单 …… 291

第一章 2018 年度十大文体产业关键词 …… 294
第二章 2018 年度十大文体产业焦点事件 …… 298
第三章 2018 年度十大文体旅游赛事 …… 301
第四章 2018 年度十大文体产业新业态公司 …… 304
第五章 2018 年度十大著名人物 …… 308
第六章 2018 年度十大文体产业特色小镇 …… 311
第七章 2018 年度十大文体产业投融资案例 …… 315
第八章 2018 年度十大体育产业黑科技 …… 318

主要参考文献 …… 321

开卷语

《泺尚·创意中国调研报告(2019)》年度总评

党的十九大报告指出，坚持以人民为中心，把人民对美好生活的向往作为奋斗目标，保证全体人民在共建共享发展中有更多获得感。随着中国特色社会主义进入新时代，文化产业已成为解决“人民日益增长的美好生活需要和不平衡不充分的发展之间”的社会主要矛盾的重要手段，也是保证全体人民在共建共享发展中享有更多获得感的重要体现，因此必须坚定我国文化产业发展的三个自信。

2018 年是文化产业全面贯彻落实党的十九大精神的开局之年，也是实施“十三五”规划承上启下的关键一年。中央层面，进行机构改革和职能转变，文化产业各领域间的关系更加密切；中央多文件涉及知识产权保护，我国对于知识价值的认知更进一步；市场监管持续收紧，整治乱象力度空前。地方层面，超一线城市持续强化示范作用；中西部城市多举措蓄力追赶；全国范围内的“抢人大战”愈演愈烈。

2018 年，据对全国规模以上文化及相关产业 6.0 万家企业调查，上述企业实现营业收入 89257 亿元，按可比口径计算，比上年增长 8.2%。分产业类型看，2018 年，文化制造业营业收入 38074 亿元，比上年增长 4.0%；文化批发和零售业收入 16728 亿元，增长 4.5%；文化服务业收入 34454 亿元，增长 15.4%。分行业类别看，文化及相关产业 9 个行业中,有7个行业的营业收入实现增长。其中,增速超过10%的行业有3个,分别是:新闻信息服务业收入8099亿元,比上年增长24.0%;创意设计服务业收入11069亿元,增长16.5%;文化传播渠道收入10193亿元,增长12.0%。增速为负的行业有2个,分别是:文化娱乐休闲服务1489亿元,下降1.9%;文化投资运营412亿元,下降0.2%。分区域看,东部地区规模以上文化及相关产业企业实现营业收入68688亿元,占全国77.0%;中部、西部和东北地区分别为12008亿元、7618亿元和943亿元,占全国比重分别为13.4%、8.5%和1.1%。从增长速度看,西部地区增长12.2%,中部地区增长9.7%,东部地区增长7.7%,东北地区下降1.3%。

表0-1　　2018年规模以上文化及相关产业企业营业收入情况

	绝对额(亿元)	比上年增长(%)
总计	89257	8.2
文化制造业	38074	4.0
文化批发和零售业	16728	4.5
文化服务业	34454	15.4
新闻信息服务	8099	24.0
内容创作生产	18239	8.1
创意设计服务	11069	16.5
文化传播渠道	10193	12.0
文化投资运营	412	−0.2
文化娱乐休闲服务	1489	−1.9
文化辅助生产和中介服务	15094	6.6
文化装备生产	8378	0.2
文化消费终端生产	16284	1.9
东部地区	68688	7.7
中部地区	12008	9.7
西部地区	7618	12.2
东北地区	943	−1.3

2018年1月,中国人民大学发布了2018中国省市文化产业发展指数与中国文化消

费指数。数据显示,2018 年最受消费者欢迎的五大文化产品为电视广播、网络文化活动、电影、图书/报纸/期刊、文化旅游。其中,网络文化活动、文化旅游的受欢迎程度有所提升,文化旅游取代文化娱乐活动跻身前五位。从综合指数来看,北京凭借文化产业影响力和驱动力的优势依旧处在第一的位置;浙江在文化产业生产力和驱动力方面上升较快,首次排名第二。报告显示,我国文化产业发展均衡性趋于稳定,随着中西部地区文化产业持续发展,东部地区文化产业进一步转型升级,未来文化产业的发展会更加均衡。从发布的 2018 中国文化消费指数来看,我国文化消费综合指数继续走高,由 2013 年的 73.7 增至 82.2。居民消费支出最大的五大文化产品依次是游戏、文化旅游、文化娱乐活动、电影、网络文化活动。市场成长空间最大的五大文化产品依次是网络文化活动、文化娱乐活动、游戏、电影、文化旅游。数据显示,在国内外文化产品的消费选择上,我国消费者青睐国内的旅游、电影和游戏。其中,与国外电影相比,国产电影得到了超过六成居民的青睐,近五年来受欢迎程度提升了近一倍。而动漫作品仍然是国外的更受欢迎,国内动漫产业发展任重道远。

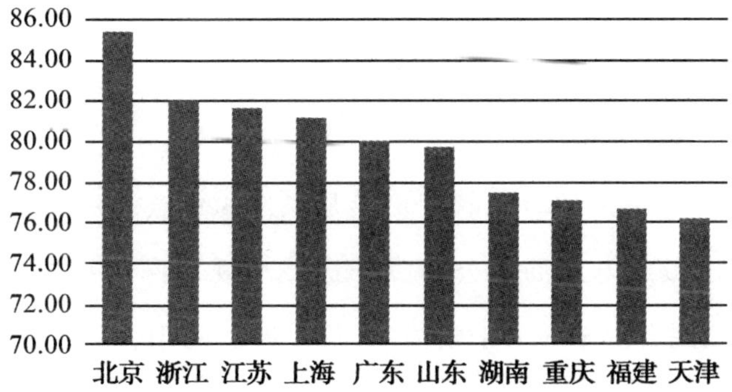

图 0-1　2018 年文化产业各地区综合指数

一、回溯 2018 年

2018 年出台的文化领域相关政策体现出我国在文化产业发展政策方面一贯的连续性和逻辑性,既立足于我国当前的实际情况,充分体现国情与特色,又根据时代的变化和需求不断调整完善。而与去年相比,对于市场乱象监管的进一步收紧、行业扶持力度持续加大、公共文化服务体系建设有条不紊推进是这一年文化领域相关政策的集中倾向。

此外,优秀传统文化保护传承、新型产业发展、文化交流合作等方面在政策中也均有涉及,与《政府工作报告》的总体基调基本保持一致。

(一)机构改革进一步深化

国家机构改革是党和国家政治生活中的一件大事,对于文化领域同样具有重大意义。在此次调整中,文化部与国家旅游局合并,组建文化和旅游部;组建国家广播电视总局,不再保留国家新闻出版广电总局;整合中央电视台(中国国际电视台)、中央人民广播电台、中国国际广播电台,组建中央广播电视总台,归口中宣部领导;中宣部还统一管理新闻出版工作和电影工作。此外,还有多个文化产业相关部门涉及变动。部门调整和职能转变给文化领域带来的影响在此后颁布的一系列政策文件中得到了直接体现。文化与旅游部的组建,是政府近年对文化旅游市场重视的体现,预示着“文化+旅游”将成为国内经济发展的重要推动力量。2018 年 3 月,国务院办公厅印发《关于促进全域旅游发展的指导意见》,就推动全域旅游发展做出部署。文件提出:“推动文化与旅游融合发展,科学利用传统村落、文物遗迹及博物馆、纪念馆、美术馆、艺术馆、世界文化遗产、非物质文化遗产展示馆等文化场所开展文化、文物旅游,推动剧场、演艺、游乐、动漫等产业与旅游业融合开展文化体验旅游。”

(二)市场监管力度愈发强健

与往年一样,对于行业的监督和管理仍然是工作的重点之一。《微博客信息服务管理规定》《国家新闻出版广电总局办公厅关于进一步规范网络视听节目传播秩序的通知》、中宣部等五部门联合发布的关于整治“天价片酬”“阴阳合同”问题的《通知》等政策均体现出高度的针对性。2018 年年初,在视频领域掀起了一股在线答题热潮,一时间成为人人热议的焦点话题,但喧闹之下难掩丛生乱象——内容审核机制不健全,不少不具备法定视听节目直播资质的网络平台出现导向偏差,更有平台以格调低下、低俗媚俗的内容吸引眼球,传播不符合社会主义核心价值观的内容,互联网文艺无规则、无边界的特点在直播答题的野蛮生长过程中得到充分展现。2 月,《国家新闻出版广电总局关于加强网络直播答题节目管理的通知》的发布为行业敲响了警钟,文件中对于网络直播答题提出的六个方面要求(一要坚持正确导向,二要实施准入管理,三要严格备案审核,四要落实主体责任,五要加强主持人管理,六要加强监管督查),旨在引导直播答题行业的健康有序发展。

(三)文创产业地域特色凸显

2018年上半年,北京继续发挥在文化产业领域的优势,进一步强化自身在全国的示范带动作用。1月,北京银监局、北京市文资办发布《关于促进首都文化金融发展的的意见》。3月,北京市又印发《关于保护利用老旧厂房拓展文化空间的指导意见》。5月,《关于加快市级文化创意产业示范园区建设发展的意见》《北京市文化创意产业园区认定及规范管理办法》出台,北京文化创意产业园区的进一步升级发展有了明确的道路。除此之外,《北京市人民政府关于进一步加强文物工作的实施意见》《北京市人民政府关于扩大对外开放提高利用外资水平的意见》等一众政策为北京地区文化产业的发展营造了一个良好的环境。而放眼全国,各省市在文化产业相关领域的政策实践也各具特色。2018年4月发布的《推动广东省4K超高清电视应用与产业发展合作备忘录》指出,力争用3年左右时间,将广东省打造成以促进4K超高清电视应用与产业发展为重点的全国广播影视产业试验田和示范区。上海市经济和信息化委员会等十五部门联合印发《促进上海创意与设计产业发展的实施办法》,文件有望进一步推动上海市创意与设计产业发展,并在建设卓越全球城市和社会主义现代化国际大都市中发挥重要作用。《四川省音乐产业发展专项资金管理办法》通过竞争立项、采取项目补助等方式,大力推进四川传统音乐产业与科技等融合创新发展等内容,为成都打造全国闻名的"音乐之都"保驾护航。

(四)"抢人大战"号角正酣

今年,除了北、上、广、深等城市继续出台相关政策吸引人才外,我们也惊喜地看到,例如天津、南京、杭州、长沙、厦门、西安、郑州等城市也开始筑巢引凤,不断释放政策红利,吸引大批文创人才涌入。其中,不少城市的优惠政策都体现在税收、奖金、科研启动资金、人才安居等方面。《西安市进一步加快人才汇聚若干措施》中第六条提到:扩大人才认定范围,将公务员、文化创意人员、自由从业者等更多领域人才纳入DE人才分类认定范围。厦门市发布的《厦门市进一步促进文化产业发展的补充规定》中与影视产业有关的政策多达11条,其中第14条指出,"支持影视编剧、导演、制片人、演员等影视专业人才在我市设立影视企业或工作室",大力支持影视专业人才落户厦门。《长沙人才新政22条》中明确提出"实施紧缺急需人才集聚工程,引进培育2000名高层次紧缺急需人才”,文化创意人才赫然在列,此文件有望为“广电湘军”“出版湘军”“动漫湘军”“演艺湘军”吸引到一大批优秀人才驻留。

(五)新兴文化业态前景向好

在文化产业的传统业态仍保持着增长活力的同时,新兴业态也开始展现出迅猛的发展潜力,这很大程度上与相关政策的支持息息相关。在2018年的《政府工作报告》中,李克强总理明确提出,“做大做强新兴产业集群,实施大数据发展行动,加强新一代人工智能研发应用,在文化等多领域推进‘互联网+’”。而网信办上半年发布的《关于印发〈关于推动资本市场服务网络强国建设的指导意见〉的通知》,也从总体要求和政策引导、资本护航、组织保障共四个方面阐述了我国如何积极利用资本市场力量建设世界范围内的网络强国。在文化领域推进“互联网+”、发展智能产业等要求,将有利于各种与网络密切相关的数字创意产业的发展。目前,我国数字创意产业已经进入高速发展时期,并成为我国文化创意产业发展的重要推动力。在一系列利好政策的支持下,其未来有望进一步扩大覆盖受众,并逐步成长为具有中国特色的文化产业业态。

(六)知识价值认知日益深入

2018年,国家在文化领域政策的另一关注点落脚在知识产权的保护与管理上。2月,中办国办印发《关于加强知识产权审判领域改革创新若干问题的意见》,文件意在强化知识产权创造、保护、运用,破解制约知识产权审判发展的体制机制障碍,充分发挥知识产权审判激励和保护创新、促进科技进步和社会发展的职能作用。3月,国务院又发布《知识产权对外转让有关工作办法(试行)》,文件明确了知识产权对外转让的审查范围、审查内容、审查机制等内容,为规范知识产权对外转让秩序、贯彻落实总体国家安全观、完善国家安全制度体系、维护国家安全和重大公共利益迈出了坚实一步。知识产权保护是激励创新的基本手段,是创新原动力的基本保障,是国际竞争力的核心要素。国家对于知识产权相关工作的重视和部署,事关创新驱动发展战略实施,事关经济社会文化发展繁荣,事关国内国际两个大局,对于建设知识产权强国和世界科技强国具有重要意义。

二、思考2019年

在过去的2018年里,文化产业领域风起云涌,互联网新业态的快速发展改变了文化产业发展格局,文化消费需求的提高促进了内容产业的提质升级,文化与旅游部门机构的调整加速了文化与旅游等多个行业的深度融合。经过多年来的积累和发展,文化产业已经进入新的发展阶段,从这些亮点与趋势中不难看到文化产业未来高质量发展的广阔前景。

(一)文化产品质量供给提升

文化产业的发展既需要注重平台与技术的升级,又需要内容品质的升级。我国文化消费人群众多、市场广阔。近年来,观众的文化素养和审美品位逐渐提高,对文化作品的要求也日益提高。以影视行业来说,近年来影视行业的迅猛发展有目共睹,但也常常出现不注重思想内涵与制作质量的作品,出现了不少"高票房,低口碑"的怪现象。2018 年,主旋律电影《红海行动》获得票房 36 亿元,现实主义题材电影《我不是药神》获得票房 30 亿元,两部电影都获得了口碑和票房的双丰收,具有现实意义和思想内涵的作品受到欢迎,而仅仅依靠特效、明星效应但故事内容空洞的电影遭遇"滑铁卢"。这说明观众不再对粗制滥造的作品"买账",由于明星自带粉丝流量的特点,综艺节目和影视剧的制作方过度追捧流量明星,从而抬高了明星的片酬和行业制作成本,成为作品质量低下的重要原因。2018 年,为了规范影视行业发展,国家广电总局《关于进一步加强广播电视和网络视听文艺节目管理的通知》等规定出台,形成更加严格的审核制度,遏制影视圈天价片酬、"阴阳合同"等乱象,使盲目跟风、内容空洞的影视和综艺节目大大减少。近年来,网络视听节目也走进大众视野。2018 年前三季度,共有 214 部网剧、118 档网络综艺、1030 部网络电影上线,上线数量与去年同期相比持平或稍有下降,但播放量大幅增长。较以往网络视听作品鱼龙混杂的市场环境,精品化、独播化、创新化的内容形态更受用户青睐,大量粗制滥造、低水平内容被市场抛弃。2018 年,《如果国宝会说话第二季》《国家宝藏第二季》等纪录片获得超高评分,这些作品通过更轻松的小剧场等形式受到许多年轻人的喜爱,提升了民族文化认同感和自豪感。可以看到,通过精品内容制作,文化产品供给正在实现提质升级。专家指出,文化产业的持续健康发展需要大力推进供给侧结构性改革,加快文化产业提质转型升级,增加优质文化产品供给,通过加强创意创新因素,抛弃低俗的审美口味,创作出更多引导正能量、让人民群众喜闻乐见的文化作品,提升文化产业发展空间。

(二)文化旅游融合趋势明显

文化产业的成长伴随着经济、文化、科技、教育等各个领域的深度融合发展,随着我国文化产业规模的扩大,其深度融合性特征逐步显现,文化产业与旅游业、传统制造业、农业、体育产业等逐渐形成了跨界、渗透、提升、融合的多样路径。随着2018年机构改革的推进,文化与旅游的产业融合升级趋势开始凸显。2018年,随着旅游消费的加快升级,各地都更加重视文化和旅游的融合发展,通过提升文化内涵促进当地旅游业的转型升级,同时以旅游业带动盘活当地文化资源,使得文化通过旅游业的载体进行弘扬和传承。山东致力于打造乡村旅游"齐鲁样板",打造乡村旅游休闲度假目的地,将历史文化、民俗文化融入旅游业发展,促进文化振兴;江西等地依托红色旅游资源,以红色文化基因激发旅游业新动能。各地纷纷举办文化旅游节庆活动,打造高品质旅游演艺产品,开发文化旅游工艺品,以文化创意引领旅游资源、衍生产品的开发。2018年,一些旅行社和在线旅游企业加快推出更具有文化特色的主题旅游线路,如马蜂窝推出的"圣地巡礼"计划,以热门影视剧为主题的旅游线路深受年轻人喜爱,成为"内容旅游"新形式。主题公园、文旅小镇也迎来了发展热潮,中国传统村落和历史文化名镇迎来更多游客,历史文化和非物质文化遗产通过旅游业的发展展现在世人面前。在过去的旅游业发展中,普遍存在景区同质化、文化内涵发掘不够、地域特色不鲜明等问题,文旅融合将在内容层面有更高要求,文化理念的加入促进了旅游产业的转型升级。文化的活力提升了旅游项目、旅游产品的内涵,旅游为文化创意产业提供了极为广阔的应用空间,成为促进其快速发展的重要引擎。

(三)数字文化产业迭代升级

近年来,直播、短视频等应用迅速崛起,成为许多年轻人的时尚消费,数字文化产业新业态的迅速发展已经成为最大的亮点。尤其是2018年初,短视频应用迅速下沉至三四线城市,短视频用户规模和使用时长都呈现爆发式增长态势,带动行业市场规模迅速增长。2018年,哔哩哔哩、爱奇艺、虎牙直播、映客相继在美股、港股市场上市,从资本对数字文化产业的青睐来看,互联网新业态巨大的发展潜能即将显现。2018年11月28日发布的《2018中国网络视听发展研究报告》显示,截至2018年6月,我国网络视频用户6.09亿,占网民总体的76%,半年增长率5.2%。手机视频用户数量达到5.78亿,短视频用户5.94亿,直播用户4.25亿,音频用户3.0亿,互联网电视激活用户2.18亿;截至2018年9月底,互联网电视累计覆盖终端达到3.22亿台。2018年,我国的电子游戏竞技行业也迎来了新节点。IG战队代表中国队赢得英雄联盟全球总决赛的冠军,一时刷屏各大社交媒体,让更多人认识到电竞产业的发展前景。随着电竞被列入了奥运项目,我国电竞相关产业链也得到了很大的发展。随着"互联网+"的发展成熟,互联网与文化产业各行业都加速了深度融合,平台化、智能化发展成为趋势渗入传统文化产业的各个领域。传媒领域迅速向视频、直播领域进军,出版行业加快了数字化进程,主流媒体与新媒体融合发展的势头加快。这些内容生产领域通过更加生动灵活的表现形式及移动传播渠道,吸引了大量年轻用户群体,大大提升了吸引力,增强了优质内容的传播力。传统文化产业加快了与互联网新业态结合的步伐,博物馆、非遗等文化资源在短视频应用上大放异彩,走进了大众的视野。VR、AR、全息投影等技术更广泛地应用在博物馆展览、旅游、影视、游戏等领域,让文化以数字形态展现,加强了互动性和趣味性,成为最具科技感的文创产品。

(四)文化IP运用范围广泛

IP的本意为知识产权,今天,文化IP已经成为有特定粉丝群体的文化标识。近年来,IP内容改编的热潮始终在持续,《甄嬛传》《人民的名义》等网络文学改编成影视剧获得了巨大的成功,一批基于历史文化或文学作品的IP被改编为游戏。伴随着IP主体的消费渐成趋势,IP也衍生出其他产品参与到文化消费市场中。2018年,《如懿传》《延禧攻略》《香蜜沉沉烬如霜》等网络文学改编的影视剧大受欢迎;阅文集团、掌阅科技在2017年下半年上市后,加大了对优质作品的培育力度;一些视频网站也开始投入到行业上游参与影视剧的开发、制作和出品。各大互联网平台积极布局文化IP市场,开始以文学为源头向游戏、影视、衍生品等方向进行持续布局,通过对"影、视、书、游、漫"的联动营销,打通了上下游产业链条,带来基于知名IP的持续消费,通过IP与营销手段结合并变现。腾讯则借助自身用户流量的优势深度参与文化IP产业运营,建立了腾讯互动娱乐品牌体系,以及以腾讯游戏、腾讯动漫、腾讯文学、腾讯电影等为主体的"泛娱乐"战略。阿里、京东等以大数据为基础,为文化IP内容方、品牌方提供联合营销服务,通过连接内容和电商,引进包括影视剧、动漫、游戏、艺术等在内的优质文化IP,搭建了IP经济生态圈。

如今,文化IP显示出巨大的市场规模和发展潜力,在IP改编热潮不减的同时,一哄而上、跟风制作的趋势开始下降,IP创作开始呈现理性化趋势:一方面,玄幻、穿越等题材减少,具有优质内容的现实主义题材受到关注;另一方面,基于大数据定位细分的消费市场让IP改编作品更具有针对性。伴随着知识经济和网红经济的崛起,自媒体等个人IP开始大量涌现,通过分享优质知识和原创内容,将自身打造成为IP品牌,并在多个平台实现知识变现。据统计,2018年网络视频付费用户比例已达53%,未来具有巨大的发展空间。

(五)体育产业消费潜力明显

目前我国人均体育消费仅为发达国家的十分之一,潜力巨大。体育消费需求从传统的体育制造用品初次消费转向娱乐性消费、观赏性消费;消费者对于新型体育运动的消费需求增强,如马拉松、竞技体育、雪上运动、户外运动等。2018年,政府工作报告明确了体育产业与“智能产业”“互联网+”的融合发展方向,确立推进体育改革,支持社会力量提供体育服务。基于这一基础,一方面我国“体育+”产业快速融合,体育产业将与“互联网+”、“AL+”“物联网”快速融合,以全民健身、体育产业等为基本架构,整合教育、医疗、金融、旅游、文化等“体育+”资源,构建一种全新、高级的体育生态系统。另一方面,体育产业正不断借助科技力量升级运动体验,例如智能可穿戴、新材料科技等,互联网+体育便是一种尝试。例如,李宁发布了全球首款智能足球——李宁WiCore智能足球,通过内置芯片和蓝牙模块,可实现无线充电,更重要的是,通过智能手机APP在线连接,还可实现足球运动数据分析和显示。除了智能足球之外,智能鞋、智能跑步机、智能健身器材、智能静息检测器、智能羽毛球、乒乓球发球机等装备不断亮相。此外,近几年来我国体育服务业潜力无限。体育产业可以分为体育制造、体育服务及体育衍生三大部分细分。其中,体育服务是最能创造价值和实现高额利润的领域,同时也是体育产业的重要主体部分。2018年世界杯期间,苏宁体育旗下的PP体育联合江苏卫视推出了自制综艺《足球解说大会》,通过“选秀+偶像养成”的节目制作模式进行新生代的足球解说。PP体育显示,截至第一季收官(7月4日),其累计播放量已接近20亿,这一亮眼数据,使其成为体育综艺中的佼佼者。除了真人秀节目、自创赛事外,有些平台还通过签约流量明星来为传统男性比赛引流女性粉丝,如新浪签约李易峰作为世界杯首席新闻官;腾讯体育签约鹿晗加盟超级企鹅足球名人赛等,通过偶像效应将新媒体体育营销市场拓宽至原本渗透率较低的女性市场。

2018年国内外经济环境复杂严峻,重大政策接踵而至,科技创新发展迅速,中国文化产业在“互联网+”时代下面临发展与变革的新格局与新挑战。对此,2019年伊始,《中国文化产业年度发展报告2019》梳理出2019年度十大产业关键词:乡村振兴精准发力、文旅融合战略深化、资本市场热潮遇冷、行业整合积聚动力、原创内容繁荣生发、付费意愿日益增强、沉浸体验平稳增长、城市营销塑造形象、智能文创持续助力等。总结文化产业年度发展特点,探讨2018年文化产业的发展经验、面临问题、应对策略与未来趋势的同时,对2019年我国文化产业发展态势寄予厚望,也相信我国文化产业将在改革开放不断深化的背景下以更加从容、自信的姿态迈上新征程!

(由《泺尚·创意中国调研报告(2019)》课题组根据相关资料整理研究)

第一篇

区域文化产业发展调研报告

第一章

济南市槐荫区文化产业发展调研报告

为全面贯彻党的十九大精神，深化巩固济南市槐荫区“文化强区”的战略部署，加快提升槐荫文化产业发展质量和效益，推动全区文化建设工作再上新台阶，2018 年 3 月 5 日～9 日，济南泺尚有道文化创意产业规划设计院常务副院长周朋飞、规划部部长李翠萍、院长助理卢霞、首席特聘专家山东大学昝胜锋博士等赴济南槐荫区进行实地调研。调研期间，槐荫区委常委宣传部长赵晨光、槐荫区委宣传部常务副部长岳仁强就相关规划工作和设想与课题组进行了充分交流，槐荫区委宣传部文产办主任潘蕾陪同调研。

此外，山东亚飞达信息科技有限公司行政主管刘兆成，世博华创动漫副总张燕，济南腾鲤文化传播有限公司副总李鹏、刘佳，意匠老商埠九号创意产业园总经理刘奎，西街工坊工作人员唐存国，1953 茶文化创意产业园工会主席邹莉，山东省会大剧院办公室主任吕刚，济南市图书馆副馆长王海，济南市美术馆副馆长张辉，济南市群众艺术馆书记马迎春，时光艺术之城行政部部长宫新振，济南日报报业集团刘云，印象济南泉世界行政主管方宇航，荣宝斋工作人员牛贤，方特东方神话行政主管赵玉辉，湿地公园副总王全忠、山东世纪金榜教科文化有限公司副总王强参与陪同调研。

课题组先后调研了山东亚飞达信息科技有限公司、世博华创动漫、济南腾鲤文化传播有限公司、意匠老商埠九号创意产业园、西街工坊、1953 茶文化创意产业园、山东省会大剧院、济南市图书馆、济南市美术馆、济南市群众艺术馆、时光艺术之城、济南日报报业集团、印象济南泉世界、荣宝斋、方特东方神话、湿地公园、山东世纪金榜教科文化有限公司等单位。调研过程中,昝胜锋博士表示,现在很多城市都把发展文化创意产业作为催化经济转型的重要战略举措,文化创意产业已不仅是一个发展的理念,而是有着巨大经济效益和社会效益的现实存在,而这些大家耳熟能详的文化创意产业园区则是发展创意产业的基石与有力支撑。

通过这次对济南槐荫区进行文化产业发展规划的实地调研,为我院《槐荫区文化产业发展规划(2018～2023 年)》编制工作指明了方向,也对我院规划业务深入发展提出了更高要求,提升了综合运用分析能力,为综合业务工作更好开展提供保障与支撑。团队将依托现有的创新能力并按照指定的发展战略规划,逐步推进和布局相关业务领域。

本规划以中共十九大报告——《决胜全面建成小康社会　夺取新时代中国特色社会主义伟大胜利》《中华人民共和国国民经济和社会发展第十三个五年规划纲要》《国家"十三五"时期文化发展改革规划纲要》《关于推动特色文化产业发展的指导意见》《关于推进文化创意和设计服务与相关产业融合发展的若干意见》《关于推动数字文化产业创新发展的指导意见》,山东省出台的《"十三五"时期文化改革发展规划纲要》《关于加快发展文化产业的意见》《文化产业园区转型升级实施方案》《"互联网＋文化产业"行动方案》《新旧动能转换重大工程实施规划》,济南市出台的《关于进一步加快文化产业发展的实施意见》《关于加快发展文化实体经济的意见》《关于推动"文化＋"相关产业融合发展的实施意见》《关于加快推进文化产业科技创新的实施意见》及槐荫区出台的《关于加强文化新高地建设的实施意见》《鼓励文化产业发展扶持政策实施细则》《槐荫区产业发展规划(2013 年～2020 年)》《槐荫区国民经济和社会发展第十三个五年规划纲要》等中共中央、国务院,山东省委、省政府,济南市委、市政府及槐荫区委、区政府出台的相关文件为依据,现摘录本规划部分研究成果与读者共享。

第一节　现实基础

一、发展成绩

（一）产业整体实力快速提升

自2013年作为全区先导产业之一加以重点培育后，槐荫区文化产业获得长足发展。2016年，全区文化及相关产业增加值实现8.83亿元，占GDP比重达2.01%，较上年增长0.29%。产业结构不断优化，2016年文化服务业增加值占文化产业增加值的比重达到68.2%。文化市场主体培育成效显著，截至2017年，全区文化企业共计1462家，形成了以大型文创企业为龙头，以中小微企业为基础的文化市场主体格局，其中规模（限额）以上法人单位数占比4.7%，民营文化企业占比80%以上。产业固定资产投资活力持续释放，近几年民营资本在新增文化产业项目中的投资占比达80%以上。文化产品服务出口能力显著提升，辖区内的济南市杂技团每年创汇300万元，成为全市文化服务出口的典范。

（二）产业载体功效日益显著

近年来，槐荫辖区内公共文化服务设施网络不断完善。省会大剧院、市图书馆、市美术馆、市群众艺术馆、会展中心等场馆实现有序建设或运营，“一院三馆”将公共服务与产业功能相结合，每年举办各类文化演出、展览、培训等活动数百场，其中省会大剧院全年演出300多场。产业载体规模持续扩大。截至2017年，已建成园区7个、在建园区2个，已入驻企业近600余家，从业人数近7800人，全区现拥有国家级动漫产业发展基地1个、国家级重点文化产业项目1个、省级文化产业示范园区1个、省级文化产业示范基地4个。传媒大厦、时光艺术之城、和谐广场银座中心等一批专业楼宇相继落成并投入运营，各类载体集聚与引领效应不断显现。

（三）优势业态效益不断提升

在全区经济转调发展大局中，新闻出版、动漫游戏、创意设计、文博会展、文化演艺等重点行业实现较快发展。以济南日报报业集团、世纪金榜、东和科技等为代表的新闻出版企业,不断延伸、升级传统产业链条。在齐鲁动漫基地、世博动漫产业集团的辐射引导下,动漫、游戏、影视产业集群正在形成,意匠老商埠9号创意产业园、腾鲤文化传播等特色园区、企业持续助力济南“设计之都”建设,国际茶博会、荣宝斋艺术品展、齐鲁动漫艺术展览会等文博会展平台效应逐步释放。省会大剧院全年演出300多场、上座率超85%,协同非遗博览园(方特东方神话)等文化旅游项目,助推全市文化演艺市场逐步走向繁荣。

(四)产业融合发展步伐加快

槐荫区依托丰富的地域文化资源,积极推动文化与旅游、商贸、科技等产业融合发展。统筹水、艺、城三大元素,印象济南、非遗博览园(方特东方神话)、海那城等文旅重点项目实现有序落地。济南“1953·茶文化”创意产业园、齐鲁茶文化博览园以茶文化为核心,延伸茶文化产业链,着力打造张庄路茶文化商贸休闲区。实施老商埠区更新改造工程,独具槐荫历史人文魅力的文化休闲旅游风情区初具雏形。积极以科技创新推动传统业态转型升级,世纪金榜在数字出版、网络出版等领域走在全国前列,亚飞达、河山等信息科技企业聚焦数字信息、新媒体等领域,积极推动文化产品创新与服务整合。

二、存在问题

(一)发展定位有待明晰

全区文化产业缺乏明确的顶层设计与战略定位,产业发展目标与战略路径有待清晰,部分行业的低端链条、低端项目与打造省会发展重要增长极、省会开放桥头堡的战略目标不相匹配。在服务济南“西进”的发展格局中,各功能区尚未形成高效的发展合力,基于错位发展的联动协同效应尚待激活。

(二)规模效应有待释放

全区文化产业增加值及占比较低,与市区内其他三区差距较大,且因整体增速较慢,近年与周边区县的发展差距逐步拉大。文化企业规模普遍较小,除少数骨干企业外,还未形成一批在国内外有影响的大型文化企业集团。大型文化产业园区数量较少、布局分散,文化产业园区的规模效应、集聚效应尚未充分发挥。

（三）质量效益有待提升

全区文化产业结构不尽合理，传统业态比重达60%以上，创意设计、文化会展、软件服务等新兴业态基础比较薄弱，大部分文化产品还处于粗放型经营状态，产品形态以日用消费为主，科技含量低。西部新城公共文化设施产业化利用效能有待提高，文化市场商业模式较为传统，缺少复合型、新型体验式文化业态。

（四）发展环境有待改善

全区产城协同发展机制仍需完善，老商埠、印象济南·泉世界等重大项目推动速度有待加快，亟待形成多方紧密协调、互融互促的发展合力。文化产业公共服务平台建设滞后，相关协会、组织建设缺乏引导带动。产业引导性政策力度有待加强，招商引智渠道亟待拓展，文化消费市场有待进一步引导和培育。

图1-1-2　槐荫区方特东方神话

三、优势与机遇

（一）优势条件

1.区位交通优势显著

槐荫区位于济南市西部，南抱群山，北依黄河，高铁、高速、高架、轻轨交会，坐落于区内的京沪高铁济南西站，极大缩短了济南到北京、上海的时空距离，在主动融入京津冀、环渤海、长三角、中原经济群发展格局中，资金流、技术流、产品流、产业流、人员流等高端要素将有效带动槐荫发展。区内外交通网络持续完善，新建石济客专、济齐黄河大桥等跨区域路桥项目，西客站片区路网基本建成，轨道交通 R1、R2 线顺利推进。便捷的区位交通条件为槐荫文化产业集聚高端要素、实现协同发展提供了坚实基础。

2.资源禀赋得天独厚

槐荫区历史文化资源丰富，百年老商埠保存着宏济堂、基督教堂、济南饭店等众多历史悠久的老建筑，铁路大厂、皮鞋厂、中国商业仓储公司仓库等一批保存尚好的老厂房正待或已实施“腾笼换鸟”，“一院三馆”是全市规模最大的文化设施集群，济南商埠文化博物、宏济堂中医药博物馆、济南市绿宝石艺术陶瓷馆、紫藤美术馆等一批传统文化主题展示场馆纷纷落地。区内生态资源优良，蕴含着丰富的河、湖、泉、湿地和地热温泉资源。良好的文化、生态资源禀赋为槐荫发展文化旅游及相关产业提供了重要支撑。

3.产业支撑基础稳固

槐荫区持续优化产业结构，逐步形成了一批特色主导产业。西客站片区总部经济、商务服务市场发展迅速，济南文旅集团等一批总部型、创新型项目成功入驻，西部会展中心场馆建设不断推进，特色鲜明、带动力强的商务会展产业体系逐渐形成。智能制造产业迈上中高端，知识产业园、槐荫工业园区、德迈产业园等智能制造平台先后落成。购物中心、超市卖场、电商平台等多种商贸业态共融，茶叶市场转型升级步伐加快。生命健康产业破题起势，济南国际医学科学中心将带动一大批大健康行业知名企业集聚槐荫。稳固的产业基础成为槐荫文化产业提质升级的重要引擎。

4.文化消费潜力巨大

槐荫区经济运行态势良好，综合营商环境持续改善。2017 年，全区实现社会消费品零售总额 530 亿元，比上年增长 8.5%。公共文化服务设施与消费场所逐步完善，2017 年共改造提升 72 个基层综合文化中心，省会大剧院全年演出 300 多场，上座率超过 85%。文化旅游市场实现高点起步，2017 年接待游客超过 610 万人次，境外游客达 3.2 万人次，实现旅游消费 81.3 亿元，增长 14.5%。高端消费公园模式初步形成，宜家家居、麦德龙等新商业载体全年客流量超过千万人次，华联嘉华、和谐广场等商业综合体年销售收入突破266亿元，支撑全区文化产业发展的经济基础和消费市场不断稳固。

（二）战略机遇

1. 新旧动能转换的创新契机

加快新旧动能转换，是我省在决胜全面建成小康社会、开启全面建设社会主义现代化国家新征程中走在前列的重要战略部署，也是槐荫区继西部新城开发后，迎来的又一重大发展机遇。《山东省新旧动能转换重大工程实施规划》中提出，构建京沪之间创新创业新高地和总部经济新高地，重点发展文化创意、医养健康、精品旅游在内的十强产业，以济南国际医学科学中心为重点之一，构建全市“一先三区两高地”的核心布局，均凸显了槐荫区在加快新旧动能转换中的先行优势。在全省大力推进新旧动能转换的关键阶段，一批带动力强、成长性好的文化及相关产业项目将成为槐荫加快新旧动能转换的重要突破点，槐荫区有能力成为省会经济社会发展的重要增长极。

2. 集成化的政策保障红利

党和国家高度重视文化产业发展，不断健全完善文化产业政策保障体系，促进文化创意和设计服务与相关产业融合发展、推进文化金融合作、推动大众创业和万众创新、发展对外文化贸易等专项政策措施相继出台。山东省和济南市积极响应国家大政方针，紧密对接国家产业政策，陆续细化并出台适于省、市发展实际的配套政策。槐荫区从发展规划、政策扶持等多方面入手，不断优化文化产业政策环境。作为全市首个区级产业发展规划，《槐荫区产业发展规划（2013～2020年）》明确提出，培育壮大文化创意、休闲旅游产业，并将其作为打造现代服务业强区的“两大先导产业”。近年来又先后出台《文化产业发展三年行动纲要》《鼓励文化产业发展扶持政策实施细则》，以上多层次的政策红利必将有效激发槐荫文化产业的发展活力。

第二节　发展路径

一、指导思想

全面贯彻党的十九大精神，以习近平新时代中国特色社会主义思想为指导，牢固树立新发展理念，积极融入全省新旧动能转换重大战略格局，紧紧围绕市委、市政府“打造四个中心，建设现代泉城”中心任务，全面落实全市“1＋454”工作体系和区委“1＋541”工作部署，着力提升文化产业整体实力和质量效益，实现传统业态转型升级、新兴业态跨越发展，推动文化产业成为全区国民经济的支柱性产业，为建设文化强区、打造省会发展重要增长极提供强有力的产业支撑和创新驱动。

二、发展原则

(一)提质增效，创新发展

坚持创新驱动，将创新作为文化产业发展的核心动力，以新技术、新产业、新业态、新模式为核心，以知识、技术、信息、数据等新生产要素为支撑，推动文化产业理念创新、业态创新、内容创新、模式创新与机制创新，实现传统业态提效益、新兴业态提规模、复合业态提潜能。

(二)双效统一，协调发展

坚持社会效益优先，社会效益与经济效益相统一原则，牢牢把握文化产业的正确发展方向，统筹构建公共文化服务体系和现代文化产业体系。坚持整体推进，在培育五大主导产业体系进程中，系统提升文化产业空间布局、业态构建、载体建设及品牌培育水平，在规模化、集群化发展上实现新突破。

(三)生态优先，绿色发展

贯彻落实生态优先战略，严守生态红线，合理开发利用河湖、湿地、温泉资源，构建以文化产业为核心的低碳循环产业体系。全面衔接产业规划、城区规划与土地利用规划，加强对城市空间立体性、风貌整体性、文脉延续性的规划管控，保护槐荫特有的文化脉络和生态基因。

(四)合作共赢，开放发展

坚持优势互补、合作共赢，构建全方位、宽领域、多层次的文化对外开放体系。积极实施文化“走出去”战略，深入推进产业、技术等全方位合作，提高新兴文化产品和服务向省会城市群经济圈、环渤海经济圈、中西部地区的辐射能力。将招商与招才、引资与引智相结合，打造互利共赢的产业发展平台。

（五）产业惠民，共享发展

坚持中国特色社会主义文化发展道路，加强文化供给与服务，不断提升人民群众文化获得感，改善人民日益增长的美好生活需要和不平衡不充分的发展之间的矛盾。积极发挥文化产业在就业创业、消费促进中的重要作用，引导和扩大文化消费，将槐荫区特色文化资源转化为现实生产力。

三、发展目标

（一）总体目标

到 2023 年，槐荫区文化产业整体实力显著增强，产业布局更加合理，产业体系渐趋成熟，载体支撑效应不断凸显，文化市场建设趋于完善，文化产品和服务供给能力显著增强，文化产业成为槐荫区国民经济重要的支柱性产业，“文化强区”战略目标全面实现。

（二）具体目标

经过五年发展，全区文化产业实现“一个跃级、两个优化、三个突破”。

1. 一个跃级

未来五年，全区文化产业保持中高速增长，产业总体规模与质量效益实现跃级提升。到 2020 年，文化产业销售收入达 100 亿元，文化产业增加值占 GDP 比重达到 5%。到 2023 年，文化产业增加值占 GDP 比重 6.5%以上。在实施新旧动能转换过程中，文化产业竞争力、带动力、影响力大幅增强，对版权、金融、人才等关键资源要素配置能力显著提升。

2. 两个优化

——空间布局逐步优化。到 2020 年，全区文化产业“一核、两带、三区、五节点”的空间布局初具雏形。到 2023 年，基本形成集聚效应明显、产城高度协同的产业发展格局，力争落地市级以上重点产业项目 20 个，新创建 5 个以上省级文化产业示范园区、基地。

——产业结构不断优化。到 2020 年，初步形成新闻出版、文化演艺、文博会展、创意设计、数字信息、文化旅游六大特色行业体系。到 2023 年，传统优势业态实现转型升级，新兴战略业态占比及经济贡献率大幅提升。

3. 三个突破

——产品服务供给实现突破。到 2020 年，新闻出版、文化演艺、文博会展、创意设计、数字信息、文化旅游等产品和服务质量大幅提升,文化内容原创能力显著增强。到2023年,形成具有较强竞争力的文创产品(服务)品牌体系,文化演艺品牌、文化艺术品交易展示品牌、"慢生活"休闲旅游品牌、商埠文化品牌、创意设计品牌影响力显著提升。

——产业融合水平实现突破。到2020年,文化与生命健康、智能制造、消费物流、商务会展等相关产业融合取得明显成效,与科技、金融等融合水平不断提高,相关产业的文化内涵和附加值显著提升。到2023年,文化与相关产业融合形成显著的示范效应,催生出一批新技术、新工艺、新产品、新业态,创建形成文化创意与信息技术融合示范区。

——文化引领能力实现突破。到2020年,文化资源创新转化能力不断提升,槐荫区优秀传统文化得到充分展示、挖掘和普及,文化产业吸纳就业能力进一步彰显,文化消费水平稳步提升。到2023年,全区文化事业与文化产业深度融合,文化对城市品牌形象的优化提升作用不断显现,槐荫区成为省会文化新坐标、新高地和展示全省文化资源的重要窗口。

第三节　对策建议

一、统筹构建重点业态体系

(一)激发传统优势行业活力

1.新闻出版

——提高新闻内容生产与创新能力。聚焦槐荫特色文化资源,集中优势力量抓精品,着力推进实施一批对文化传承具有深远意义、反映时代精神、体现槐荫特色的重大精品工程。加大公益类节目和公益广告的扶持力度,鼓励生产更多反映人民主体地位和现实生活、群众喜闻乐见且制作精良的优秀新闻作品。延展提升内容产业价值链,提高内容开发集成、数字平台和专业数据库建设、数字资源精准服务水平。

——加快传统与新兴媒体融合发展。发挥济南日报报业集团引领带动作用,推动传统媒体与新兴媒体的深度融合,深化与开创等互联网企业集团合作,着力打造融媒体服务、智慧化传播的新型主流媒体。打通制作生产环节，推进制作流程一体化、资源共享便捷化，实现内容产品融媒化。优化新闻采编生产流程，提高内容供给、产品生产、信息传播和服务能力。支持传统媒体控股或参股互联网企业和科技企业。

——延伸拓展印刷出版产业生态圈。引导行业企业加强印刷技术装备、原辅材料和系统解决方案的科技研发与产业化应用，推广绿色节能环保印刷技术、工艺、装备和材料。加强数字印刷技术在按需出版、按需印刷等领域的创新应用，推动传统印刷主动结合文化艺术、创意设计、品牌咨询、VR、AR 等内容与形式，以槐荫文化资源为素材，服务槐荫区精品文化内容的数字化、产业化。

——拓展版权资源与营销渠道。聚焦教辅出版、大众出版、数字出版等领域，深度开发上游优质版权资源。主动适应大众化、休闲娱乐图书以及数字出版需求的快速增长，积极布局细分市场，围绕热点进行创作出版。鼓励企业紧随"互联网＋"的发展趋势，推动出版内容资源向高端化、数字化、网络化和信息化方向发展。加大政府购买服务支持力度，构建优质出版内容资源库和传播平台，拓展线上销售渠道。

2. 文化演艺

——创新演艺创作生产模式。依托槐荫区历史文化资源，全方位拓展与中演院线、方特等演艺内容专业制作团队的合作，推进以剧场为中心的演艺产业链建设，创排一批具有一流艺术水准的现代演艺剧目。加强与明湖秀等高科技旅游演艺产品的协同创新，规范提升区内旅游演艺产品质量。通过政府购买服务、原创剧目补贴、以奖代补等方式，扶持演艺企业创作生产。

——加快演艺产品数字化升级。支持省会大剧院、中演院线与演出机构紧密协作，推动舞美设计、舞台布景创意和舞台技术装备的创新，丰富舞台艺术表现形式。引进国内外知名演艺创意团队，加快演艺产品数字化升级，拓展在线演出、VR/AR/MR 与演出结合等数字化艺术传播渠道，优化演艺项目盈利模式。加强大数据在演艺产品开发中的应用，倡导基于 IP 运营视角打造演出项目。

——实施演艺市场联动开发。发挥专业艺术院团和省会大剧院承载作用，聚焦城市娱乐、旅游出行、家庭亲子等三大演艺消费领域，协同开展演艺产品的改编提升和国内推广、巡演工作，探索建立布局合理、场团合一、创作生产与市场销售为一体的演出产品经营机制。完善由城市专业剧场承办、职业院团演出、精品剧节目参加、低票价文化惠民相结合的城市惠民演出新机制。

——持续优化演艺消费环境。鼓励非遗博览园、印象济南·泉世界等重点旅游景区与专业院团合作,结合各类节庆、展览等活动,常态化培育一批特色鲜明的演艺活动品牌,营造积极健康的文化消费氛围。支持和谐广场等商业综合体,引入文化演艺及相关消费业态。鼓励各类商业演出安排一定数量的低价场次或门票,通过政府购买、税费补贴、积分奖励等多种措施,激发群众演艺消费意愿。

3. 文博会展

——加强文博创意产品研发。鼓励西街工坊、意匠老商埠等园区内的文创企业,深入挖掘槐荫区文物资源的价值内涵和文化元素,开发文博创意产品。发挥印象济南·泉世界、时光艺术之城、荣宝斋等载体组织的中介作用,引导驻济艺术院校、知名文创公司、生产厂商建立长期合作关系,组建文博创意产品开发联盟,打造具有槐荫特色的文博创意品牌。

——培育引进行业知名品牌。积极发挥美术馆、群艺馆等专业场馆及区内外文博单位资源整合作用,鼓励条件成熟的文博单位按现代企业制度成立产业发展公司,将文博单位产业运作纳入市场化操作平台。加强对各类小微特色工艺美术企业和个体创业者的扶持,支持个体创作者、工作室、合作社、协作体和产业联盟等特色组织发展,着力引进一批文博创意研发、产品生产、技术应用单位。

——创新会展运作管理模式。依托西部会展中心,开展服务创新、管理创新和办展模式创新。利用互联网、数字信息及大数据分析技术,加大智能化会展设施研发和应用力度,合理开发利用手机移动客户端和智慧化平台,为参展商、观众提供针对性、动态化信息服务。提升展览活动流程的程式化、智能化、规范化和自动化管理水平,深入开发展会资源,构建展后服务体系。

——提高项目建设运营质量。加快推进西部会展中心建设,高标准完善会议中心、星级酒店等综合配套设施建设,全面深化与德国汉诺威展览公司的合作,不断提高场馆运营管理水平和国际化会展资源集聚能力。加强西客站片区文博业态招商工作,对时光艺术之城等项目在组织特色活动、盘活闲置资源、落实政府文化产品和服务采购等方面提供专项支持。

(二)加快新兴特色行业成长

1.创意设计

——树立核心门类竞争优势。支持意匠老商埠9号创意产业园做强建筑设计核心主业，丰富创意策划、广告设计等相关业态。鼓励齐鲁动漫游戏产业基地拓展动漫游戏、手机游戏、动漫会展、人才培训产业链，支持世博动漫集团由应用动画向原创动画发展，大力发展动漫版权交易。鼓励广告创意企业在品牌推广、包装宣传等业务基础上，提高新媒体、文化休闲实体运营能力。

——开拓集成创新设计模式。依托意匠老商埠9号创意产业园、齐鲁动漫游戏产业基地等较成熟园区的集聚能力，利用联网技术，搭建创意设计集成创新平台，围绕现代生活方式的变化，集聚各类设计要素，引导建筑空间、应用动漫等领域实现项目集成设计，运用信息技术手段和各种新兴媒体，创新设计表现形式、拓展设计应用渠道。

——加速创意设计跨界融合。加快推进文化创意和设计服务与相关产业融合发展，提高创意设计对槐荫区传统产业的产品生产、品牌建设、流程优化等服务能力，提升商贸、旅游等现代服务业的文化内涵。推动创意设计与数字产品、文化体育用品、文博衍生品、生活家居、城市空间设计和景观风貌设计相结合，实现文化价值与实用价值的有机统一。

2.数字信息

——迭代更新数字文化服务。实施数字内容创新发展工程，加快推进馆藏文化资源的数字化工程，提高图书馆、美术馆、群艺馆等文化场馆的数字化、智能化水平，创新交互体验应用，推动公共文化资源和数字技术融合发展。加快演艺娱乐、艺术品、文化旅游、文化会展等行业的数字化转型升级，创作生产优质、多样、个性的数字文化产品。

——加强移动端文化产品开发。鼓励亚飞达信息科技有限公司做强手机娱乐产品生产与推广业务，聚焦原创校园音乐、原创动漫游戏、原创付费音频、网络微电影等数字娱乐内容的开发与创作，提升渠道与内容整合能力，加强与互联网内容平台的合作，创新网络视频、网络音乐、网络文学等数字文化内容产品付费模式，提升自有产品的市场占比。

——拓展智慧化信息服务市场。鼓励数字信息产业与生命健康、文化旅游、商贸流通业融合发展，着力引进一批大数据、人工智能等高科技企业，构建健康医疗大数据应用平台。提升非遗博览园旅游产品数字化水平，打造虚拟旅游展示项目。扩大数字信息技术在电子商务、社交网络的应用，推动其与虚拟现实购物、社交电商等营销新模式相结合。

3. 文化旅游

——优化文化旅游空间架构。以创建省级旅游度假区为抓手，持续优化"一核、两带、三区、八点"文化旅游空间，紧紧围绕"绿水福荫·度假胜地"主题，高标准建设城市休闲核心区、黄河生态文化风光带、济西湿地休闲组团及吴家堡、美里湖休闲农业组团四大主体功能区。通过优化文化旅游空间架构，完成省级旅游度假区创建，尽快启动全域旅游发展工作。

——打造培育特色文旅产品。升级传统观光产品，开发生态农业、主题小镇、森林河湖、农业休闲娱乐等田园度假类产品。加快实施济西湿地公园、水生态公园及温泉度假项目、黄河绿色长廊景观带建设，重点发展滨水度假、温泉养生产品，打造"慢生活"休闲旅游品牌。依托非遗博览园(方特东方神话)打造"方特+"全域旅游综合体，联动老商埠风情区，推动剧场、演艺、游乐、动漫等与旅游业融合，打造复合化文化体验旅游产品。

——加强文化旅游载体建设。加快百年商埠风情区、印象济南·泉世界等项目开发筹备进度，做好济西湿地公园开园运营准备工作。全力支持1953·茶文化创意产业园在省级旅游休闲购物街区基础上，创建国家3A级景区。统筹文化旅游项目的市场开发，提高西城时光艺术之城、荣宝斋等高端文化艺术项目运营质量。策划组织全区精品旅游线路，合理引导非遗博览园(方特东方神话)客流量，提升槐荫整体旅游效益。

二、加快相关产业融合发展

(一)文化产业与生命健康产业

——推动生命健康产业内涵式发展。引导区内生命健康产业项目深度汲取传统中医药文化、传统体育运动、传统饮食文化精髓，将文化创意、信息科技、运动休闲等业态深度融入医疗、科研、康复医养服务中，催生新创意、新模式、新业态。依托文化创意力量，赋予生命健康产业更多文化内涵和生活趣味，从供给侧角度提升产业品质；依托良好的自然生态环境和设施基础，布局运动休闲特色节点，进一步丰富生命健康产品体系；利用信息科技手段，推动生命健康产业转型升级，进一步提升产业附加值。

——构建大健康全景产业链。发挥济南国际医学科学中心在全市乃至全省新旧动能转换中的引擎作用，以齐鲁医科大学、国家健康医疗大数据北方中心、核心区诊疗区等项目开工建设为突破点，融入文化及相关产业要素，联动区域内文化创意园区（基地）、科研院所、应用设计、数字科技企业，持续吸引一批国内外健康、养老、医疗行业知名企业集聚。加快推动中美计算医学创新中心、山东大学国际医学中心、新泉城大厦精准医学孵化器、山东“基因小镇”等项目落地，不断增强生命健康产业内生动力。

（二）文化产业与智能制造产业

——提升智能制造设计研发能力。充分发挥文化创意提升作用，深度开展基于新技术、新工艺、新装备、新材料、新需求的设计应用研究，提升产品外观、结构、功能等设计能力，增加多样化产品供给。支持高端装备制造、智能小家电、新材料企业成立研发设计平台，培育、引进一批知名设计师，改造升级传统工业产品，提高工业产品的个性化、时尚化和舒适度，提升产品的艺术观感和文化附加值。加强广告营销策划，健全品牌价值体系，形成一批综合实力强的自主智能制造设计品牌。

——完善智能制造服务支撑体系。推动互联网、大数据、人工智能和实体经济深度融合，积极推进德迈产业园、槐荫工业园、知识产业园等智能制造平台建设，将“智能数据”进行可视化和交互式处理，实时向智能工厂反馈产品和工艺优化方案，构建“智能工厂—智能产品—智能数据”的产业生态系统。加快信息通信、数据集成分析等领域的技术研发和产业化，提升二机床、九阳等企业研发设计、生产制造、运营管理水平。联动文化双创活动，通过举办开发者大会、应用创新竞赛、参与国际开源项目等方式，不断提升成果转化能力。

（三）文化产业与商务商贸产业

——优化商务楼宇生态系统。充分发挥济南西站商务流集散和省级文化产业示范园区品牌作用，加快推进西客站片区商务楼宇及相关配套设施建设，大力发展创意设计、数字信息、演艺培训、商务办公等业态。持续推动绿地齐鲁之门、西城善信大厦打造文创基地、创客联盟,为中小型企业和创业者提供广阔发展空间。鼓励传媒大厦合理引导招商业态,着重引进新媒体、信息科技、商务会展等相关企业。根据全区商务楼宇招商形势,适时出台业态聚集引导办法,通过奖励性政策和资金,鼓励商务楼宇积极引进文化及相关新兴产业。

——统筹发展传统与新兴商圈。加快推动老商埠历史风貌保护与现代商业运营有机融合,充分挖掘老商埠传统文化商业价值,增强“老字号”品牌的文化传承力和影响力。加快推进特色商业街区建设,增强西市场、和谐广场、茶叶市场等热门商圈的文化底蕴。大力发展电子商务、第三方物流等配套业态,推动全区传统商业模式向新型商业类型转变。加快推进西客站省城商业副中心建设,整合宜家家居、麦德龙、百联奥特莱斯等新商业载体及茶博会等商务会展资源,构建商务型商业、特色商业和社区商业兼容的商业体系。

三、提高文化发展整体效益

(一)提高西城公共文化设施集群利用效能

——强化场馆标准化运营管理。坚持设施建设和运营管理并重,健全公共文化设施运行管理和服务标准体系,规范各级各类公共文化机构服务项目和服务流程,完善内部管理制度,提高服务水平。创新公共文化设施运营模式,逐步提高公共文化设施社会化运营比例,持续深化与中演院线、德国汉诺威展览公司等国内外知名运营机构合作,推动全区各类公共文体设施和服务资源整合利用,提高公共场馆经营策划、内容供应与市场营销质量。

——提升产品服务供给能力。鼓励区域内公共文化机构联合西城艺术时光、荣宝斋、印象济南·泉世界“七十二工坊”项目单位,挖掘槐荫特色文化资源,加强文化创意产品研发,创新文化产品和服务内容。扩大和引导文化消费需求,鼓励“一院三馆”及在建的西部会展中心、省科技馆新馆,积极开展与公共文化服务有关的文化体验、研学研修、教育培训服务项目,推出多层次、多元化的订单式服务,满足人民群众多层次的文化消费需求。

(二)激发文化+科技、文化+金融裂变效应

——构建文化科技协同创新体系。贯彻落实《“十三五”时期山东省文化科技发展规

划》，重点推进针对互联网传播秩序、新兴媒体传播、文艺演出院线、网络内容生产和服务的新技术集成应用与创新。全面融入全市区域性科创中心建设格局，加快推动济南文化科技新地标。

——省科技馆新馆落地运营，培育一批特色鲜明、创新能力强的文化科技企业，鼓励济南日报报业集团、亚飞达等企业打造一批重点文化科技实验室和技术研究中心，争创省级文化科技融合示范基地。引导支持骨干文化企业与科研单位组建技术创新战略联盟，建设一批文化科技创新平台和成果供需对接平台。

——培育文化金融创新生态圈。优化槐荫区金融产业发展布局，全力打造立足槐荫、面向济南、辐射全省的创业孵化、融资、资本经营和投资管理功能完备的金融产业创新试验区，重点围绕老城区、西部新城打造两大金融产业集聚圈，依托恒大国际金融中心等典型项目，引导金融服务向五大主导产业集聚。深化银政企对接交流，支持有实力的企业、团体、个人依法发起组建各类文化产业投资基金和机构，为重点项目和企业多元化发展提供金融支撑。加大对文化产业创投引导力度，鼓励符合条件的文化企业通过上市挂牌融资、股权融资、债券融资等方式发展壮大，加大文化企业贷款贴息力度。

四、提升槐荫文化品牌影响力

（一）统筹区内产业错位发展

老城区突出百年商埠改造更新项目的引领作用，通过改善居民生活环境、保护传统文化风貌、融入现代优质产业、增加文化产品供给，实现现代创意设计空间与传统商贸文化互融发展，打造成为特色鲜明、功能完善、可持续发展的现代新商埠。新城区聚焦产城融合，继续加强文化及相关产业引导，推动总部经济、高端消费、文化休闲、商务会展等新业态聚集发展，基于“配套西区、定位济南、展示山东”的定位，进一步发挥文化辐射和示范效应。生态片区高标准规划建设省级旅游度假区，稳步推进济西湿地公园、沿黄旅游休闲带、融汇温泉度假项目、农业生态园区建设，打造成与“天下第一泉”景区相得益彰的休闲旅游新地标和济南城市后花园。

（二）加强对外产业联动协作

依托区位交通优势，聚焦文化演艺、印刷出版、影视动漫、商务会展等特色业态和文化科技、文化金融融合领域,面向京津冀、长三角等发达地区,集中开展一系列灵活多样、管用见效的招商活动,建立飞入、飞出地协同发展的文化产业合作网络,着力引进一批引爆性、带动性强的优势产业项目、战略新兴项目。探索建立多元互动交流机制,支持区域内企业组织设立开放性产业基金、产业和技术联盟,打造互利共赢的产业发展平台。围绕本地文化产业薄弱环节,广泛开展跨区域交流学习,借鉴吸收先进地区发展经验。

五、切实强化综合保障措施

(一)加强组织领导

——健全组织领导机制。完善文化产业发展领导体制和工作机制,充分发挥"区文化体制改革与文化产业发展领导小组"统筹协调职能,落实文化产业工作季度联席会议制度,统筹推动文化产业项目审批建设、财政专项投入与资金管理、税收土地专项扶持、主体培育与市场管理等重点工作。建立健全规划实施机制,实现本规划与各级各类规划在空间布局上相互协调,在时序安排上相互衔接。

——强化目标责任考核。将加快文化产业发展纳入经济社会发展总体规划,并作为全局性重点工作加强督导,完善文化产业发展目标责任考核体系和激励机制,配套出台绩效考评实施办法。制订年度文化产业重点任务推进计划书,加大对全区招商引资、项目建设、主体培育的考核力度,建立重点项目领导包保责任制。加强文化产业统计监测,以提高文化产业基层单位网上直报率为抓手,进一步细化、量化统计数据。

(二)强化产业引导扶持

——加大政府财政投入。逐步扩大文化产业发展扶持资金规模,切实提高资金利用效率。除项目补助、贷款贴息、绩效奖励、房租补贴、政府购买服务等常规方式外,对重大文化产业项目,采取"一事一议"方式给予专项资金扶持。加大公共服务平台建设投入,为文化企业提供技术、人才、资金、产品及市场信息服务。适时成立槐荫文化产业投资基金,依托城市投融资管理中心搭建融资平台,拓宽重大项目融资渠道。

——完善产业政策体系。贯彻落实国家、省、市近年来出台的文化产业政策,确保财政、税收、工商、土地、商务、科技等各项优惠政策按规定落实到位。完善本区文化产业专项政策体系,在整合全区服务业、科技、文化旅游、金融等各类扶持奖励资金的基础上,对市场潜力大、带动作用强、经济效益好的重点优势产业，在资金扶持、用地保障、审批程序、基础设施配套等方面给予扶持。

（三）夯实人才队伍基础

——优化人才培养模式。制定文化创意产业人才发展长期规划，引导高等院校、职业培训机构、相关企业以产学研合作方式，为文化产业发展培养各类人才。定期邀请国内外知名专家学者、文化企业家举办文化产业专题讲座，组织全区优秀文化产业管理人才、技能人才到国内外先进地区进行考察学习、专题培训。实施首批“槐荫文化之星”工程，积极开展各类文化人才的推荐评选工作。

——加大招才引智力度。依托槐荫人才强区战略，有计划、有步骤地引进高层次、复合型的文化产业高端人才和文化创意领军人物，在创意设计、动漫游戏、印刷出版、商务会展等领域大力引进有实力的企事业单位、第三方专业机构。吸引和支持国内外著名高校、科研机构到槐荫区设立分支机构，推动高校、文化企业与地方文化人才供需顺利对接。优化人才落地扎根的软环境，将服务槐荫的国内外文化产业领军人才纳入槐荫区人才资源库，享受“槐荫智库”相关待遇。

（四）优化产业发展环境

——搭建项目推进平台。建立文化产业项目储备库，组织实施好一批关系全局和长远发展的重大项目。加强产业项目策划包装、论证、审批工作，建立对项目入库、推进、监管、服务、反馈的全过程管理体系，定期督查重大储备项目进展情况，有针对性地指导并监管工作，提高项目建设管理水平和质量。健全完善文化企业孵化器、公共服务平台、众创空间，确保好项目、大项目引得来、落得下、留得住。

——优化市场营商环境。建立健全文化市场监管体系，依法维护文化市场秩序。强化市场主体知识产权保护意识，鼓励文化企业主动实施创意作品及形象的专利申请、商标注册、软件著作权登记。加强人才、技术、信息、产权和中介服务市场建设，支持版权代理、文化经纪、评估鉴定、担保、推介等文化中介机构发展。发挥各类信息网络设施和平台作用，建立互联互通、安全高效的文化产品流通体系。

第二章

威海市文化产业发展调研报告

近年来，威海市积极贯彻党中央、国务院和省委、省政府大力发展文化产业的决策部署，以文化强市建设战略为统领，以重大项目为带动，以骨干企业为支撑，构建特色业态体系，搭建产业发展平台，产业规模、质量得到较大提升，文化产业正在成为全市经济社会发展的重要动力。

2018年，威海市文化广电新闻出版局联合昝胜锋博士带领的山东大学文化产业规划研究团队、泺尚有道文化创意产业规划设计院共同编制完成《威海市文化产业发展调研报告》，在调研报告的撰写中创新谋划，精心布局，现摘录本规划部分研究成果与读者共享。

图1-2-1 威海市文化产业调研

第一节　基础现状

一、发展基础与问题研判

(一)现实基础

1.产业整体实力快速提升

2017年,全市文化及相关产业增加值达到133.53亿元,比上年增加27.89亿元,占GDP比重为4.09%,比上年提高0.57个百分点,增幅在全省排第2位。文化产业结构不断优化,初步形成以文化旅游、影视服务、艺术品经营、新闻出版、工艺美术、数字动漫、娱乐休闲为主体,门类较为齐全的业态体系,文化服务业占比稳步提升。文化市场主体培育成效显著,全市现有文化企业3000多家,覆盖文化产业120个行业分类中的95个行业,覆盖率达到79.17%。2017年,全市规模以上文化企业达到260家,比上年增加89家。目前,全市省级以上文化出口重点企业和项目达到10个,为拓展服务贸易市场奠定了坚实基础。

2.产业载体效应日益显著

积极推进全市文化产业项目建设,威高民俗文化邨、半岛艺术空间、佳润艺术园区、福地传奇水上乐园等一批大项目已落地运营。建立市级文化产业重点项目库,每年筛选确定一批重点文化产业项目,集中优势力量予以推进。近三年共筛选确定重点文化产业项目111个,累计计划投资96.2亿元,完成投资78.1亿元。文化产业园区(基地)品牌价值不断提升,现有国家级文化产业示范基地2个,省级文化产业示范园区(基地)8个;省级以上文化出口重点企业和项目10个,国家特色文化产业项目2个,全国文化产业园区100强1个,国家级版权示范基地1个,省级重点文化产业项目35个。

3.产业平台构建日益完善

制定出台《关于加快文化产业公共服务平台建设的实施方案》,着力打造多类型文化产业公共服务平台。截至2017年底,全市共打造市文化产业综合信息服务平台、昆嵛影视制作公共服务平台等15个文化产业公共服务平台，注册成立齐东城市品牌运营公司、艺甸园艺术发展公司等多家文化产业平台类企业，全面助力文化企业、产业项目发展。拓展文化电商类供给渠道，打造“中国文化尚品交流会”电商平台，已吸引22家威海特色文化产品生产企业入驻。培育威海文创产业合作交流会、威海市十大文化产业品牌和特色文化创意产品推荐评选、中国(威海)国际微电影盛典等重大活动平台。

4.产业融合进程不断加快

威海市依托丰富的地域文化资源，积极推动文化与旅游、科技、工业、农业等产业融合发展。统筹生态景观、红色文化、民俗文化等特色资源，分类打造以东楮岛村、烟墩角村为代表的精品民俗体验项目，以刘公岛为代表的红色文化旅游胜地，以华夏城为代表的高端文化演艺项目，以威高民俗郡为代表的传统文化创新发展示范项目。持续提升文化科技融合水平，依托威高、迪尚、联桥等大型企业集团，文化创意设计深度服务医药、服装等优势制造业。挖掘传统工业制成品文化内涵，显著提升了地毯、刺绣、用笔等工业产品附加值。将传统文化提炼融入农业生产加工环节，打造形成花饽饽、乳山爱母茶、裕红祥丝绸等特色农产品品牌。

(二)问题研判

威海市文化产业近年来虽获得长足发展，但在产业规模、质量效益、发展环境等多个层面仍存在一定的问题。主要表现为：

1.规模效应有待积累

虽然近年来威海市文化产业增速较快，但产业增加值及占比较国内发达城市仍有较大差距。文化企业规模普遍较小，在国内外有影响的大型文化企业集团匮乏，市场竞争力亟待提升。国家级产业园区数量较少，园区集聚与辐射带动效应不足，规模效应尚未充分发挥。

2.质量效益有待提升

威海市以创意设计、数字内容为代表的新兴业态占比有待提高，书画与艺术品等传统业态转型升级步伐较慢。文化商业模式亟待创新，文化资源优势向产业优势、市场优势转化的能力较弱。与周边地区存在同质化倾向，产业特色有待进一步凸显。

3. 发展环境亟待改善

威海市产业发展的软硬件环境与自然生态环境不相匹配，人才扎根、产业集聚、要素保障能力亟待提升。招商引智渠道亟待拓展，部分产业项目推动力度不足。文化金融、服务贸易等重点领域的产业引导性政策亟需细化，多方紧密协调、互融互促的发展合力有待引导。

二、发展优势与机遇评估

在世界经济新旧增长动能转换和新一轮科技革命、产业变革蓄势待发的背景下，我国已经进入全面建成小康社会的决胜阶段和推动文化产业成为国民经济支柱性产业的决定性阶段。未来，威海基于自身发展优势，伴随供给侧结构性改革全面推进和“文化＋”“互联网＋”逐步深化，在全省新旧动能转换重大工程及全市多层次、集成化的政策红利推动下，文化产业发展空间将更加广阔。

（一）发展优势

1. 区位优势得天独厚

从地理位置看，威海市地处山东半岛最东端，北与辽东半岛相对，东与朝鲜半岛、日本列岛相望，海陆空交通日渐完善。从地缘经济看，威海位处山东、辽东、朝鲜三个半岛环渤海“大三角”经济圈内，是 21 世纪海上丝绸之路的必经之地、中日韩交流合作桥头堡和中韩自贸区地方经济合作示范区建设的前沿阵地。在环渤海经济圈和东北亚国际经济圈的双重辐射下，威海与国内外地区、城市间的文化交流与贸易合作空间广阔。

2. 人居环境优越舒适

威海三面环海，风景秀丽，空气清新，气候宜人，绿化美化水平、环境质量指标均处于全国领先水平，是我国第一个国家卫生城市、首批国家环保模范城市和中国优秀旅游城市、国家园林城市、国家文明城市，曾两次被联合国评为“迪拜国际改善居住环境最佳范例”城市，先后荣获了联合国“人居奖”“中国人居环境奖”，常态化举办中国威海国际人居节，被誉为全球“最适宜人类居住和创业的城市”。

3. 人文生态资源丰富

威海历史悠久，文化遗产丰富，现存刘公岛甲午战争纪念地、圣经山摩崖、留村石墓群等一批重点文物保护单位,海草房民居制作工艺、胶东花饽饽等一批重点非遗代表性项目。威海海洋资源得天独厚,在长期历史积淀中形成了浓郁的海洋文化传统和习俗。市域海岸线长达近千公里,海岸线景观资源37处。丰富的人文资源、优美的自然风光和良好的生态环境,为海洋文化与海洋经济、海洋生态、海洋科技的融合互促奠定了坚实基础。

4.创新平台基础稳固

威海支持文化科技融合的系列创新平台建设取得新突破,国家区域创新中心启动创建,哈工大创新创业园等重大平台加快推进,威高集团、迪尚集团获批国家级工业设计中心,服务贸易创新发展综合服务平台、国际海洋商品交易中心等大宗商品交易平台,文登西洋参交易中心等特色综合服务平台投入运行。举办中国服装设计大赛、第九届中国威海国际人居节及国际建筑设计大奖赛,时尚创意产业活动平台效应逐步显现。

(二)战略机遇

1.全省新旧动能转换战略契机

加快新旧动能转换,是我省在决胜全面建成小康社会、开启全面建设社会主义现代化国家新征程中走在前列的重要战略部署,也是威海争当全省排头兵的一大发展机遇。《山东省新旧动能转换重大工程实施规划》中提出,支持威海建设时尚服装创新创业国家平台、威海国家建筑设计创新平台,支持发展涉海金融、融资租赁、商务服务和海洋文化产业,均凸显了威海市在加快新旧动能转换中的先行优势。在全省大力推进新旧动能转换的关键阶段,基于"蓝色创新城市、医疗健康城市、高端智造城市、时尚创意城市"的发展定位,带动力强、成长性好的文化产业将成为威海加快新旧动能转换的重要突破点。

2.多层次、集成化的政策红利

近年来,威海市依托沿海开放优势,积极争取和承担了国家、省级多项改革试点任务,汇聚了多层面的政策红利。获批国家服务贸易创新发展试点城市,对于优化全市服务贸易结构,培育文化相关服务外包市场意义重大。国家公共文化服务体系示范区创建资格的授予,将有效助力威海现代公共文化服务体系建设,提高文化产品和服务供给效能。威海高新区作为山东半岛国家自主创新示范区重要支点,将为提升全市文化创新整体效能,建设具有较强带动力的创新型城市和国家区域创新中心提供重要支撑。威海市提出培育壮大千亿级产业集群的宏伟目标，时尚与休闲运动产业作为七大产业集群之一，将显著提高创意设计、时尚休闲产业的发展质量与效益。

图 1-2-2　威海市文化产业调研座谈会

第二节　主要任务

一、完善顶层设计，明确产业发展要求

威海文化产业正处于大有可为的重要战略机遇期。站在新的历史起点上，应通过完善顶层设计、统筹错位发展、实施动能转换、加快跨界融合、加强载体建设，推动文化产业转型升级、提质增效。

（一）贯彻落实新理念

全面贯彻党的十九大精神，以习近平新时代中国特色社会主义思想为指导，牢固树立创新、协调、绿色、开放、共享的发展理念，贯彻落实习总书记视察威海重要讲话精神，统筹推进以生态文明建设为基础、文化建设为灵魂的“五位一体”总体布局。以推进供给侧结构性改革为主线，不断解放和发展文化生产力。以优质人文生态资源为依托，构建现代海洋特色的文化产业体系。以科技进步和机制创新为动力，加速文化产业转型升级和提质增效。以模式创新和理念引导为抓手，拓展大众文化消费市场，培育新的文化消费增长点。

(二)明确发展新要求

坚持社会主义先进文化前进方向，坚定文化自信，努力实现威海优秀传统文化的创造性转化和创新性发展。坚持以社会主义核心价值观为引领，始终把社会效益放在首位，社会效益和经济效益相统一。坚持双业融合、产业跨界，贯彻国务院机构改革精神，促进文化产业与文化事业、文化产业不同门类、文化产业与旅游等相关产业的深度融合。坚持城乡、区域协调发展，立足各地特色文化资源和功能定位，形成优势互补、联动发展的布局体系。

(三)树立发展新目标

按照“十三五”末文化产业成为国民经济支柱性产业的基本目标，根据2017年相关基数测算，从当前至2020年，威海市文化产业增加值必须保持年均18%以上的增长速度，文化产业跨越发展迫在眉睫。作为促进旧动能向新动能转化的重要产业载体和媒介动力，威海应依托文化产业推动传统海洋文化传承创新，提升文化创意和设计服务水平，助力时尚与休闲运动产品、康养旅游等千亿级产业集群的培育和发展。

二、统筹错位发展，优化空间分布格局

按照全市“中心崛起、两轴支撑、环海发展、一体化布局”的战略部署，优化全市文化产业发展布局，打造一批有较强带动力的发展高地和产业隆起带、示范区，作为加快文化产业发展和实施新旧动能转换的动力之源。

(一)提升中心城区首位度

围绕威海中心城区，提升优质要素集聚和辐射带动能力，构建以文化创作生产和高端文创服务为主导的产业结构，打造威海文化创意产业核。第一，依托孙家疃油画小镇、艺甸园写生基地、佳润文化创意园区、半月湾写生基地等，打造艺术创作、交易、展示集聚片区；依托华夏文旅、侨乡集团，打造文化演艺集聚区；依托威高民俗文化邨、裕红祥丝绸博物馆，打造非遗产业化、老字号商铺集聚区；依托昆嵛影视等企业，打造创意产业和服

务贸易集聚平台。第二，依托迪尚、联桥集团，整合设计研发机构、创意设计团队，打造中国（威海）服装设计创意平台和时尚服装设计创新创业国家平台。依托光远动漫、延长线影视基地，做大动漫影视产业集群和公共服务平台体系。依托服务贸易产业园，聚焦软件应用与开发、服务外包、电子商务、信息通信技术产业，打造辐射东北亚的千亿级服务贸易产业集群。

（二）培育特色产业隆起带

第一，构建东西向文化服务发展轴，整合双岛湾科技城内骨干企业、科研院所、高等学校等各类文化创新资源，构建“政产学研金服用”相结合的文化科技创新链，形成高区乃至全市的智慧中心和文化创新源泉。加快推进东部滨海新城的文旅度假区、创意文化区、公共服务区、商贸文化区建设，挖掘好运角旅游度假区的秦汉文化、卫所文化、胶东民俗文化资源，提升金石湾艺术园区、龙须岛书画写生基地等一批文化产业项目，打造特色鲜明的文化艺术小镇。第二，构建南北向文化旅游发展轴，依托刘公岛、华夏城、呼雷汤产业园、大溪谷、福地传奇水上乐园、沙雕文化艺术节等重点项目，构建滨海观光、休闲度假、温泉养生、乡村休闲、特色体验等多元业态体系。

（三）打造三大特色示范区

第一，依托高新区“一区多园”模式，聚焦数字内容、创意设计服务、文化装备生产等领域，全面提升文化创新体系整体效能，培育良好的文化创新创业环境，打造文化创新示范片区。第二，以经济开发区、滨海新城为依托，聚焦互联网信息服务、文化服务贸易、文商旅综合投资等领域，打造产城融合示范区。第三，以荣成、南海新区、乳山为依托，聚焦海洋文化展示、科普教育、创意研发、休闲旅游、文化节庆等领域，规范建设一批海洋特色文化产业平台，打造海洋文化产业发展示范区。

三、实施动能转换，升级特色产业链条

按照全省新旧动能转换重大工程关于改造提升传统产业、大力发展新兴产业的总体要求，结合威海市实际，共同培育产业发展新动能。

（一）改造提升传统优势行业

激发工艺美术、书画艺术、出版印刷等传统行业发展活力。第一，加大传统工艺生产

性保护力度,加大具有一定产业基础和市场规模的非遗项目创新开发力度,强化传统工艺美术的技艺整理与研究工作,打造相应的民间手工艺传习示范点。弘扬工匠精神,围绕家纺、地毯、刺绣、锡镶、剪纸、珠宝首饰等特色门类打造高级别工艺美术工作室。提高家纺、刺绣等优势门类集聚水平,多措并举拓宽营销渠道。第二,重点推动书画写生、展示、拍卖、交易、收藏、美育等环节的创新突破,高标准打造孙家疃油画艺术小镇、牧云庵画家村,有序推进大乳山、昆嵛山、里口山、烟墩角等写生基地建设。争取更多的知名艺术机构进驻威海,鼓励半岛美术馆、翰墨文化产业园等载体项目积极开展展览展示及各类专题文艺活动。依托天和、春秋等拍卖机构,面向社会大众,常态开展专业化市场化的艺术拍卖活动。第三,引导印刷企业加强技术装备、原辅材料和系统解决方案的科技研发与产业化应用,鼓励企业加强数字印刷技术在按需出版、按需印刷等领域的应用与普及。依托打印机生产研发基地,大力发展智能打印终端、计算机外设及配套产品。依托北京印刷学院威海研究院,推动印刷产、学、研各领域合作。

(二)大力发展新兴特色行业

加快影视制作、数字内容、文化演艺等新兴特色行业成长。第一,依托威海丰富的历史文化、海洋文化和红色文化等资源,鼓励策划制作一批基于威海文化 IP 的影视精品。加大对本土影视剧作支持力度,依托呼雷汤影视文化产业园、伟德山中韩影视基地、延长线影视文化创意基地、昆嵛影视等载体,向影视全产业链拓展延伸。坚持保护与开发并重,优化提升现有外景拍摄地,争取再建设一批新的外景地。第二,充分挖掘威海历史文化资源,扶持影视动画企业开展原创制作。鼓励发展影视动画相关衍生产品,延伸完善本地动漫产业价值链。鼓励光远影视动画等企业进入三维仿真、工业设计、旅游房产、空间地理和城市规划等新兴领域。支持电子科大数字出版公司致力于研发多平台、多类型、多层次、全链条的数字教育产品,推进数字内容制作工具研发,智慧教育数字化平台建设。第三,充分挖掘齐鲁文化、海洋民俗文化,以神游华夏为龙头,打造一批具有威海特色的优秀演艺剧目。以威海、大剧院为依托,引进高水平演出剧目,引导国有艺术院团和民间演艺团体与演出市场对接。依托文化娱乐中心、影视中心和演艺基地,构建以经典剧目、传统剧目和旅游演艺剧目为重点的常态化演出机制。以文化惠民消费季为主导平台,加大演艺消费政策扶持力度,鼓励社会资本投资演艺娱乐基础设施建设。

四、加快跨界融合，激发产业乘数效应

（一）加快文化与旅游融合进程

结合国家全域旅游示范区创建工作，以文化内容为先导，丰富威海文化旅游产品结构，集聚体育、健康、休闲、节庆等热门消费市场的人气流量，大力发展文化观瞻型、乡村体验型、康养养生型、工业游览型、体育运动型旅游项目。第一，贯彻落实习近平总书记视察刘公岛、华夏城的指示精神，深入挖掘红色文化资源，强化刘公岛景区文化教育与警示职能，整合天福山、马石山等景区资源打造民族复兴（威海）教育基地，塑造红色旅游产品品牌。持续加强华夏城生态修复，将生态文明建设放在突出地位，不断优化"生态＋旅游＋演出"开发模式。第二，结合乡村振兴工程，加强莴山镇、东楮岛等全市历史文化名镇、名村等优质资源的合理保护利用，吸纳文化创意、商业新业态，加快海草房、画家村等代表性资源的创新转化，打造具有威海地域文化特色的乡村旅游精品工程。第三，挖掘道教养生文化、中医保健文化、饮食康养文化，创建中医药健康旅游示范区，面向国内外市场培育医疗观光旅游产品，打造辐射全国的美丽产业，打响"四季威海·康养福地"品牌。第四，聚焦渔具、家纺、食品等工业制造领域，依托百年老字号企业、行业龙头企业，打造产品展示、用户体验等工业旅游产品，打造一批工业旅游基地或文创园区，推出科技体验、养生保健、蓝色海洋等多种主题的旅游线路。第五，推动国际铁人三项赛、国际帆船赛、横渡刘公岛游泳邀请赛等品牌赛事融入更多文化、旅游元素，进一步创新体育商业模式。依托半月湾铁人三项赛场、里口山登山健身步道和自行车赛道等户外体育资源，促进群众性体育活动与休闲旅游融合发展。

（二）提升文化与科技融合水平

依托威海智能制造、数字技术、软件开发和应用、信息与通讯技术等高新技术产业基础，加快文化生产、传播、消费等环节的数字化、网络化进程。第一，引导工艺美术、出版印刷、文化装备制造等重点业态，围绕个性定制、智能制造、3D打印、数字出版等技术热点，鼓励企业开展自主创新及行业共性关键技术、新兴领域核心技术研发，依托全市文化产业公共服务平台，加快推进科研成果的产业化。鼓励威海奇悦电子科技有限公司持续

升级“VE音乐壁”等业内领先的文化科技产品,提高文化设备数字化、网络化、智能化水平,不断强化细分行业领先优势。第二,依托光远影视动画、昆嵛影视、呼雷汤影视文化产业园、延长线影视文化创意基地等企业、园区,提高数字内容原创能力,适应互联网和各种智能终端传播特点,创作生产优质、多样、个性的数字文化内容产品。第三,聚焦传统媒体与新媒体融合领域,积极运用大数据、云计算技术,加强内容信息和用户数据库建设,提高数据收集、存储、管理、分析和运用能力,为内容生产和媒体发展提供强大支撑。第四,大力培育引进文化资源数字化转化、数字艺术展示技术,鼓励对艺术品、文物、非物质文化遗产等文化资源进行数字化转化和开发,丰富威海珠宝、艺术品业及馆藏文化资源的展览展示形式,提高公共文化空间、公共文化设施智能化运营管理水平。第五,以威海服务贸易产业园为核心载体,依托浪潮“一带一路”国家云服务运营中心、中软国际云上软件园、北京盛世光明安全大数据等高科技项目,创新文化服务贸易模式,打造文化、旅游、教育等服务贸易领域的国际化平台。

(三)拓展文化与制造业融合空间

以时尚创意城市建设为契机,聚焦纺织服装、家纺地毯、皮具钓具等传统制造业,利用文化创意设计手段融入文化元素、时尚元素,延长轻工业优势产业链条。第一,引导迪尚、联桥、金猴等区内大型纺织服装企业将文化创意融入产品设计研发和品牌营销中,加速从代工模式向自主设计模式转变,支持DCCM(中国服装高级制造迪尚体验中心)利用数字智能、3D模式等新科技手段,全力打造高端化、定制化的产品品牌,形成创意、设计、生产、发布、展示展览等一体化发展的规模效应,构筑涵盖服装、家纺、皮具等细分行业的时尚创意产业体系。第二,大力发展钓具及零配件、滑雪设备及附件、登山设备、碳纤维自行车及零配件等产品,加快由“贴牌加工”向“自主品牌生产”转变,形成一批享誉国内外的运动休闲高端品牌,打造世界最大的高端渔具设计制造基地。第三,巩固既有平台基础,加快建设中国服装设计创新集成平台,提升家纺、地毯、皮革等细分行业设计创新平台、工业设计中心等的研发水平,吸引国内外知名设计机构和高端时尚创意人才聚集,建设全国一流的时尚创意基地。

第三节　对策建议

一、实施双轮驱动，提升文化综合效益

坚持文化事业与文化产业双轮驱动，通过实施文化领域供给侧改革、政府购买公共文化服务、文化遗产保护性开发、老旧空间设施改造利用等举措，稳步提高威海文化发展综合效益。

（一）强化公共文化服务有效供给

以创建国家公共文化服务体系示范区为契机，提高公共文化产品与服务的市场化供给水平。第一，引导社会力量参与公共文化服务，重点在公益性文化产品创作与传播，公益性文化活动的组织与承办，中华优秀传统文化保护、传承与展示等领域，推进政府购买公共文化服务工作。第二，鼓励市博物馆、群众艺术馆、美术馆依托馆藏文物、非遗代表性项目、书画艺术品等特色文化资源，与文化创意设计机构、高等院校等合作开发各类文化创意产品。支持半岛美术馆、佳润美术馆等产业项目为公众提供文艺创作、艺术培训等文化产品和服务，打造产学研为一体的综合文化服务平台。整合现有艺术机构及创作资源，对接全国文化信息资源共享工程，通力打造金石湾数字博物馆群，在集中采集、管理和展示艺术作品的基础上，提高学术研究、版权代理、交易收藏、艺术教育的数字化水平。第三，吸引社会力量支持城市书房建设，鼓励实体书店积极参与“书香威海”全民阅读工程，努力将一批书店转型升级为集阅读学习、展示交流、聚会休闲、创意生活等功能于一体的复合式文化场所。

（二）合理保护开发城市文化遗产

按照“保护遗产、继承文化、科学规划、严格保护”的原则，有序推进历史文化街区、老旧厂区、建筑的保护开发工作。第一，在依法保护历史文化遗产的前提下，引导刘公岛西摩尔商业街、文登区召文台两大省级历史文化街区，适度发展旅游休闲、特色商业和与文化主题相关的业态。第二，在尊重老街区空间格局和文化风貌的前提下，统筹推进栖霞

老街、威海陶瓷厂等城市老街巷、厂区改造利用工作,借鉴南京栖霞老街、成都东郊记忆等外地经验,重现百年老街和老工业文化风貌,打造文化创意产业街区。第三,利用闲置的古建筑、老厂房,统筹佳润美术馆、京剧美术馆、海魅非遗部落、海依达斯丝棉画艺术馆等场馆资源,加快推进全市公益文化空间打造工作。

二、统筹区域发展,推动乡村文化振兴

实施乡村振兴战略,是党的十九大作出的重大决策部署。为打造乡村振兴的齐鲁样板,我省将乡村文化振兴作为五大振兴领域之一加以重点部署,结合当前统筹城乡文化产业发展的任务要求,威海应加快发展乡村特色文化产业,推进乡村文化品牌建设。

(一)发展乡村特色文化产业

鼓励乡镇、农村充分挖掘特色文化资源,促进文化产业与农业观光、乡村旅游、民宿经济等相关产业深度融合。第一,根据资源基底和产业基础,分类打造一批美食村、艺术村、养生村、休闲村等特色村落,因地制宜培育荣成石岛百年花村、牧云庵"画家村"等特色文化名村,打造文登区米山特色农业休闲小镇、葛家星空小镇、乳山市牡蛎小镇等特色文化旅游小镇。第二,依托海草房村落、圣经山摩崖石刻、东楮岛、谷牧故居等乡土文化遗产,打造乡村文化旅游精品项目,开发具有地方特色的精品民俗活动、农渔业体验、名人观瞻等文化体验项目。第三,整合全市乡村旅游沿海线、乡村旅游山景线、乡村旅游环城带,串联海景线、山景线和环城带,优化全域乡村文旅发展格局。

(二)推进乡村文化品牌建设

梳理挖掘地域文化、乡土文化,打造乡村文化名片。第一,结合美丽乡村、乡村记忆及县以下历史文化展示工程,加强传统文化乡镇、传统村落及传统建筑的维修、保护和利用,打造若干"乡村记忆"乡镇、博物馆、村落、民居。第二,实施威海乡村传统工艺振兴计划,培育威海地域特色的传统工艺产品,开发渔民节祭祀仪式、渔民号子、渔家锣鼓、渔家风俗、海草房民居、锡镶制作、文登鲁绣、乳山镂绣、开洋谢洋节、花饽饽等乡村民俗文化品牌。第三,聚焦书画艺术创作等优势领域,加强农村题材文艺创作的规划和扶持,推出一批具有浓郁乡村特色、充满正能量、深受农民欢迎的农村题材文艺作品。

三、拓展国际市场，发展文化服务贸易

威海继获批国家服务贸易创新发展试点后，又跻身国家深化服务贸易创新发展试点行列。未来，威海应进一步优化文化服务贸易结构、夯实文化服务贸易载体基础，树立开放型经济新优势。

（一）优化文化服务贸易结构

基于威海地域文化特色及产业基础，进一步完善文化服务贸易布局。第一，重点发展影视动漫、网络游戏、创意设计、时装设计、传统工艺、玩具制品、文艺演出、艺术展览、非遗展示等业态，加大广告策划、设计、制作、发布、播映、宣传、展示支持力度。第二，扩大东北亚海上丝绸之路、神游华夏以及鲁绣、镂绣、钩织、丝绵画等历史文化、海洋民俗文化、非物质文化资源的国际知名度和影响力，培育一批国际知名文化品牌。第三，打造国际区域性休闲度假旅游目的地，做大做强“威韩连线”旅游品牌，建设休闲渔业旅游示范基地，打造“中国休闲渔业之都”。加快发展体育旅游，将威海长距离铁人三项世界系列赛、威海国际帆船赛等打造成国际知名赛事。第四，依托服务贸易产业园等载体，加快建设全球外包软件园等重点项目，以软件、服务外包、电子商务、信息与通信技术产业为主导方向，打造立足威海、面向日韩、辐射东北亚的国际化服务贸易新高地和信息产业园区。

（二）完善文化服务贸易载体

第一，持续提升中韩影视文化基地、金石湾艺术园区艺术品保税仓库、中韩国际珠宝饰品城、韩乐坊等建设运营水平，加快中韩文化创意产业园等项目建设，布局文化服务出口特色园区。第二，依托“孔子家乡—山东文化贸易展”，展示威海传统文化产品和服务。建设国际艺术品推广交易平台，推动书画艺术国际交易。培育中国威海文化产品博览交易会、中韩影视文化交流周、中韩漫画节会、中韩（威海）文化创意产业合作交流会等文化产业展会和活动。第三，以东部滨海新城和经区、临港区、高区三个国家级开发区为轴心，打造中韩文化产业融合高地、中韩高端服务集聚区。依托半岛美术馆、佳润美术馆，组织东北亚国际美术作品交流展。第四，建立完善重点文化产品和服务出口企业名录库，积极申报国家文化出口重点企业和重点项目，利用试点优惠政策，吸引国内品牌文化

企业来威海投资发展文化贸易。

四、优化发展环境,加强综合保障

结合威海市文化产业发展实际及存在问题,应在组织机构、资金支持、政策环境、人才支撑、统计监测等多个维度优化文化产业发展环境。

(一)健全组织与领导机制

第一,各级文化体制改革和发展工作领导机构要切实发挥统筹规划、分类指导和督导检查作用,不断完善各部门协调联动机制,研究解决文化产业发展中的重大问题,加强全市文化产业发展的顶层设计、计划实施、政策创新、公共平台建设和重大项目推进工作的指导和监督。第二,发挥各区市主战场作用,引导各区市紧密结合区域经济发展特色,出台促进区域文化产业发展的规划、计划、财政扶持政策、园区管理办法等,深化载体和重大项目建设。第三,进一步发挥文化产业领域相关行业协会、产业联盟、社会中介的作用,整合行业资源、协调行业利益、加强行业自律,共同推进落实各项目标任务。

(二)加强政策落实与衔接

第一,贯彻落实国家和我省促进文化产业发展的各项政策意见,结合威海产业发展实际,加强政策调研,制定完善有利于文化产业发展的专项政策,落实针对园区基地、企业的税收、项目用地、市场流通、人才引进等方面的优惠政策。第二,加强全市新旧动能转换、服务贸易试点、千亿级产业集群等行动计划、方案的政策衔接,加强文化与相关产业发展规划中的政策适配与互补。第三,加强政策执行过程中的统筹协调,加大文化产业政策宣传、培训和解读力度,提高文化企业、组织、公众对政策的知晓率、利用率,营造良好舆论环境。

(三)加大投融资扶持力度

第一,加大市、区两级文化产业扶持资金投入力度,加强对公共服务平台建设、创意成果转化、区域品牌建设、创新型人才培养、高端人才引进、重大奖项和活动等方面的扶持力度,重点支持一批具有重要示范、引导和带动作用的项目。第二,加强国资、国企投资资金、基金对社会资本的引导作用,支持以独资、合资、合作、联营、参股等多种方式,加大对新兴文化业态的投资力度。第三,引导文化企业与金融机构开展多种形式的银企合作，鼓励各类金融机构开发和推广适应文化产业发展需要的个性化金融产品，加大对文化企业的授信额度。鼓励驻威金融机构采取无形资产质押、风险补偿、贷款贴息、担保补助等方式，创新金融服务模式。

（四）完善公共服务平台体系

第一，搭建专业化的服务平台体系，稳步推进产业众创孵化服务、产业协同集聚服务、产业发展要素服务等3大类19个服务平台建设，促进人才、资本、技术、创意等创新创业要素高效配置。第二，强化共性技术支撑平台建设，鼓励文化企业、组织机构加强平台资源的互惠合作，发挥服装、家纺、军工等各领域创新平台、设计中心作用，促进产业跨界融合发展。第三，建设一批文化服务贸易项目对接和国际市场推广平台，依托大数据、物联网、移动互联网等推动服务贸易模式创新，打造文化、旅游等服务贸易领域的新型网络平台。

（五）加强专业人才培育引进

第一，统筹全市人才培训渠道与政策资源，将文化产业人才培训纳入全市人才培训计划，支持驻威高校、职业学院和社会培训机构开设文化产业相关专业，鼓励文化企业与高等院校合作，开办文化产业人才培训和实验基地，对具有一定规模的培训和实验基地给予资助。第二，将文化产业人才引进纳入全市人才引进专项计划，重点引进领军型文化产业人才和团队，对以业内领先的自有专利、专业技术、科研成果创办文化企业且具有较好市场前景的，给予重点支持。第三，完善文化产业人才任用、流动和奖励机制，改革文化人才激励机制，允许有特殊才能的文化人才以知识产权入股，参与利润分配。

（六）优化文化市场营商环境

第一，进一步完善文化市场准入和退出机制，建立健全政策法规、标准规范，为行业提供优质公共服务和行政指导。稳步推进简政放权，提高政府服务质量和效率，鼓励企业加快创新发展步伐。第二，加强文化市场综合执法力度，维护正常的文化市场竞争和交易秩序，保护经营者和消费者的正当权益。第三，加强文化产业知识产权保护和运用，鼓励全社会文化创新创造，为知识产权价值转化提供良好服务。

（七）完善文化产业统计制度

第一，依据《文化及相关产业分类(2018)》，修订产业统计口径，及时将新业态纳入统计范围。第二,完善文化产业统计调查机制,积极推进统计方法制度的改革创新,进一步细化、量化统计数据,做好新增文化及相关产业单位的入库申报工作。第三,依托大数据、云计算等科技手段,创新数据采集、整理、分析流程,推动统计服务由"点对面"向"点对点"转变,实现数据主动推送和定制性服务。第四,常态化推进文化产业数据发布、解读工作,全面反映全市文化产业规模、结构、效益、速度等发展现状和变化趋势。

第三章

烟台市文化产业发展调研报告

2018 年 9 月 2～7 日，济南泺尚有道文化创意产业规划设计院常务院长周朋飞、规划部张逸凡、规划部孙敏、首席特聘专家山东大学昝胜锋博士、特邀专家山东艺术学院唐月民教授就《烟台市新旧动能转换文化产业发展规划（2018～2025）》项目赴烟台市展开实地调研。烟台市文广新局文化产业科科长朱志明、副科长王雪琳等同志陪同调研。烟台市文化广电新闻出版局副局长于仁山与调研课题组一行进行了深入交流，对调研组调研活动的展开提出了指导意见。于仁山同志表示：烟台有着丰富的海洋生态资源和重要的物质文化和非物质文化遗产，具有地方特色的民间工艺，如剪纸、面塑等；传统节日仪式，如渔灯节、祭祀妈祖等；还有饮食、民居以及各种传统技艺等，都是重要的文化资源和文化资本。

调研期间，调研组赴福山区、蓬莱区、牟平区、龙口、招远、莱州、莱阳、海阳、栖霞等地，在全市范围内展开了代表性文化资源、文化产业园、文化产业项目、重点文化企业专题调研。先后参观了福山区文化馆、福山大剧院、报捷新闻印刷有限责任公司、新浪文化馆、文成城堡、蓬莱剧院、戚继光故里、龙口市乐器协会、龙口南山景区、山东嘉元盛世文化科技创业孵化基地、莱州市民之家调、莱州市利富工艺品有限公司、莱州武术文化影视基地、栖霞牟氏庄园、海阳地雷战文旅基地、海阳丁字湾文旅度假区、牟平养马岛文旅基地等，对烟台的文化产业的总体情况进行了深入调研。

2018年11月13日～11月15日，济南泺尚有道文化创意产业规划设计院首席特聘专家山东大学昝胜锋博士、山东大学文化产业研究院章军杰博士、规划部张逸凡再次就此次项目赴烟台进行汇报交流。11月14日上午，《烟台市新旧动能转换文化产业发展规划(2018～2025)》成果交流会在烟台市文化广电新闻出版局12楼会议室召开，参加会议的有烟台市文化广电新闻出版局副局长于仁山、烟台市文广新局文化产业科科长朱志明、副科长王雪琳等。

泺尚有道文化创意产业规划设计院首席特聘专家山东大学昝胜锋博士对本课题调研文本进行了汇报说明，并针对烟台市文化产业关键领域中的重大问题提出了突破性、可操作的规划建议。烟台市文化广电新闻出版局于仁山副局长仔细审阅了所提交的文本和规划说明材料，于仁山副局长指出，此次课题成果报告体现了以新旧动能转换为核心的原则，指导思想明确、文本结构完整、措施内容具体、重点突出，集中展现了烟台市新旧动能转换文化产业以及地域文化产生、发展、传承的历史轨迹，展现出了烟台所特有的文化特征和文化内涵，为烟台市新旧动能转换文化产业发展提供坚实路径支持和专家智慧。

11月14日下午，课题组赴莱山区进行补充调研，莱山区文化广电新闻出版局曲悦局长、莱山区文化广电新闻出版局纪照宇副局长陪同调研。课题组先后参观了山东艾欧特投资集团有限公司、烟台国际博览中心、木鱼石展览馆、烟台国际会展中心、莱山规划展览馆等企业和项目，对烟台的新旧动能转换文化产业的基本情况进行了深入了解。

课题组认为，烟台市蕴含着东方文化的灵秀之气，有着悠远古老的海洋文化、民俗文化。近年来，烟台市注重加强对中华优秀传统文化的挖掘、整理、研究、储备、传播和弘扬，努力实现中华传统美德的创造性转化、创新性发展，烟台大力推进文化大市强市建设，丰富了市民的精神食粮，让市民对中华文化有更深刻的理解，提高居民百姓的文化自信。此次规划内容的成文也正是基于全市文化产业发展基础与新旧动能转换战略定位，结合“仙境海岸　鲜美烟台”的城市文化形象，烟台应充分发挥环渤海经济圈区域性中心城市、国家创新型试点城市和东部沿海重要开放城市优势，着力建设国家海洋文化产业创新引领区、国家新型文化服务业集群样板城市、国家文化科技创新及成果转化示范区。

调研组深入了解掌握了各县市区文化产业及相关领域总体现状，以及各地主要领导对辖区文化工作的定位、思路及下一步发展计划，将推动烟台市与济南泺尚有道规划院建立战略合作，拓展传统文化保护与现代化传承、文化旅游设计等融合发展。现摘录本次规划内容的部分研究成果与读者共享。

图 1-3-1　烟台市文化产业调研

第一节　现实基础

一、发展成绩

（一）产业规模总量持续扩容

2015～2016 年，全市文化产业增加值分别实现 255.7、302.12 亿元，均位列全省第二位，同比增长 39.9%、18.15%，增加值占 GDP 比重分别为 3.97%、4.29%，均高于全省平均水平。文化产业固定资产投资强劲，2017 年全市在建文化产业项目 229 个，累计完成投资 279.47 亿元，其中过亿元项目 92 个，增长 21.1%。2018 年上半年，全市文化产业投资新开工项目同比增长 28%，亿元项目增长 25%，文化产业项目投资持续增长。对外文化贸易规模优势不断凸显，2017 年全市文化产品和服务进出口额突破 47 亿美元，占全省总额的2/3,居全国大中城市前列。专业文化市场繁荣发展,截至2017年底,全市文化市场主管部门登记注册的文化市场经营单位1354家,从业人员4797人,娱乐经营单位328家,艺术品经营单位16家。

(二)优势行业带动效应明显

近年来,全市教育培训、非遗生产性保护、工艺美术等传统业态实现较快发展。深挖工艺美术、非遗项目资源,加大对莱州面塑、毛笔制作等代表性项目的生产性保护力度,持续举办"多彩非遗,美好生活"等非遗展会活动,社会效益与经济效益同步提升。文博会展、动漫影视、创意设计等战略新兴业态方兴未艾,带动了数字媒体、游戏研发、广告策划等在内的全产业链文化产业发展。依托1861文化创意产业园,吸引了一批广播影视、创意设计等文化企业入驻烟台,推出了众多动漫、游戏、影视、文化体验精品项目及创意产品。

(三)市场主体培育成效显著

截至2017年底,全市共拥有文化产业单位9000余家,从业人员近20万人,规模以上文化企业231家,实现营业收入1127.68亿元,增长5.5%。持续布局"6+5"产业矩阵,实现产业动能新突破,通过优先发展大型骨干文化企业,重点扶持科技型文化企业,培育成长型文化企业,涌现出烟台日报传媒、华夏传媒等一批主业突出、实力雄厚的大型骨干国有或参控股文化企业,捷瑞数字、八仙过海等一批自主创新能力强、产业附加值高的民营龙头文化企业;形成了规模庞大、素质优良的文化企业集群,烟台蓬莱八仙过海旅游有限公司、山东艾欧特投资集团有限公司、鸿富锦精密电子(烟台)有限公司入选第二届(2018)"山东省文化企业30强"。

(四)载体示范效应不断凸显

近年来,全市持续加强文化产业载体建设,文化产业项目、园区、基地综合影响力不断增强。截至2018年7月,全市已建成文化产业园区和基地32个,累计投资达到530亿元,共创建形成5个国家级和14个省级重点园区基地,涵盖创意设计、互联网服务、文化旅游、影视演艺、新闻出版、艺术品交易等各类文化业态。烟台1861文化创意产业园作为烟台第一大文创园区,吸引了多家大型知名文化企业入驻,集聚效应加速释放。新浪动漫基地、中德工业设计中心、丁字湾恒大旅游综合体等重大产业载体落户烟台,福山中国传媒集团国际文化交流中心项目开工建设，相关领域重大示范带动项目正不断涌现。

（五）产业跨界融合不断深化

积极推动文化产业与旅游、科技、金融等产业深度融合。将文化旅游产业确定为新旧动能转换八大重点产业之一，2017 年全年市级以上 23 个重大文旅项目完成投资 46 亿元，全域旅游示范区创建工作正向纵深推进。在创建国家知识产权强市、构建新型数字经济共同体的重大机遇中，积极培育数字内容产业、互联网服务、移动多媒体等新兴业态，涌现出一批文化科技领军企业。推动传统媒体与新兴媒体融合发展，实现跨媒体、全媒体发展。提高文化金融合作效能，充分发挥市级文化产业专项资金和投资基金的引领带动作用，累计吸引社会资本 360 亿元，截至 2017 年底已投资十余个优质产业项目。

（六）综合保障体系日臻完善

在全面深化改革框架下，烟台市不断推进文化领域供给侧结构性改革、文化市场综合执法改革和文化领域行业组织等关键领域建设，为文化产业发展营造了良好的体制机制环境。出台《关于加快发展文化产业的意见》《关于进一步推动文化和旅游产业发展的意见》《烟台市文化领域供给侧结构性改革实施方案》等一系列优惠政策，在财税、土地、金融、工商、社保、人才等多方面加强宏观引导和政策扶持。在发展理念、要素保障、市场培育、管理体制等方面提升创新力度，营造促进文化产业繁荣发展的良好氛围。

二、存在问题

（一）产业结构体系有待优化

全市文化产业传统业态比重相对较高，特别是外围县（市区）仍以科技含量低、附加值低的传统行业门类为主，以信息化、数字化、网络化为核心的新兴业态比重较低。“四新”经济、“四化”型新动能培育处于起步或跟跑阶段，规模以上文化制造业、文化服务业增速放缓，2018 年上半年增速仅为 3.3%、6.4%，工艺美术、出版印刷、会展演艺等传统业态与互联网、数字化、大数据、云计算等技术融合尚未全面深化，文化创意与相关产业融合不深，产业关联度较低。

（二）企业创新环境有待改善

全市文化企业创新发展的人才、资本、平台、智库的良性循环生态圈尚未形成，知识、技术、信息、数据等新生产要素配置有待优化,文化企业在产品研发、技术升级、组织建设和营销推广领域的创新动力不足,导致企业市场竞争力普遍不强。2018年上半年全市文化产业完成投资比重较之以往下降20%,文化龙头企业、上市企业和行业知名品牌数量较少,中小企业创新发展的融资渠道比较狭窄,经营性文化事业单位转制企业缺乏活力,企业创新发展的综合环境有待改善。

(三)内外市场驱动有待提升

我市文化产业结构性供给过剩与有效供给不足并存,文化产品、文化服务与人民群众日益增长的文化需求不匹配、不协调,导致基础文化消费比重较大、新兴文化消费比重较小。全市人均教育娱乐消费支出921元,与GDP同体量的省会济南(2015年2852元)差距较大,居民文化消费水平有待进一步提升。全市文化贸易结构亟待优化,文娱用品等产品出口比重过大,动漫影视、广告创意等文化服务贸易比重较小,省重点文化产品和服务出口企业数量有待提高,对外精准推介宣传和重点市场开拓力度亟待加强。

(四)体制机制创新有待加强

全市文化产业统筹联动和精确引导工作有待加强,多部门联动、全社会合力发展机制尚不完善,部门联席产业专班落实不够到位。全市文化产业政策体系尚需创新突破,政策针对性、实效性有待提高。实质性政策实施力度不足,文化产业政策落实有待强化。文化人才培养引进机制、文化投融资体系以及文化产品和服务出口体系亟待完善,产业服务平台体系有待健全。

三、发展优势

(一)历史文化资源富集

烟台作为国家历史文化名城,文化底蕴深厚、历史辉煌,是人类早期文明的发祥地之一。海洋文化、历史文化、革命文化、农业文化等资源丰富,市境内遗存有烟台山近代建筑群、西炮台、蓬莱水城及蓬莱阁、牟氏庄园等一批历史文化遗址,海阳大秧歌、莱州蓝关戏、胶东大鼓等13个项目被列入国家非物质文化遗产名录,以太史慈、丘处机、戚继光、王懿荣为代表的一批历史名人诞生或活动于此。优质的文化资源禀赋和齐备的文化资源体系为全市文化产业动能转换奠定了丰厚的资源基础。

表 1-3-1　　烟台市典型文化遗产资源统计表

资源种类	名称	数量
文物保护单位	全国重点文物保护单位	17 处
	省级文物保护单位	110 处
	市级文物保护单位	152 处
	县级文物保护单位	192 处
优秀历史建筑	省级优秀历史建筑	93 处
	市级优秀历史建筑	199 处
非物质文化遗产项目	联合国人类非物质文化遗产	1 项
	国家级非物质文化遗产	14 项
	省级非物质文化遗产	33 项
非物质文化遗产保护传承载体	国家级非遗产代表性传承人	4 人
	省级非遗代表性传承人	26 人
	市级非遗代表性传承人	157 人
	非遗传承基地	18 个

（二）现代文化氛围浓厚

2018 年，烟台 9 个县（市、区）入选山东文化强省建设先进市（县），高标准打造烟台文化中心、名人艺术馆群，常态化举办“烟台文化艺术季”，并成功创建国家公共文化服务体系示范区。依托烟台京剧艺术的深厚底蕴，启动“京剧码头”振兴工程并取得丰硕成果。全市书画、话剧艺术蓬勃发展，书画名人画廊、艺术馆林立，是全省话剧创排演出最活跃的地区之一。胶东革命文化建设成果丰硕，《英雄胶东》《闯王进京》等优秀舞台作品反响强烈，持续开展“全民阅读”活动，营造“书声琅琅、香飘烟台”的浓厚氛围，举办“讲烟台故事，建文明城市”“读书朗诵大赛”“工地书屋”等各类“书香烟台”特色文化活动，共同为烟台文化产业创新发展营造了浓郁的文化氛围。

（三）高端平台支撑稳固

烟台积极争取新旧动能转换创新政策和体制机制改革事项，创新驱动效应持续扩大。2017 年，以“四新经济”为主要特征的新经济增加值占地区生产总值的比重达到 23.5％，1861 文化创意产业园坐拥 4 个国家级、6 个省级授牌及称号，国家级中德工业设计中心启动建设,省级以上技术创新中心、企业技术中心、重点实验室数量持续扩容。在济青烟国家科技成果转移转化示范区建设基础上,国务院批复设立中韩(烟台)产业园,国家首个在地方设立的中国知识产权保护中心落户烟台,烟台高新区成为国家知识产权示范园区。一系列高端创新平台将有力推动烟台文化产业的质量变革、效率变革与动力变革。

(四)对外开放优势显著

烟台市位于山东半岛东部,濒临黄海、渤海,与日本、韩国、朝鲜等国家隔海相望。近年来,烟台以合作园区、重大双向投资贸易项目、沿线友好城市为支撑,全面参与经济合作走廊、海上运输大通道建设,对外开放不断向纵深推进,对外文化贸易优势扩大,国际化水平持续提升。作为"东方海上丝绸之路"的首航地和"21 世纪海上丝绸之路"重要节点城市,烟台有着悠久的文化交流和经贸传统,伴随国家跨境贸易电子商务服务试点城市品牌效应的持续释放,烟台文化对外交流与贸易合作空间将不断拓展。

四、战略机遇

(一)政策导向提供产业发展契机

党和国家历来高度重视文化产业发展,不断健全完善文化产业政策保障体系,在主体培育、重点行业、产业融合、文化消费、对外贸易等文化产业相关领域出台一系列政策举措。山东省和烟台市紧密对接国家产业政策,陆续细化并出台适于省、市发展实际的配套政策,不断优化文化产业政策环境。突出烟台特色、形成烟台亮点,努力打造乡村振兴齐鲁样板的烟台篇章,是烟台的重大历史任务。在新时代背景下,全省新旧动能转换重大工程将烟台作为三核之一,明确要求烟台依托试点示范政策优势,大力发展文化旅游等重点产业,为全市文化产业发展提供了政策导向和发展契机。

(二)区域竞合拓展产业发展格局

烟台地处半岛蓝色经济区核心发展区,是山东半岛国家自主创新示范区、中韩自贸区、21 世纪海上丝绸之路等区域性发展战略的交汇点,伴随山东半岛、京津冀、环渤海等区域经济一体化战略的纵深推进,烟台具备了构建开放型文化经济新体制,推动对外开放向更高层次迈进的坚实基础。在区域竞合格局中,通过构建区域间文化产业协作发展新机制，先进技术、高端人才、重大项目的引进效能将显著提升，产业协作、人才交流、资源共享等领域也将实现新突破。

（三）科技变革提供产业发展动力

伴随新一轮科技革命和产业变革，互联网、云计算、大数据、物联网、人工智能等实现多点突破和融合互动，推动新技术、新产业、新业态、新模式快速兴起。在文化产品、服务同质化严重的市场形势下，烟台依托一系列高端创新平台，通过提高自主创新能力，培育区域特色优势，加速融入全球新的产业链、价值链和供应链中。在全球文化产业分工合作中，有利于提升烟台特色文化产品和服务供给质量，逐步形成文化产业发展的不竭源动力。

五、经验借鉴

遴选3个具有显著文化特色且发展较好的同类型城市，总结其文化产业发展的典型举措、发展实效，为烟台文化产业发展提供参考借鉴。

表 1-3-2

城市	典型举措	发展实效
江苏无锡	1.实施驱动核心战略和产业强市主导战略。着力打造一批具有产业辐射力和区域影响力的大型文化企业集团，构建企业为主体、市场为导向、产学研相结合的文化科技创新体系，推动文化产业转型升级。 2.传统产业和新兴产业紧密融合，加快推进新闻出版广电三大产业融合发展，不断壮大影视文化产业规模。打造7个国家级和省级影视产业基地，参与知名影视作品制作。 3.产业平台不断健全。举办第七届无锡文博会和第三届无锡文化创意设计大赛。依托无锡高新区、影视文化金融服务中心打造省级文化金融合作试验区、省级文化金融服务中心。 4.切实发挥文化政策资金引领作用，启动市级文化产业资金项目申报。进一步推广小微文化产业创业贷，鼓励有实力的文化企业兼并重组和上市融资，助力文化产业发展。	1.文化产业加速发展。无锡市文化企业规模及相关产业收入高位数增长。万达文旅城项目、太湖人鱼小镇、无锡国家数字电影产业园等项目收益显著。文化资本加快融合，无锡国家数字电影产业园累计实现产值39亿元，完成税收目标3.75亿元，引进文化类企业350余家，园区集聚作用逐渐显现。 2.产业园区蓬勃发展。国家级文化产业园区无锡国家数字电影产业园、省级文化产业示范区无锡灵山文化旅游创意产业园等一批文化示范企业发展迅猛，万达文旅城、吴文化影视基地等一批兼具潜力和实力的新兴文化产业基地逐渐成熟发展，发挥着巨大的示范引领效应。 3.城市文化形象不断提升。“太湖明珠”无锡近年来获“国际花园城市”“国家生态文明建设示范市”“全国文明城市”“中国最具幸福感城市”等美誉，城市文化品牌逐步形成。

续表

城市	典型举措	发展实效
福建厦门	1.促进文化产业与多业态融合发展,用“文化+”拓展产业“造血”功能。着力推动文化产品创新和文化服务手段创新,鼓励发展新型文化业态,探索新型商业模式。引导制造业、建筑业等行业的领军企业转型为创意设计企业,推动文化创意产业和设计服务产业化、专业化、集约化、品牌化发展。 2.鼓励企业投资建设文化产业平台。依托旅游会展业以及厦门自贸区、对台交流活动,深入推进厦台之间文化产业领域的合作对接,提升新兴文化业态和文化服务业的比重,大力发展文化贸易。 3.厦台文化产业协同发展,两岸对接合作日益活跃,文化产业平台崛起。厦门集聚300多家创投、担保、券商、基金、投资等文化金融机构,依托文化金融合作,深化厦台之间相关领域的合作交流。 4.推进文化领域供给侧结构性改革,着力提升文化产业发展质量,深化发展领域,全力打造文化创意千亿产业链。	1.文化产业发展迅猛。厦门市文化产业年均增速度超过15%,成为厦门经济发展的支柱性产业。城市旅游业健康快速发展,2017年厦门市接待国内外游客7830.52万人次,同比增长15.7%,旅游总收入1168.52亿,同比增长20.7%。 2.产业融合发展步伐加快,文化科技领军企业表现突出。在新媒体与影视科技、数字出版等领域培育了一大批龙头企业,文化类国家级高新技术企业达101家。 3.产业园区集聚效应显著。厦门文创园区呈现多点开花、以点带面、集约发展的特点。厦门国际动漫节、厦门国际时尚周、全国电子竞技大赛等众多国家级、国际性文化展览落地厦门,形成文化产业聚集发展的良好环境。 4.城市形象不断优化。2013～2017年,厦门市先后获得中国最美会议城市、中国最具幸福感城市、2017年度中国十大品质休闲城市、2017世界特色魅力城市200强、2018畅游中国100城等称号。
山东青岛	1.优化产业发展顶层设计。青岛市出台《关于在新旧动能转换中推动青岛文化创意产业跨越式发展的若干意见》,确定9大文创产业发展计划,明确了青岛市文化创意产业发展的愿景目标、实施路径等,产业层面的推动力度达到近10年以来政策扶持力度的“最高点”。 2.突出影视业核心竞争优势。推进影视工业体系建设,建立影视生产内容库。挖掘具有青岛特色文化元素,打造“青岛出品”影视品牌。完善影视制作、发行、放映技术新体系,打造全产业链影视基地。推进国家电影交易中心建设,搭建具有国际影响力的影视文化传播交流平台。 3.着力挖掘青岛城市特色文化资源,借助青岛城市国际化平台,聚焦主要客源地,加强文化旅游宣传与合作。开发青岛游学、海上运动、中医养生等特色旅游产品,丰富青岛旅游产品体系。创建青岛旅游精品线路,建设青岛旅游大数据平台。 4.加大产业发展扶持力度,设立骨干文化企业奖励目标,打造一批文创“小巨人”企业。重点支持国家级文创产业园区发展。打造文化产业平台,推动文化贸易发展。积极推进东方影都产业园、中国电影交易中心等文化贸易基地建设,搭建国际版权交易中心、文化出口服务中心等服务平台。	1.文化产业机构优化调整成就明显。非制造业比重提高,规模以上制造业、服务业、批发零售业企业结构优化。重点文化行业产值进一步提高,2017年上半年文化艺术服务类增长41.8%,文化休闲娱乐服务类增长24.4%,文化用品生产类增长18.0%,文化创意和设计服务类增长15.9%,文化专用设备生产类增长15.4%。 2.影视产业迅猛发展。2017年青岛广播、电视、电影和影视录音制作业营业收入5.3亿元,增长27.9%。联合国教科文组织授予青岛“电影之都”称号。2017年,灵山湾影视文化产业区内首批15座摄影棚今年相继投入运营,一批国内外大片先后进入园区拍摄,成为名副其实的中国影视“重工业”基地。 3.文体旅产业融合进程加快。深度挖掘“旅游+体育”融合发展内涵,传承弘扬传统体育文化,全方位开展群众体育赛事活动,高标准打造奥帆体育旅游示范区等重点片区,着力提升青岛“帆船之都”美誉,推动水上体育运动结合赛事观览、体验业态,逐渐向新兴消费领域延伸。 4.城市文化形象不断提升。青岛市获“中国最美城区”“中国最佳休闲城市”“中国历史文化名城”等美誉,城市吸引力不断提升。

第二节　发展路径

一、指导思想

以习近平新时代中国特色社会主义思想为指导，全面贯彻党的十九大和十九届二中、三中全会精神，坚决落实习近平总书记视察山东重要讲话、重要指示精神，牢固树立新发展理念，坚持“一个定位、四个着力、一个加快”发展思路，以不断满足人民日益增长的美好生活需要为出发点和落脚点，以实施文化产业新旧动能转换为统领，以推进文化领域供给侧结构性改革为主线，以文化“四新”“四化”为主攻方向，健全现代文化产业体系和文化市场体系，构建开放型海洋文化经济新生态，加快推动文化产业成为全市国民经济重要支柱性产业，为加快建设创新开放包容、宜居宜业宜游的现代化国际滨海城市提供强大的精神动力与产业支撑。

二、基本原则

（一）坚持导向引领、双效统一

牢牢把握文化产业意识形态属性与产业属性，坚持社会主义先进文化前进方向，坚持以人民为中心的工作导向，切实引领全市文化产业实现更高质量、更有效率、更加公平、更可持续发展。科学统筹文化产业社会效益与经济效益关系，坚持社会效益优先，经济效益和社会效益相统一，以高质量文化供给增强群众文化获得感、幸福感。

（二）坚持创新驱动、转型升级

紧紧围绕烟台文化产业的突出短板与关键环节，依托文化创新力量促进理念创新、机制创新、模式创新。聚焦海洋文化产业、文化先进制造、文化知识产权等原始创新和颠覆性创新领域，依托科技创新力量促进产品创新、技术创新、管理创新，推动传统业态提效益、新兴业态提规模、复合业态提潜能。

(三)坚持统筹协调、重点突破

统筹推进公共文化服务体系和现代文化产业体系建设,以文化领域供给侧改革为抓手,整合文化产业各门类、各系统、各主体,综合提升全市产业空间布局、业态构建及城乡协同水平。努力在文化产业载体建设、文化服务贸易、乡村文化振兴、特色活动经济等领域谋求重点突破,探索烟台特色经验,实现区域样板示范。

(四)坚持协同联动、开放发展

积极融入全省新旧动能转换格局,深入推进行业、技术、人才、市场等全方位合作,提高新兴文化产品和服务向全省、环渤海、东北亚地区的辐射能力。深度融入"一带一路"、自贸区等开放战略,依托烟台开发区、高新区、保税港区,加快构建开放型文化经济新体制,创新文化产品出口、文化服务贸易政策体系。

三、发展定位

(一)国家文化科技创新及成果转化示范区

依托山东半岛国家自主创新示范区、济青烟国家科技成果转移转化示范区建设基础,提升文化制造业智能化水平,聚焦文化资源数字化、数字内容生产、数字技术服务、新媒体融合等文化科技新兴价值链,支持国内外文化创新成果来烟转移转化。整合全市文化相关技术创新中心、企业技术中心、重点实验室资源,力争在技术研发与集成应用、标准制定、技术转移、产业联盟等领域形成示范性的标杆效应。

(二)国家新型文化服务业集群样板城市

在争取国家新型优质服务业集群建设试点工作中,同步打造国家新型文化服务业集群样板城市。依托中国(烟台)知识产权保护中心,高标准创建国家知识产权强市。推动互联网、大数据、云计算等与文化经济深度融合,构建新型文化经济共同体。依托区域性基金管理中心建设,加强文化和金融合作。加快推进全域旅游示范区创建,全力打造国际生物医药与健康产业创新中心。

(三)国家海洋文化产业创新引领区

全面对接国家"21世纪海上丝绸之路"海洋特色文化产业带建设,大力发展海洋特色文化创意产业,支持海洋特色文化企业和重点项目发展,创建一批全国海洋文化产业示范基地，培育一批精品海洋文化论坛、节庆活动、体育赛事。严格保护海洋文化遗产，打造一批海洋科普与教育示范基地，积极推进“海上丝绸之路”文化遗产保护与开发利用，加快融入全国现代海洋文化传播和经济发展格局中。

四、发展目标

（一）总体目标

到2020年，全市文化产业整体实力进一步增强，产业布局更加合理，产业体系渐趋成熟，载体支撑不断强化，文化产业成为全市新旧动能转换中坚产业和国民经济支柱性产业。到2022年，全市文化产业质量效益大幅提升，新技术、新业态、新产品、新模式不断涌现，基本形成新动能主导的文化产业发展新格局。到2025年，文化产业生态实现有序更新，产业支柱地位进一步巩固并成为提升城市竞争力的重要动力源，打造具有较强竞争力与国际影响力的文化经济高地。

（二）具体目标

到规划期末，烟台市文化产业争取实现“一体跨越，双重优化，三个突破”。

1.一体跨越

2018～2025年，全市文化产业保持中高速增长态势，产业增加值年均增速达到10%以上，产业总体规模实现一体跨越提升。到2022年，文化产业增加值占GDP比重达到7%以上，产业增加值、增速、GDP占比、产业贡献率等核心指标位居全省前列。到2025年，全市文化产业增加值占GDP比重达到9%以上。

2.双重优化

产业布局逐步优化。到2022年，全市文化产业“一核引领、两极联动、三团协同”动能转换布局体系初具雏形，区域产业发展不平衡问题得到有效改善。到2025年，全市及周边地区文化资源实现高效配置、产业要素实现有序流动、文体旅市场实现深度融合，全面形成梯次扩散、节点辐射、集聚效应明显、城乡特色互补的文化产业发展格局。

产业结构持续优化。到2022年，文创产业、文旅产业集群全面实现转型升级、供给优化、降本增效，跨界融合产业集群驱动新技术、新产业、新业态、新模式不断涌现，形成新动能主导的产业发展格局。到2025年，三大产业集群耦合效应加速释放，文化产业生态体系不断优化更新，产业价值链实现高水平跃升，全面融入全球产业分工合作。

3. 三个突破

产业载体建设实现突破。深入实施文化产业重大项目带动战略，到2022年，聚焦创意设计、文化艺术、数字内容、服务外包、信息传输、休闲娱乐等领域，扶持发展100个重点项目，每年遴选20个左右具有示范效应的产业项目列入市重点建设项目。到2025年，在新型文化服务业、海洋特色文化产业、文化科技创新及成果转化三大领域，新增3～5个国字号产业载体项目。

文化服务贸易实现突破。到2022年，培育和认定一批在文化贸易领域具有代表性和引领性、具有一定出口规模、出口潜力较大的示范基地和交易平台，文化艺术、广播影视、文化创意、数字出版、动漫游戏等文化服务贸易规模大幅提升。到2025年，资本、技术密集型等高附加值文化服务在服务贸易中的比重大幅提升，培育形成若干具有较强国际影响力的文化服务品牌。

文化有效供给实现突破。到2022年，基本形成普惠式的公共文化产品(服务)体系和市场化的特色文化产品(服务)体系，全市文化供给结构性过剩与有效供给不足并存的问题显著改善。到2025年，在夯实知识、技术、信息、数据等新生产要素供给体系基础上，构建形成政府引导、市场主导的均等化、普惠式、多层次、多样化的文化产品(服务)供给体系。

表1-3-3　　2019～2025年烟台市文化产业发展预期性指标

序号	具体指标	单位	预期目标		
			2020年	2022年	2025年
1	文化产业增加值	亿元	>440	>600	>800
2	文化产业增加值占GDP比重	%	>5	>7	>9
3	文化企业法人单位	家	>10000	>11500	>14000
4	规模以上文化企业	家	>280	>320	>400
5	文化产品和服务出口骨干企业	家	>10	>15	>20
6	文化产业从业人员占常驻人口比重	%	>5	>6	>8
7	文化产业"四新"贡献率	%	≥40	≥50	≥60
8	文化创新支出占(R&D)经费比重	%	≥8	≥10	≥15

续表

序号	具体指标	单位	预期目标		
			2020年	2022年	2025年
9	国家级文化产业园区基地	个	≥8	≥10	≥12
10	文化及相关产业类基金数量	支	≥2	≥5	≥8
11	文化及相关产业类基金规模	亿	≥10	≥50	≥100
12	文化服务贸易占文化贸易总额比重	%	≥20	≥40	≥60
13	居民文化教育和娱乐支出比例	%	≥15	≥20	≥25
14	全国知名文化企业品牌	个	≥5	≥8	≥10

五、战略路径

(一)产城一体战略

按照烟台市全域新旧动能转换总体格局,统筹全市产业功能、城市功能、生态功能。综合利用城市文化综合体、文化创意集市、特色文创小镇、旧城文创利用等形式,培育特色文化产业集聚区,将城市空间结构与文化生产力布局有机结合。紧随产业融合发展进程,构建文化创意产业、文化旅游产业、跨界融合产业地标群,结合公共文化服务设施网络,不断优化城市新动能经济分布格局,实现城市全域文化空间及要素资源的优化配置。

(二)联创联建战略

积极争取国家新型优质服务业集群建设试点资格,持续推进济青烟国家科技成果转移转化示范区、国家海洋经济创新示范城市、国家级海洋生态文明示范区、全国首批知识产权强市、国家服务外包示范城市、消费品“三品”战略示范试点建设。整合多元创建资源,努力巩固已创建成果,建立长效维持机制,加快推动烟台先行先试成果转化为文化产业发展的无形资产和品牌效应,充分激活新兴科技、海洋生态、知识产权、消费升级对文化产业新动能的催化效应。

(三)区域协同战略

在“一核引领、三带协同、六点突破”的新旧动能转换区域格局中,培育壮大创意设计、文体旅游、医养健康等新兴产业,推动全市文化产业实现差异化、特色化、全域化发展。发挥区域间文化生产力的联动作用，进一步建立健全区域协作发展机制和交流机制，联动新旧动能转换综合试验区、半岛蓝色经济区、京津冀协同发展、长江经济带、环渤海等区域发展战略，进一步拓展全市文化产业跨区域合作空间。

（四）绿色生态战略

积极实施主体功能区战略，切实把生态文明建设融入全市文化产业发展各个环节。深化生态文明制度建设，以建设长岛海洋生态文明综合试验区为依托，保护海洋文化生态，保护传承海洋优秀传统文化，培育一批以海洋文化为核心的重点文化业态。抓好国家第三批低碳城市试点、中德低碳生态城市合作项目示范试点工作，加快文化制造业、文化服务业转型升级，推动出版、印刷、包装等传统产业淘汰低端落后产能，加快形成文化产业发展的绿色新动能。

第三节　对策建议

一、打造特色业态体系

（一）文化创意产业集群

1. 工艺美术

——弘扬工匠精神，传承优秀传统技艺。通过资助、政府采购、产品认证、技艺评比等资金扶持和许可手段，鼓励工艺美术师、非遗代表性传承人、专业协会主动开展美术类、技艺类濒危工艺的整理工作，切实提高抢救性保护力度。围绕面塑、制笔、草编、绒绣等领域特色门类，开展质量提升行动，落地一批技艺研发和产品创新平台，打造一批烟台工艺美术“名坊”。推动行业规范发展，加大知识产权保护力度，激发企业创新积极性。

——强化科技导入，提升创新发展能力。充分发挥科技在促进工艺美术业转型发展中的引领和带动作用，引导毛笔、绒绣、草编、石雕、玉雕、面塑、金银工艺、玻璃工艺、剪纸等工艺企业开展技艺创新、产品创新，应用新材料、新技术、新设备，提高产品研发、生产效率，丰富产品类型，提升产品品质。借助互联网、大数据、物联网等科技手段，根据产品细分和个性化定制市场需求，开展艺术衍生品生产研发，推动传统工艺融入现代生产生活。

——构建载体平台，推动产业迭代升级。依托烟台中国文化艺术城、博展国际商贸城等线下载体，打造覆盖全市的电子商务、设计经纪、专利申请、检测鉴定、展示展览、产权交易等行业公共服务平台，拓展上下游产业链条。依托嘉元盛世“艺美传”APP等线上平台，搭建以数据化艺术价值体系为支撑的高品质艺术品和艺术理念展览平台。依托中国(烟台)民间工艺品博览会等专业展会平台，吸引国内外知名工艺美术师、工艺美术企业参展，加强区域间的交流与合作。

2. 出版印刷

——积极发展绿色印刷。引导以烟台报捷新闻印刷有限责任公司为代表的上市企业及以烟台市裕同印刷包装有限公司等为代表的行业龙头企业，加强绿色印刷包装专项技术研发，积极申报绿色产品认证。组织实施绿色材料、清洁生产、循环利用等技术改造项目，加强节能环保技术、工艺、装备的推广应用，推动印刷与出版、发行等上游环节对接，从原辅材料、机器设备、加工服务等各个环节，提高产业链上下游协同发展水平。

——加快发展数字出版。推动传统出版企业向数字出版转型，采用新技术和现代生产方式改造传统出版流程，通过建立数字内容转换和加工中心，提高资源使用率和数字内容转换、加工的集约化水平，满足大众个性化需要。聚焦学前教育、职业教育、在线培训等数字教育出版领域，加快数字资源建设步伐。拓展移动出版市场，鼓励行业企业精选内容资源并进行结构化、知识化深加工，打造适应移动终端的多种产品形式和服务形态。

——推进印刷包装业转型融合。实施出版印刷跨界融合和新兴业态培育工程，推进出版印刷业与文化创意产业、信息产业、影视业、旅游业、教育培训业等产业加速融合。支持烟台报捷新闻印刷有限公司、烟台城市传媒文化有限公司等龙头企业向文化艺术、创意设计、品牌咨询、精品包装、职业教育、人才培养、电子商务等领域拓展，构建“出版＋印刷＋包装＋设计”的产业成长模式，升级产业生态圈。

3. 动漫影视

——强化核心竞争优势。依托烟台 1861 文化创意产业园，积极吸引国内外一流动漫影视制作企业入驻，完善集创意研发、拍摄制作、发行展示、交流交易、衍生品开发为一体的动漫影视产业体系。依托新浪动漫影视基地,采用“人才+IP孵化、教育培训+学院合作”的模式,形成“IP—漫画—动漫—影视剧”的产业闭环。发掘烟台海洋文化、革命文化、民俗文化、仙道文化等典型资源,加强与省市级电视台及国内外知名专业企业、机构合作,培育烟台影视动漫 IP。

——拓展下游产业链条。依托烟台特色动漫产品形态和服务类型,创新“动漫+玩具”“动漫+互联网”“动漫+科技”“全触点 IP”等多种运营模式。依托知名影视剧、动漫的影响力,推动原创影视、动漫形象授权,开发玩具、文具、主题公园等一系列具较高产业附加值的衍生产品,拓展动漫衍生品电子商务市场。密切开展与韩国、日本等邻边国家在动漫影视领域的交流,深化双方企业在文学、漫画、游戏、影视、玩具、服装等领域等方面的合作。

——培育新兴复合业态。发挥广东奥飞、深圳华强、新浪动漫等已引进的国内顶尖动漫企业带动作用,深化集成互联网、大数据、云计算、3D 打印、VR 虚拟现实、区块链等技术手段在影视动漫项目策划上的应用,丰富数字动漫产品形式。推动动漫影视与文学、游戏、演艺、会展等其他产业门类的跨界融合,支持动漫电商、动漫会展、应用动漫、网络电视等新业态发展,形成多媒体播映、多产品开发、多领域融合的产业复合发展模式。

4.创意设计

——做精做强专业设计服务。积极筹备创建联合国教科文组织“创意城市”,依托1861 文化创意产业园,围绕恒大文化、海星影视、茶文化体验馆、绒绣博物馆等各类文化企业与服务机构,打造涵盖动漫影视、数字媒体、游戏开发、广告策划、创意设计、艺术创作、非遗及文化衍生产品研发等在内的全产业链文化创意产业综合体。持续提升建筑园林、环艺景观、公共艺术等设计水平,加强城市设计和文化风貌建设。适时策划举办烟台文化创意设计大赛、烟台工业设计周等活动。

——实施数字内容创新工程。实施数字内容创新发展工程,推动优秀文化资源的数字化保护利用,鼓励对艺术品、文物、非物质文化遗产等文化资源进行数字化转化和开发,针对研学旅行、革命观瞻、政德教育等热点市场,开展个性化数字文创信息服务。整合腾讯云、捷瑞、橙色云、中金大数据等行业企业,持续打造新型数字经济共同体。提高博物馆、图书馆、美术馆、文化馆等文化场馆的数字化智能化水平,创新朝阳、所城历史文化街区及牟氏庄园、戚继光故里等文化空间的交互技术应用，实现移动终端数字内容推送便利化。

——构建“创意＋”服务体系。加强与阿里云、天翼云、腾讯云等国内知名云商开展战略合作，强化文化对信息产业的内容支撑、创意提升和价值挖掘作用，提升用户体验。深度推进“VR＋”战略，推进虚拟现实产业创新中心、展示中心、体验中心建设，加快虚拟现实在文化装备、文化旅游、教育培训等领域的示范应用。提升旅游产品开发和旅游服务设计的文化内涵和数字化水平，创新虚拟旅游展示交互形式。服务国家知识产权强市创建工作，搭建知识产权云服务平台。

（二）文化旅游产业集群

1. 精品旅游

——培育滨海旅游优势产品。在全市“两核突破、一带引领、一廊贯穿、五区聚集”的全域旅游发展格局中，以中心城区“三岛一湾一山一古城”、昆嵛山至长岛滨海黄金旅游线为重点，打造千公里黄金海岸旅游带，构建都市休闲、海滨度假、生态养生、福寿文化、滨海运动、田园乡村旅游产品体系。推进旅游与文化、康养、商业、体育、农业等产业深度融合，发展研学旅游、养生仙居、免税购物、邮轮游艇、低空飞行、民俗体验等旅游新业态。

——构建文化旅游品牌体系。高水平建设国家全域旅游示范区，打造“仙境蓬莱”“海上仙山长岛”“福寿龙口”“金都招远”“蓝色牟平”等城市品牌，做优仙境海岸、葡萄酒城、海上丝路、胶东田园、避暑胜地六大品牌文化旅游产品，提高国际葡萄酒节、妈祖节、渔灯节、沙滩运动会、月季花节、樱花节等节事活动品牌影响力。加快创建一批国家级旅游度假区、特色文旅小镇、田园综合体，助力提升“仙境海岸·鲜美烟台”国际知名度。

——强化产业载体平台支撑。提高旅游配套设施服务水平，以海域和海岛旅游开发为基础，完善邮轮游艇码头等海上旅游、运动设施，建设智慧旅游服务体系。定期举办旅游商品创意大赛、优秀旅游商品展评等活动，常态化拓展烟台旅游商品创新平台。鼓励引导有条件的旅游景区通过拉长产业链，增设经营性项目，拓展营收渠道。构建全方位、多形式、立体化营销体系，创新营销手段，传播烟台声音、讲好烟台故事。

2. 文博研学

——构建高端研学旅游网络。整合全市自然、文化资源，逐步构建布局合理、互联互通的高端研学旅行网络。依托胶东革命历史文化展示中心、海阳地雷战纪念馆等革命文化载体，打造革命文化研学路线；依托芝罘历史文化街区、牟氏庄园、戚继光故里、登州博物馆等历史文化空间，打造历史文化研学路线；依托全市传统村落、乡村旅游节点，打造特色民俗景观研学路线；依托昆嵛山国家森林公园、白垩纪国家地质公园等自然生态景区，打造自然科普研学路线。

——研发特色文博文创产品。加强全市文博资源的创意研发，强化国际间的交流合作，支持博物馆、美术馆、文化馆、群众艺术馆、纪念馆、非遗保护中心等文博单位与创意设计机构合作开发系列文创衍生品、旅游纪念品。鼓励恐龙博物馆、树化石林等小众文博机构，开发兼具文化内涵、科技含量、实用价值的科普文博产品。依托全市经典产业，引导葡萄酒、黄金、钟表、面塑、草编、皮革等生产企业，积极融入创意设计元素，打造烟台经典文博产品库。

——激活研学旅行市场活力。引导文化文物事业单位按照事企分开原则，以企业为主体参与市场竞争，探索文化创意产品开发收益在相关权利人间的合理分配机制。依托优质文化双创空间、文化创意集市，实施精品文物数字产品和精品展览数字产品推广项目。串联烟台各文博研学节点，联合国内研学营地、教育机构、旅游OTO平台，积极向全国推广烟台研学游品牌。通过政府购买服务、资产置换、特许经营等方式，全面提高私人博物馆、百年老店、名人故居、城市民居等资源开放水平。

3. 康体养生

——开发道教养生养心产品。依托烟台深厚的道教文化资源，引导以昆嵛山、蓬莱阁、太虚宫等为代表的道教文化景区，围绕道教哲学、道教养生、道教文学、道教艺术、道教礼仪文化传统，发展道教修身养心、道教艺术鉴赏、道教祈福修行、道教民俗节庆等道教文化体验业态。鼓励蓬莱阁提升仙道文化旅游项目，依托昆嵛山规划建设中国道家研学中心、青少年道家文化研学基地，开发静心打坐、辟谷、抄经、内家拳术、听道等体验产品。

——拓展生态养生养老市场。依托海洋、森林、山地、温泉、葡萄庄园等生态资源，构建滨海养生、森林养生、湿地养生、温泉养生、葡萄酒养生等特色产品体系。打造沙养主题的金沙滩省级旅游度假区，林养、养老为主题的昆嵛山国际生态养生度假区，海养、林养为主题的养马岛国际休闲度假区，葡萄酒、温泉养生为主题的丘山山谷、艾山温泉等四大主题生态养生度假区。引入国际一流的医疗机构与医疗团队，布局一系列生态康养医院，形成完善的生态医疗康养体系。

——布局户外运动康体项目。丰富烟台海上运动休闲产品，引进一批水上运动中心、摩托艇、空中飞人、沙滩运动等大众化海上运动娱乐项目，落地水上培训、海上高尔夫等中高端项目，布局一批专业游艇码头、俱乐部。结合长岛航空小镇建设，拓展低空飞行市场。依托河流湿地、滨海防护林、昆嵛山生态森林、丘山山谷，开发自行车骑行、徒步、登山、探险、漂流、溯溪等运动休闲项目。持续举办烟台国际武术节、国际自由搏击赛、海阳国际沙滩体育艺术节、烟台国际马拉松等体育赛事。

（三）跨界融合产业集群

1. 文化金融

——培育文化金融市场主体。鼓励本地金融机构设立专门服务文化产业的专营机构、特色支行和文化金融专业服务团队。支持服务于文化产业的小额贷款公司、民间资本管理公司、民间借贷服务中心等新型金融组织的发展，鼓励社会资本通过独资、合资、合作等多种形式投资文化产业。支持经营良好、管理规范的大型文化集团公司设立财务公司，建立多元化、多层次、多渠道的文化产业投融资体系。

——创新文化金融产品和服务。发挥政银企联席会议作用，鼓励金融机构开发适合不同领域、不同阶段文化企业特点的金融服务特色产品，积极开发知识产权、应收账款、艺术品质押等融资产品和具有消费应用场景的文化消费信贷产品，创新各具特色的金融产品和业务模式。创新文化金融服务，探索建立文化金融合作试验区，为文化企业提供展览展示、项目对接、业务洽谈、信息交流、政策咨询、投融资合作等一站式金融服务。

——优化文化金融生态环境。引导中小微文化企业不断完善法人治理结构和经营管理机制，加强信用管理，为参与投融资提供便利。培育引进文化金融中介机构，鼓励版权代理、文化经纪、评估鉴定等机构为文化企业提供无形资产的评估、登记、流转服务。开展文化企业信用体系建设，完善文化金融信用体系基本框架与运行机制，依托人民银行征信系统、文化市场监管与服务平台等，探索建立文化企业信用评价和信息通报制度，营造文化金融业发展的良好信用环境。

2.文化科技

——实施文化科技创新工程。创建一批国家级和省级文化科技融合示范基地,围绕动漫影视、数字内容、应用设计等领域,引进一批国家级或国际性文化科技机构、实验室、平台、基地,加大核心技术、关键技术、共性技术研发攻关力度。健全以企业为主体、市场为导向、产学研相结合的文化科技创新体系,培育一批特色鲜明、创新能力强的文化科技企业,支持文化龙头企业创建升级创新平台,创立文化科技产业技术创新联盟、产学研战略联盟。

——强化重大产业载体支撑。依托山东半岛国家自主创新示范区、济青烟科技成果转移转化示范区建设,发挥优质创新平台的集聚、创新作用,提高全市出版、印刷、传媒、影视、演艺、网络、动漫等领域技术装备水平。提升丝绸之路高科技园区联盟、中韩(烟台)产业园、中德高科技产业园的跨国合作创新效能,加强文化科技领域的协同创新,提高技术研发、成果孵化国际合作水平。加快推进中国(烟台)知识产权保护中心建设,搭建知识产权运营交易服务平台。

——完善创新成果转化机制。培育一批机制灵活、服务专业的科技成果转化机构,发展融资、研发设计、科技成果检测等关联服务,促进科技创新成果与产业发展无缝对接。建立"互联网+科技服务"新模式,提升技术市场信息、交易、服务能力。建立文化科技创新发展评价指标,客观评价文化科技发展速度、创新水平、科研潜力和效益。建设"校所城产"融合发展示范区,推广"专业科技企业孵化器+科技园区"模式,创新成果多元转化途径。

3.文化智造

——加速工业设计价值链跃升。依托国际工业设计创新中心、中德工业设计中心,搭建基于互联网的工业设计协同创新平台、全球互联协同云设计平台,探索发展众包设计、用户参与设计、云设计、协同设计等新模式。重点围绕乐器与视听设备制造、文具玩具制造、文化休闲设备制造等领域,培育贯穿重点产业全价值链的研发设计服务体系,加速烟台文化用品及装备制造业转型升级,融入全球文化制造业分工体系。

——实施文化创意提升工程。全面推进联合国教科文组织"创意城市"创建筹备工作,引导文化制造企业在产品前端设计阶段,以创意手段植入烟台海洋、海防、开埠、仙道、民俗等特色文化元素，提升产品外观、材料、包装等的创意设计水平。鼓励传统文化制造企业加大企业文化建设力度，建立完善企业文化体系、形象标识系统，创建一批国家工业旅游示范基地，加强行业文化理念与精神内涵的展示传播。

——加强重点领域协同创新。结合国家先进制造业名城、国家智慧城市、“中国制造2025”试点国家级示范区创建工程，抢抓“互联网＋制造业”发展机遇，围绕3D打印、人工智能等重点领域，加强高端文化装备和关键制造环节智能化应用领域的技术创新。依托高新区、经济开发区，筹建烟台增材制造协同创新研究院，建设3D打印产业园。围绕信息娱乐、运动健身、医疗健康等领域，研发智能可穿戴设备。

4.创意农业

——加强文化科技要素导入。深入挖掘农业文化资源，不断丰富农业产品、农事景观、环保包装、乡土文化的创意设计，着力培育一批休闲农业知名品牌，提升农产品附加值。发展农田艺术景观、阳台农艺等创意农业，建设集农耕体验、田园观光、教育展示、文化传承于一体的田园综合体、特色民俗村。运用大数据、云计算、物联网、智能机器人等技术，结合新媒体推广形式，提高烟台农产品生产、加工、营销等各环节的科技含量。

——强化创意农业载体支撑。依托栖霞、蓬莱、莱阳等地国家现代农业产业园、科技园，大力发展休闲采摘、农事参与、游艇垂钓、农业展示、生态餐饮等休闲农业模式，打造一批果蔬采摘园、休闲农业景区、农业主题公园、葡萄酒庄集群，建设一批产业特色鲜明、功能集成完善、示范效能明显的农业示范小镇，依托烟台栖霞苹果艺术节、烟台国际果蔬农业博览会、烟台农民丰收节及月季花节、樱花节等农事节会，丰富以创意农业为主题的文化旅游开发项目。

——开发创意农业特色产品。依托烟台苹果、烟台大樱桃、烟台葡萄酒、莱阳梨等已有品牌优势，利用栽培创意、形色创意、包装创意、用途创意等手段加强产品的精细化开发，推动烟台特色农业产品体系升级。积极申报原产地认证和绿色食品、有机食品等食品安全标志。围绕粮油、肉禽、水产品、果蔬加工和葡萄酒等重点行业，进一步提高张裕、龙大、鲁花、喜旺、中宠、仙坛等农副产品深加工龙头企业品牌知名度，推进烟台农副食品工业迈向中高端。

二、培育重点载体工程

(一)特色产业载体提升工程

1.激发特色集聚区创新活力

实施城市更新文创导入计划。结合旧城改造和城市更新进程,统筹推进区域历史文化资源保护开发与文化创意导入。在“一湾两街区”等重点片区保护改造中,坚持世界眼光、国际标准、烟台特色,统筹推动芝罘湾港区文化延续和产业招商,精心实施朝阳街、所城里保护修缮,打造传承开埠历史、彰显文化底蕴、富有时代气息的城市经典。分类实施老街道、老厂房、老建筑的保护性开发,引导一批特色文创园区、艺术创作基地、文化众创空间、特色孵化器项目入驻,争取短期内实现城市文化风貌的显著提升。

分类培育泛文化特色综合体。在“书香烟台”城市名片培育中,推动全市传统实体书店由单纯图书经销商向综合文化服务商转变,打造融合购书、阅读、学习、休闲、会友、亲子互动、专家讲座等多种体验的综合文化空间。引导中粮大悦城、万达广场、华润中心、红星国际广场等商业综合体项目,根据文化市场消费需求,提高知识类、创意类业态比例,增强商业综合体消费黏性。依托烟台市体育公园、海乐福体育综合体等项目,打造集运动休闲、体育培训、运营开发、体育“互联网+”、体育创业孵化于一体的全民健身体育产业综合体。利用现有文化、商业、运动、休闲产业资源,打造具有烟台特色的城市文化“会客厅”。

打造全省文创集市发展高地。大力发展创意工坊、创意讲堂、艺术书店、非遗体验展示、创意产品发布会、创意大赛、原创表演等各种新型业态。推广烟台1861创意产业园区、海阳绿灯古玩字画文化市场等文创集市创建经验,扩大省级文化创意集市规模。引导老烟台街集市、招远金街、滨海ART创意市集提升业态层级,鼓励创意集市运营机构对种子期、初创期创意企业、项目进行筛选、投资。通过布局落地“文化创意集市”,进一步丰富文化传承、文化体验、创业创新、产业融合、产业扶贫等城市功能。

2.打造特色小镇产业辐射圈

升级创建一批国家级特色小镇。持续提升龙口东江南山养生谷小镇、长岛北长山海岛小镇、莱州朱桥黄金小镇、福山清洋康养小镇、牟平龙泉养生小镇、莱阳姜疃生态旅游小镇六大省级特色小镇服务水平，创建国家级特色文旅小镇。按照国家级创建标准，深入挖掘区域内的自然、生态、文化、景观、民俗等资源，积极统筹区域内传统文化传承、文化内涵阐发、文化风貌建设。发挥区域内传统产业优势，以“文化＋”为抓手带动小镇产业体系升级，构建合理的文旅产业生态链，提升区域内文化产业竞争力。

巩固创建一批省级特色小镇。支持牟平区红色文化小镇、莱阳市照旺庄梨花小镇、吕格庄恐龙科普小镇、芝罘区卧龙1861文化创意小镇、福山区清洋科创智谷小镇等市级小镇创建省级特色小镇。在现有产业基础上，充分利用现有存量资源，吸引有潜力的文化创意、文化科技企业入驻，进一步加大与产业运营平台服务商的合作力度，助推区域内优质文化资源的创新转化。不断完善配套服务与政策保障体系，提炼文化经典元素和标志性符号，合理应用于建设运营及公共空间。

培育开发一批新型特色小镇。引导福山区新浪动漫小镇、蓬莱影视小镇、龙口西洋文化小镇、莱州书法武术艺术小镇等新型特色小镇，聚焦稀缺资源和特色产业，探索集文化旅游、现代农业、田园社区等为一体的特色小镇发展模式，向产业“特而强”、功能“聚而合”、形态“小而美”、机制“新而活”的方向发展。进一步促进产城人文融合发展，防止与周边形成内容重复、形态雷同、特色缺失的同质化竞争，以特色小镇建设运营带动周边生产、生活、生态空间的全面优化。

（二）文体旅“活动经济”提质工程

1.提高“文化＋会展”新能级

全面提升国际果蔬·食品博览会、国际葡萄酒博览会、东亚国际食品交易博览会、中国（烟台）国际养老服务业博览会等行业品牌展会水平，高水平承办胶东文化与东方海上丝绸之路高端论坛、中国动漫产业论坛、“仙境烟台”高端论坛、国际酒文化创意产业发展论坛、东北亚海洋经济创新发展示范论坛活动。引进一批具有较大影响力的国内外知名展会和优质品牌展会，争取国家级文博会议、论坛、展会等活动落户烟台。支持现有品牌展会、会展企业积极申报全球展览业协会等国际认证机构认证，进一步扩大国际组织认证认可的展览机构和展会数量，提升烟台会展业国际化运营水平。依托地方文化资源和产业基础，推动形成“一地区一品牌”“一产业一品牌”的会展格局。引导场馆运营机构探索“场馆经营＋多元经营＋自主办展”模式，提高经济效益。

2. 拓展“体育+赛事”新市场

以多层次体育赛事为核心,构建观瞻型产业集群和可观看、可欣赏、可参与的运动经济生态链,加快推进文体、体旅产业融合进程。在提高烟台国际武术节、国际自由搏击赛、海阳国际沙滩体育艺术节、烟台国际马拉松等国际赛事举办基础上,依托烟台体育公园、海阳国家沙滩体育健身基地,积极申办更多国际高水平体育赛事。巩固发展武术、海钓、马术、高尔夫、马拉松、帆船帆板等烟台传统体育赛事,大力开展足球、篮球、排球、乒乓球、羽毛球、田径、游泳等市级项目联赛。依托专业中介机构、赛事运营机构合理调配赛事场馆、配套设施的服务资源,创造或引进赛事 IP,开展主题活动、衍生周边娱乐活动,着力促进赛事用品、设备纪念品、服装等相关产品市场营销,对赛事的社会影响和经济效益进行持续跟踪、反馈。

3. 培育“旅游+节庆”新品牌

整合各市、县、区内人文资源和历史文化资源,依托节庆活动推动商旅文产业有机融合。持续举办南山国际长寿文化节、国际沙雕艺术节、中国杂技金菊奖、“人间仙境·葡萄美酒”休闲旅游季、养马岛读书节等节会活动的国际化水平,搭建文化宣传和产品展示平台。提高中华妈祖文化节、北方渔俗文化节、仙境旅游嘉年华、冰雪仙境体验季、艾山登山大会等节庆活动的举办规模,提高节会互动水平。整合各类博物馆、美术馆、图书馆、展示馆、科技馆等场馆资源,集中展示本地历史文化及葡萄酒、鲁菜、水果、海产品等特色品牌产品,在全市范围内打造一批特色鲜明的区域性海事、农事文化节庆活动。拓展节会宣介渠道,利用论坛、社区、公众号等网络社交平台,开展 VR 体验、网红直播、微电影大赛等营销宣传活动,扩大节庆活动宣传效应。

(三)乡村文化振兴工程

1. 传承乡村优秀传统文化

加大传统村落民居和历史文化名村名镇保护力度,着重实施北庄遗址、嘴子前墓群等一批重点文物保护工程。实施非遗“六个一”保护措施,传承保护民间表演艺术、传统戏剧曲艺、传统手工技艺、民俗活动等代表性非遗项目及传承人。强化对革命文化、仙道文化、海洋文化等胶东特色传统文化的挖掘阐发。挖掘散落在乡村中的革命历史文化资源,打造“英雄的家乡”等胶东文化特色村庄。全面提升“乡村记忆”工程建设和利用水平，完善“乡村记忆”乡镇民居、博物馆、村志馆、档案馆、村落等基础设施，举办“乡村记忆”节庆活动，开展“一镇一品”“一镇多品”“一村一品”文化特色培育工作。鼓励创作乡村题材网络文艺作品，利用网站、“两微一端”、手机报等网络宣传平台，促进优秀乡村文艺作品多渠道传输、多平台展示、多终端推送，实现乡村优秀传统文化载体项目、活动的逐步开放。

2.构建乡村文化产业体系

大力发展农村传统手工艺，通过“合作社＋农户”“公司＋农户”“公司＋合作社”等模式，引导剪纸、绒绣、工艺品雕刻、草辫、黄金首饰等优势产业转型升级。实施乡村旅游提质工程，围绕招远市仓口陈家村、龙口市西河阳村、牟平区河北崖村等国家级、省级传统古村落，深度开发民俗文化、农事体验、修学研习产品，打造一批古村落度假村、古村落精品民宿。培育一批以招远市九曲蒋家村古法淘金、海阳大秧歌等为代表的非遗文化体验村，以福山区大石头影视基地、海阳琵琶岛影视文化旅游基地为代表的影视文化村落。引导民间资本以冠名、赞助等方式参与兴建乡村文化活动、消费场所，结合山会、庙会、乡村大集资源，打造一批文化消费集聚区、文化超市、文化大集。

（四）文化服务贸易提升工程

1.构建文化服务贸易载体平台

抓住“一带一路”、中韩、中澳自贸协定实施及中韩（烟台）产业园建设的战略机遇，结合省级服务贸易创新试点建设，打造对外文化贸易推广促进平台、跨境电商综合服务平台、服务外包公共服务平台。加快省级跨境电商综试区建设，构建文化跨境电商生态体系，支持文化企业建设出口商品“海外仓”和海外运营中心，打造烟台海外新名片。引导在文化创意和工艺品等方面具有鲜明特色的芝罘区、莱州市，创建首批特色服务贸易发展示范区。鼓励鸿富锦精密电子等获批山东省重点文化产品和服务出口企业，申报国家、省级重点文化出口企业和文化服务载体，建设文化加工贸易转型示范基地。组织企业参加日、美、加、法等国的文化贸易推介招商活动，强化对“一带一路”沿线和欧盟、美国、日本等国家和地区的文化市场开拓力度，为未来建设国家级文化服务贸易基地夯实基础。

2.加快拓展文化服务外包市场

加快拓展创意设计、动漫及网游设计、数字信息服务外包市场，根据城市规划和产业空间布局,依托烟台服务外包示范园区、东和科技园等特色园区,打造以省级服务外包示范基地为基础、网络平台为补充的立体化服务外包产业集群。依托全市服务外包公共服务平台,探索烟台等文化领域服务外包新模式。引进培育一批具备国际资质的文化服务外包企业,积极创建国家服务外包示范城市。加大对欧美和日韩发包企业的引进与合作力度,促进动漫影视、专业设计等服务外包产业的国际化、高端化发展。开展"一对一"海关政策咨询与辅导、专利奖评选等活动,落实离岸外包企业税收政策。

三、落实完善保障措施

(一)切实加强组织领导

1.完善组织领导机制

强化市文化发展与改革领导小组、文化和旅游产业发展领导小组、文化体制改革专项小组的协调推进作用,不断推进文化领域供给侧结构性改革、文化行政审批制度改革、文化市场综合执法改革和文化领域行业组织建设。建立文化产业工作季度联席会议制度,定期研究解决和协调处理产业发展规划、计划实施、政策创新、公共平台建设和重大项目推进等工作。建立并完善专家顾问机制,邀请文化产业及相关产业领域专家参与指导烟台市文化产业专项发展规划策划、重点项目论证评审和重大问题决策研究。

2.健全规划推进机制

根据全市文化产业发展的任务要求,制订年度文化产业重点任务推进计划书及专项行动计划,科学分解规划任务,明确责任主体和牵头部门。各县市区和市直有关部门单位要结合实际,尽快研究制定与本方案相衔接的区域性、行业性和专题性具体实施方案,确保各项工作有力有序开展。全程持续督导,建立层层抓落实的工作推进机制和任务台帐制度,定期通报工作进展和任务落实情况。加大对文化招商引资、项目建设、主体培育的考核力度,实施重点项目领导包保责任制。建立文化产业数据库,定期开展第三方绩效评估。

(二)加强产业引导扶持

1.完善政策保障体系

贯彻落实国家、省近年来出台的文化产业政策,保证财政、税收、工商、土地、商务、科技等各项优惠政策按规定落实到位。加快出台推动重点行业发展、招商引资专项政策,对市场潜力大、带动作用强、经济效益好的重点优势产业，在资金扶持、用地保障、审批程序、人才引进、基础设施配套等方面给予扶持。按照“非禁即入”原则，实行负面清单管理，鼓励社会资本通过独资、合资、合作等多种形式投资文化产业，参与重大文化产业项目和文化产业园区建设。推进政府和社会资本合作的PPP项目模式，探索开展公共文化设施社会化运营。

2.加大财税支持力度

进一步强化市级文化产业发展专项资金对文化产业发展的引导和推动作用，重点扶持文化产业发展平台建设、新兴业态和骨干文化企业发展。发挥烟台新旧动能转换基金、烟台文化发展投资基金作用，通过股权投资等方式参与重大文化项目建设，带动更多社会资本投入文化领域。落实国家、省、烟台市扶持文化产业发展的税收政策，继续推进各项减税降费清费工作，贯彻市属国有文化企业、经营性文化事业单位转制企业、文化创意和设计服务企业、文化高新技术企业税收优惠政策。加大对动漫、影视、文艺领域精品力作和品牌创建主体的奖励力度。

（三）夯实人才队伍基础

1.加大招才引智力度

建立科学合理的人才培养和引进机制，重点围绕文化人才紧缺行业，分层次、有计划引进一批文艺、文创人才和经营管理人才。建立高层次人才常态化沟通联系机制，探索“领军人才＋团队＋项目”的运作模式，鼓励企业团队、科研高校、人才专家带项目、带团队、带资本入驻园区，进一步深化与省级文化科技重点实验室之间的交流合作。设立高层次急需人才引进专项资金，积极培育文化创新创业领军人才和创新创业团队。设立“烟台市文化产业发展人才贡献奖”，对为烟台文化产业发展做出突出贡献的集体和个人给予表彰。允许文化领军人才自主聘用“柔性流动”人员和兼职科研人员，自主组建科研团队。鼓励各市区开展对泰山产业领军人才、山东省智库高端人才等特色人才引进工程，实施“聚福英才计划”“芝罘英才”等特色人才引进计划。

2.创新人才培养模式

制定文化产业人才发展长期规划，依托目标牵引式人才培养模式，突出抓好文化企业经营管理人才、专业技术人才、高技能人才、农村文化人才队伍建设。积极发展职业教育,鼓励社会力量和民间资本提供多样化教育培训服务,聚焦工艺制品、印刷包装等业态,推行终身职业培训制度,拓宽技能型人才培养路径。实施企业家素质提升工程,定期邀请国内外知名专家学者、文化企业家举办文化专题讲座,加快提升文化企业经营管理水平。开展管理人员和干部的岗位培训,提高管理人员的综合素质。加强与国内著名高等院校、科研院所之间的合作,开设文化产业相关学科专业培训班,合作落地文化创意人才实训基地、文化科技重点实验室等,提高文化产业人才培养效能。

(四)优化综合营商环境

1.提升营商服务能力

营造国内一流的文化产业营商环境,建设集政策发布、信息交流、统计数据、项目申报、融资申请、企业推介、产品推广、专家咨询、产业科技等功能于一体的综合性、开放式文化产业发展网上服务平台,建立文化产业营商环境投诉举报平台。结合"放管服"改革,完善文化市场一窗受理、并联审批、容缺审批制度,实行"多证合一"和全程电子化登记改革,健全项目代办服务机制,降低文化企业办事成本。鼓励法律、会计、审计、资产评估、信用评级等中介机构为文化企业提供专业服务。依托人民银行征信系统、文化市场监管与服务平台,探索建立文化企业信用评价和信息通报制度。

2.强化知识产权保护

结合国家知识产权示范城市建设,建立健全知识产权评估、质押、托管、流转、变现机制。搭建文化创意知识产权服务平台,建立知识产权信用评估机制,加大对文化企业涉外知识产权和无形资产维权服务力度。提高知识产权证券化水平,拓展文化企业产权质押融资渠道。鼓励文化产业知识产权联盟发展,加强人才、技术、信息、产权和中介服务市场建设,加大对中小微企业知识产权创造和运用的支持力度。强化市场主体知识产权保护意识,鼓励文化企业主动实施创意作品及形象的专利申请、商标注册、软件著作权登记,积极培育知识产权优势企业。建立知识产权侵权违法档案和失信行为联合惩戒机制,简化维权程序。

(五)促进文化交流合作

1.促进对外文化交流

建立健全政府、民间文化交流合作机制,积极与"一带一路"沿线国家和地区签署文化合作协议、执行计划、备忘录，融入“一带一路”文化遗产长廊建设计划、动漫游戏产业国际合作行动计划、文博产业繁荣计划、文化贸易拓展计划，建立对外文化交流项目库。策划筹办一批国际文化交流活动，积极参与东亚海洋合作平台建设，高水平举办国际性文化、经济合作论坛。全面推进与27座国际友好城市的文化交流合作，依托互访、展会、游学等活动平台，推动烟台非遗、曲艺、武术、书画、工艺特色产品走出去。

2.拓宽文化贸易渠道

贯彻《山东省开拓海外文化市场行动计划》，落实相关鼓励和支持文化产品和服务出口的优惠政策，鼓励文化企业通过新设、收购、合作等方式，在境外开展文化领域投资合作，建设国际营销网络，扩大境外优质文化资产规模。支持国外文化装备企业、行业领军企业来烟设立区域性或功能性总部，鼓励外资企业在烟进行文化科技研发和服务外包。支持烟台文化企业参加境内外相关展会，开展文化贸易洽谈和重点项目推介活动。结合烟台“名品烟台行销海外”工程，扩大品牌文化产品出口比重。

第四章

德州市夏津县文化产业发展调研报告

2018 年 7 月中旬，课题组根据前期积累工作成果，对德州市夏津县文化产业发展规划召开课题开题论证会，讨论确定研究思路及成果框架；7 月下旬，研究团队开展第一轮实地调研，对夏津黄河故道森林公园、德百旅游小镇、连城 · 文化创意国际产业园等地进行实地调研，并召开专题座谈会。

2018 年 9 月 20 日～9 月 22 日，济南泺尚有道文化创意产业规划设计院常务院长周朋飞，规划部部长李娇，设计助理刘德健、康兆乐，首席特聘专家山东大学文化产业昝胜锋博士与夏津县委宣传部、县旅游局、县农业局、县林业局、县金融办、县科技局、县财政局、县发改局、县经信局、县商务局、县人社局、教育局、县规划办、县统计局、县产业办、招商局、县体育中心相关人员在文体广新局三楼会议室召开座谈会，就各职能部门文化产业发展情况和未来发展思路提出建议。

会上，夏津县文体广新局局长杨春正表示：未来五年，是我国推动文化产业成为国民经济重要支柱性产业的决定性阶段，也是县域文化产业大有作为的重要机遇期。在党的十九大明确提出坚定文化自信，推动文化事业和文化产业发展的时代背景下，在当前国家深化机构改革、组建文化和旅游部，实施乡村振兴战略的历史节点上，国家、省、市各级文化产业政策红利将充分释放，产业综合保障体系将进一步完善，多层次的政策红利必将有效激发夏津文化产业的发展活力。昝胜锋博士指出：2019～2024 年，是夏津县巩固和扩大文化产业发展成果的关键五年，为加快推动夏津县文化产业跨越发展、提质增效，助力实施新旧动能转换重大工程，夏津县应始终坚持创新驱动，依托良好的文化、生态资源禀赋，加快推动文化产业转型升级、提质增效，构建结构合理、特色突出、科技含量高、富有创意、竞争力强的现代文化产业体系。

调研组在 21～22 日期间对新华印刷、宏飞包装、金叠利包装、泉美工艺品、德百集团、连城国际、圣源集团、益和成糕点、鸿禧居布袋鸡有限公司、兰诺有限公司、德福香油、圣树源科技有限公司、电子商务园、夏津书画院、宋氏陶艺坊等典型项目进行补充调研，了解相关企业和项目的现状、发展思路及相关诉求。

国庆期间，调研组继续对夏津周边武城县、清河县、高唐县、临清市等地进行第三轮走访调研，进一步补充规划文本，并在 11 月初召开第二轮课题征求意见座谈会，按照文广新局、统计局、旅游局等 16 个部门在座谈会中提出的建议要求，对规划内容进行补充修改。

12 月 19 日，《夏津县文化产业发展规划(2019～2025)》专家评审会在德州市夏津县德百旅游小镇酒店第七会议室召开。此次评审邀请了省市领导专家有：山东省文化和旅游厅文化产业处处长王涛，山东省区域文化产业研究院院长、曲阜师范大学特聘教授孙吉国，山东省海看新媒体研究院副院长肖剑平，德州市文化广电新闻出版局副调研员司有荣，德州学院教授、德州地域文化研究中心主任梁国楹。评审前，夏津县委副书记李超与参加评审论证的领导专家进行深入交流。

夏津县县委常委、宣传部长张建民致欢迎辞，县人大常委会副主任杨淑华主持评审前会议，县政协副主席刘红晓以及夏津县文体广电新闻出版局局长杨春正、副局长杨子生、工会主席董岩、文化产业科科长刘瑞平，以及文体广新局、旅游局、农业局、林业局、金融办、科技局、财政局、发改局、经信局、商务局、人社局、教育局、规划办、统计局、产业办、招商局、体育中心分管负责人等参与评审。

评审会推选山东省文化和旅游厅文化产业处处长王涛担任评委会主任，德州市文化广电新闻出版局副调研员司有荣担任秘书长，并由山东省文化和旅游厅文化产业处处长王涛主持评审。课题组特聘首席专家、山东省智库高端人才(文化建设)、文化产业山东省文化科技重点实验室(山东大学)主任訾胜锋博士,代表规划联合团队,就《夏津县文化产业发展规划(2019～2025)》项目文本进行汇报。

随后,与会领导及专家就此次成果汇报发表意见,对夏津县文化产业的发展提出了诸多建议。评审专家组讨论认为:该规划基础资料较为翔实、框架结构比较合理、内容要素基本齐全,对夏津县文化产业发展具有较高的指导价值。吸收专家意见后,修改完善提交。

本调研报告共历时七个月,期间经过反复论证与修订,对夏津县文化产业发展进行了详细地规划梳理,为夏津县文化产业下一步发展提供了相关思路。现摘录本次规划的部分研究成果与读者共享。

图 1-4-1　夏津县德百小镇

第一节　现实基础

一、发展成绩

(一)产业发展初具规模

近年来,伴随全县产业转调步伐的不断加快,夏津文化产业实现破题起势。2015 和

2016年，全县文化产业增加值依次实现8.3、10.03亿元，占GDP比重分别达4.83%、5.35%。2017年，全县文化及相关产业增加值达10.2亿元，占GDP比重为5.44%，位列全市第2位，增加值比重同比增长0.27个百分点，产业发展综合得分9.81分，处于全市第3位。到2018年底，预计实现文化及相关产业增加值比重5.74%，增长0.3个百分点。文化市场主体培育成效显著，第三次全国经济普查数据显示，全县共有文化企业167家，文化产业从业人员3315人，占全县同期企业从业人员的4.6%，初步形成了以综合型（涉文旅）企业集团为龙头，中小微企业为基础的文化市场主体格局。

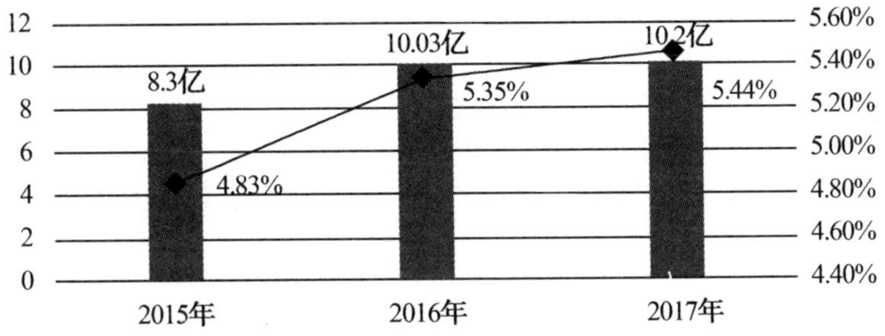

图1-4-2　2015～2017年夏津文化产业增加值及占比示意图

（二）传统业态优势稳固

全县书画艺术、教育培训、工艺美术、非遗生产性保护等重点业态实现较快发展。主动发挥人才队伍及氛围优势，依托书画研究院等平台，不断完善传统书画创作、装裱、展示、交易等产业化链条。书画艺术等培训行业快速发展，全县拥有各类教育培训机构上百家。依托草柳编、人造花、节日礼品等出口型工艺产品体系，持续打造"中国工艺品之乡"品牌，以连城·文化创意国际产业园为载体，加快工艺品企业提档升级。老榆木家具产业沿323省道实现带状集聚，区域品牌影响力持续提升。依托全县特色非遗项目资源，持续加大布袋鸡、小磨香油、益和成糕点等非遗项目的生产性保护力度，社会效益与经济效益同步提升。

（三）载体建设稳步推进

近年来，夏津县文化事业蓬勃发展，公共文化服务设施体系不断完善，高质量建成一批农村书屋、乡村记忆馆、乡村大舞台，全县乡镇文化站实现常态化免费开放，市民中心顺利落成并承担了图书馆、文化馆、美术馆、尼山书院等多项公共文化服务职能。持续开展“鄃城文艺奖”“鄃城百日诵读”、诗歌文化节、椹果采摘节等活动，积极创设全民阅读基地，打造“菜单”式文化惠民新模式，逐步实现文化惠民、体育惠民工程的全覆盖。文化及相关产业载体规模持续扩大。目前，全县拥有市级文化产业示范基地 3 家，依托现有文化产业重点项目，积极争创省级文化产业示范基地。

表 1-4-1　　夏津县重点文化载体项目统计表

<table>
<tr><th>载体种类</th><th colspan="2">名称</th><th>数量</th></tr>
<tr><td rowspan="3">公共文化
服务设施</td><td colspan="2">图书馆、文化馆、国有剧场、纪念馆</td><td>各 1 处</td></tr>
<tr><td colspan="2">乡镇/街道文化站</td><td>共 15 处</td></tr>
<tr><td colspan="2">村/社区文化广场、综合文化服务中心</td><td>共 314 处</td></tr>
<tr><td rowspan="3">文化及相关产业项目</td><td>省级服务业特色小镇</td><td>德百旅游小镇(椹仙村)</td><td>共 1 个</td></tr>
<tr><td>德州市级特色小镇</td><td>黄河故道小镇</td><td>共 1 个</td></tr>
<tr><td>市级文化产业示范基地</td><td>夏津县黄河故道森林公园
山东德百温泉生态科技有限公司
德州鸿熙居布袋鸡有限公司</td><td>共 3 家</td></tr>
</table>

(四)产业融合步伐加快

依托全县历史文化资源和特色产业基础，文化与旅游、农业、工业等相关产业融合步伐加快。依托历史文化、黄河文化、运河文化资源，不断丰富黄河故道森林公园、德百旅游小镇等项目的文化内涵，文化旅游融合质量大幅提升，夏津得以荣获“中国优秀旅游文化名县”称号。围绕黄河故道森林公园周边区域，打造古桑农耕文化展示馆，建设乡镇万亩果桑基地，通过引进农业科技专家、技术、平台资源，大力推动桑产业在产品端、活动端与文化、旅游、康养产业相结合。依托文化创意、创新力量，初步提升了棉纺、羊绒、家具等产品附加值，全县涌现出苏留庄、郑保屯、宋楼等一批特色产业融合片区，加快推动夏津特色产品走向新兴消费市场，文化与相关产业融合的“夏津现象”正逐步显现。

(五)综合保障逐步强化

围绕产业扶持、招商引资、动能蓄积、要素保障等领域，持续优化文化产业发展环境。实施“三个十”培植工程，在扩张用地、融通资金、科技创新、品牌创建等方面制定特殊政策。扎实推进“招商引资突破年”活动，创新节庆招商模式，丰富招商渠道，依托“京津冀协同发展招商引资推介会”“椹果生态文化节”等招商活动平台，与省内外大型文化相关企业建立战略合作关系，提高招商引资精准度。借助新旧动能转换重大工程平台，全县 7 类 38 个重点项目列入省市新旧动能转换项目库。强化科技和金融等要素市场保障能力，截至 2018 年，全县拥有市级以上科技创新平台 47 家，其中省级院士工作站 4 家。引进院士、长江学者、泰山学者等高层次人才 35 名。全县 90 多家企业与 120 多家大专院校、科研院所建立了合作关系。积极创新资本运作，设立助保贷、科技成果转化基金、股权投资基金等 10 种金融工具，不断拓展文化企业金融帮扶渠道。利用文化消费公共服务平台和文化消费补贴、文化活动宣传推广等形式，持续引导和扩大城乡文化消费，夏津获得“山东省文化消费示范县(市、区)”创建资格。

图 1-4-3　夏津县文化产业规划评审会

二、存在问题

（一）产业实力亟待提升

全县文化产业总体存在“小、低、慢、散”的问题。产业规模与企业体量小，在全市范围内增加值比重低，产业项目落地慢，产业资源与市场要素分散。全县现有文化企业体量小、文化骨干企业与行业龙头企业稀缺，尚不能引领和带动全县文化产业发展，成为限制夏津文化产业弯道超车的重要因素。受制于县域产业资源和市场要素集聚环境，社会投资动力不足、部门协同松散等问题较为突出。

(二)产业结构亟待调整

夏津文化产业内部结构不尽合理,文化制造业与文化服务业比重失衡,文化制造业比重过大,文化服务业比重偏低,亟待通过新旧动能转换进一步优化产业结构。文化产业业态层次较低,传统业态占比较高,产业链条普遍低端化,向上下游拓展能力不足,存在明显的高端原创不足、终端营销能力不强的链条缺陷;新兴业态比重较低,未能充分借助文化创意、科技创新手段驱动文化资源的创新性转化。文化产业与相关产业融合有待深化,棉纺、羊绒、家具制作等产业与文化创意融合程度亟待加深,布袋鸡、香油、糕点等非遗传统技艺的包装、策划、营销环节的创意水平亟待提升。

(三)要素支撑有待强化

全县资金、科技、人才等驱动文化产业发展的要素相对匮乏,文化科技融合的战略性产业项目少,文化金融合作水平较低,金融机构信贷支持及融资渠道建设滞后。全县文化产业人才总量不足且结构失衡现象严重,对高端文化人才吸引力不足,高层次人才外流现象比较普遍,广大小微企业普遍存在人才引进难、留不住的问题。文化创新创业氛围有待营造和培育,缺少面向高端人才、高技能人才、大学毕业生等创业主体的针对性配套扶持措施。人才交流活动平台建设滞后,文化企业家、高层次人才交流互动不足。

(四)发展环境有待优化

全县产城一体化协同发展机制仍需完善,政企学研各界亟待形成多方紧密协调、互融互促的发展合力。文化遗产保护工作重视力度不足,传承弘扬意识薄弱,限制了文化资源的创新转化利用。文化产业公共服务平台建设滞后。产业引导性政策力度有待加强,招商引智渠道亟待拓展。文化供给侧改革亟待加速推进,全县文化产品依旧沿袭传统生产、经营模式,文化产品和文化服务形态单一、守旧,与城市综合体、市民中心、旅游景区等的联动不足,商业模式亟待创新。文化消费市场有待进一步引导和培育。

三、发展优势

(一)历史文化资源富集

夏津历史悠久,在春秋时期即为“齐晋会盟之要津”。在数千年历史积淀中,孕育形成了会盟历史文化、黄河文化、运河文化等多种典型的文化风貌。夏津是老黄河典型遗迹富集之地，现存世界上独一无二、规模最大、不可复制的古桑树群，作为新晋“世界重要农业文化遗产”，其将有力承载桑产业与文化、旅游产业的融合发展。世界文化遗产——京杭大运河贯穿县境西部，是德州市打造“德水安澜”文化生态格局的重要组成部分。全县红色文化资源丰富，革命烈士陵园和革命历史纪念馆是传承革命文化的重要载体。全县现存古鄃县城遗址、夏津故城遗址、窦建德兵站遗址、屯粮仓廒遗址、大云寺遗址及东汉古墓群等一批具有影响力的文物保护单位，拥有雕塑、剪纸、架鼓、高跷、马堤吹腔等极具特色的代表性非遗项目。联同书画艺术、工艺制品等历史经典产业，成为夏津文化产业创新发展的重要源泉。

表 1-4-2　　夏津县重点文化遗产资源统计表

资源种类	名称	数量
文化遗产	世界重要农业文化遗产	1 处
	世界文化遗产	1 处
文物保护单位	省级文物保护单位	1 处
	市级文物保护单位	1 处
	县级文物保护单位	10 处
非物质文化遗产项目	省级非物质文化遗产	2 项
	市级非物质文化遗产	12 项
	县级非物质文化遗产	42 项

表 1-4-3　　夏津县非物质文化遗产资源统计表

非遗等级	名称
省级非物质文化遗产	马堤吹腔、山东大鼓。
市级非物质文化遗产	马堤吹腔、山东大鼓、金信布袋鸡的制作技艺、夏津小磨香油的制作技艺、珍珠琪的制作技艺、夏津宋楼火烧的制作技艺、木板大鼓、益和成糕点的制作技艺、布袋鸡制作技艺、夏津县后屯村架鼓舞、舜逸轩老榆木家具制作技艺、夏津民歌等 12 项。
县级非物质文化遗产	马堤吹腔、山东大鼓、木板大鼓、益和成糕点的制作技艺、金信布袋鸡的制作技艺、布袋鸡制作技艺、夏津小磨香油的制作技艺、珍珠琪的制作技艺、夏津宋楼火烧的制作技艺、夏津民歌、邢金枝西河大鼓、夏津县后屯村架鼓舞、夏津汪家驴肉制作技艺、夏津南王德福香油制作技艺、舜逸轩老榆木家具制作技艺、张玉行鲁班锁制作技艺、王德坤葫芦烙画制作技艺、刘文彬黑陶制作技艺、姜存荣剪纸技艺、张秀芬老虎鞋制作技艺、陶传真糖画技艺、夏津杜氏太极拳、夏津北少林太祖门通背拳、夏津县午子拳、王善忠黑陶艺术、夏津后马庄条柳编技艺、三十里铺大枣树传奇、王加强山东快书、邢氏夕阳掌、杜氏痘科等 42 项。

(二)现代文化氛围浓厚

夏津文脉在数千年历史积淀中实现有序传承,悠久的文艺创作传统沿袭至今。全县国家级、省级、市级书画家共计400余人,其中国家级书画会员10余人,省级会员55余人。文艺团队多达1000余支,其中形成规模的有26支,夏津由此荣获中国书画之乡、中国民间文化艺术之乡、山东省民间文化艺术之乡、全省公共文化服务优秀实践奖等荣誉。公园文化氛围浓厚,依托夏津会盟公园、龙湖公园等八大公园建设,构建形成集游憩、科普、健身、文化娱乐等功能于一体的城市公园体系,集中展现了夏津的群众文化与城市风采。影视艺术创作水平较为突出,微电影《推拿》《光辉历程》荣获2017年第五届亚洲微电影艺术节的国内最高荣誉奖——"金海棠奖",获奖数量在全国县级城市名列前茅。结合椹果生态文化节、诗歌节等活动,邀请国内文艺名家开展十百联工程,夏津文化形象日益提升。

表1-4-4　　夏津县特色文化品牌统计表

中国书画之乡	中国工艺品之乡
中国民间文化艺术之乡	山东省民间文化艺术之乡
中国楹联文化城市	中国优秀旅游文化名县

(三)动能转换基础稳固

夏津全面启动实施新旧动能转换重大工程,聚焦纺织服装、食品加工、桑产业、工艺品等在内的"7+4"产业布局,通过实施"三航计划"与"启明星培植计划",全县第三产业比重持续提升,商贸流通等现代服务业初步实现提档升级。立足纺织服装、食品加工、生态旅游、桑产业等优势产业基础,不断加大文化旅游产业链招商力度。依托入选全省首批全域旅游示范区创建单位的有力契机,夏津文化旅游融合正向更深层次推进。通过深化产学研对接合作,加快各类创新平台建设,高新技术产业产值占比稳步提高。抢抓京津产业转移的重大机遇,围绕"四新"促"四化",一批京津疏解转移项目加速落地。

(四)区位交通优势显著

夏津地处鲁西北平原,是连接鲁西北、冀东南四地市和山东、河北两大省会城市的重要交通枢纽,拥有打造邻边产业高地的有利条件。县境及周边交通网络四通八达,西临京杭大运河,青银高速、德上高速、国道308线、省道240、323线纵贯全境,毗邻京沪高铁、京沪铁路、京九铁路等交通大动脉，路网四通八达，有利于承接省会产业转移和文化消费。距济南机场、济南高铁西站、德州高铁东站仅一个小时路程，两小时经济圈涵盖北京、天津、石家庄、雄安新区等城市腹地。境内公路纵横，交通便利，公路总里程列全市第二。互联互通的现代交通网络体系，为夏津加快融入大都市经济圈、引聚文化产业要素资源提供了高效便捷的路网支撑。

四、战略机遇

（一）文化产业发展迈向提质增效的新阶段

当前及未来一段时期，是我国推动文化产业成为国民经济重要支柱性产业的决定性阶段，也是县域文化产业大有作为的重要机遇期。在党的十九大明确提出坚定文化自信，推动文化事业和文化产业发展的时代背景下，在当前国家深化机构改革、组建文化和旅游部，实施乡村振兴战略的历史节点上，国家、省、市各级文化产业政策红利将充分释放，产业综合保障体系将进一步完善，多层次的政策红利必将有效激发夏津文化产业的发展活力。夏津县应始终坚持创新驱动，依托良好的文化、生态资源禀赋，加快推动文化产业转型升级、提质增效，构建结构合理、门类齐全、科技含量高、富有创意、竞争力强的现代文化产业体系。

（二）新旧动能转换驱动产业变革的新契机

加快新旧动能转换，是我省在决胜全面建成小康社会、开启全面建设社会主义现代化国家新征程中走在前列的重要战略部署。《山东省新旧动能转换重大工程实施规划》中明确提出，德州将打造京津冀鲁科技成果转化基地，建设京津冀协同发展示范区。德州市提出重点发展纺织服装、现代高效农业、文化旅游等“6＋6”产业体系，打造新旧动能转换优势产业集群。同时，在全市新旧动能转换布局中，夏津县将成为德州传统产业升级带的重要支点之一。在省市县大力推进新旧动能转换的关键阶段，一批带动力强、成长性好的文化及相关产业项目将成为夏津提升改造传统优势产业，大力培育战略性新兴产业的重要突破点。

（三）协同发展战略带来区域联动的新机遇

京津冀协同发展、环渤海经济圈等多圈层战略规划的实施，为夏津承接产业转移、企业外溢,加快要素集聚和新旧动能转换提供了重要机遇。在打造京津冀协同发展示范区、京津南部重要生态功能区的目标导向下,结合北京非首都功能加快疏解、产业集中外溢及雄安新区建设的有利时机,夏津将在引进央企、总部经济以及文化、旅游、金融等高端资源上取得更大成果,全县文化产业也将在业态承接、成果转化及创新人才培育引进等环节中获益良多。同时,伴随全市"一区四基地"战略的纵深推进,夏津在省内文化投资、科技创新、人才引进、校地合作等领域的交流与合作空间将逐步扩大。

第二节　发展路径

一、指导思想

全面贯彻党的十九大精神,以习近平新时代中国特色社会主义思想为指导,牢固树立新发展理念,以满足人民日益增长的美好生活需要为出发点和落脚点,以供给侧结构性改革为主线,积极融入省市新旧动能转换重大战略格局。紧紧围绕全县"三个三"总体思路和"生态夏津、绿色发展"主旋律,健全完善现代文化产业体系和文化市场体系,着力提升文化产业整体实力和质量效益,实现传统业态转型升级、新兴业态跨越发展,培育新型文化消费模式,加快推动文化产业成为全县国民经济支柱性产业。

二、总体目标

全县文化产业争取实现"一体跨越、双重优化、三个突破"。文化产业总体规模、质量效益实现一体跨越提升,产业布局、产业结构持续优化,文旅产品供给、产业融合水平、产业发展理念实现突破。到2020年,夏津县文化产业增加值占比达7%以上,"双核带动,两带贯通,多节点支撑"的空间布局初具雏形,文创产业、文旅产业集群综合效益显著提升,文化产业成为全县新旧动能转换中坚产业和国民经济支柱性产业。到2025年,夏津传统文化制造业全面实现转型升级,新兴文化服务业比重及经济贡献率大幅提升,文化产业增加值占GDP比重达到10%以上,重点指标进入全市中上游行列,全县文化产业与农业、工业、现代服务业深度融合，文化产业实现与农业、农村、农民的协同发展，最终打造成为中国北方平原地区文化产业的“夏津样板”。

表 1-4-5　　夏津县文化产业发展相关目标

序号	具体指标	单位	预期目标	
			2020 年	2025 年
1	文化产业增加值占比	%	>7	>10
2	文化企业法人单位	家	>500	>650
3	规模以上文化企业	家	>30	>40
4	文化产业从业人员	万人	>0.5	>0.65
5	文化产业从业人员占企业人员比重	%	>6	>7
6	文化产业集聚率	%	>40	>60
7	居民教育文化娱乐支出占比	%	>10	>15

三、发展战略

（一）“文创＋文旅”驱动战略

围绕文化创意、文化旅游两大核心产业集群，以加快产业融合为重点任务，稳步构建业态交叉渗透的产业新动能、新生态。依托文化创意创新手段，提升农业、工业及其他服务业的文化内涵，延伸相关产品与服务文化附加值。坚持文化旅游“先手棋”地位，依托文化旅游产业带动效应，统筹推进旅游与城乡建设、生态保护及文化、体育、节庆等产业的协调发展。

（二）“科技＋金融”催化战略

充分激活文化科技、文化金融对产业转型升级的驱动效应，以文化科技创新提升工艺制品、非遗等传统产业价值链，推动产业技术进步、效率提升和模式变革。以文化金融创新着力解决市场主体、产业项目融资难题，依托专项引导基金撬动社会资本向文化产业集聚，提升金融服务文化实体经济的能力。

（三）文化振兴农业农村战略

以文化创意创新助力乡村振兴战略，按照绿色低碳、高质高效标准，提升农业综合产能,推进农业与旅游、文化、教育、康养、体育等的深度融合。以绿色发展、环境亮丽为目标导向,提升农村文化风貌,全面提升美丽乡村建设水平。以乡风文明培育、思想道德建设为行动指南,提升农民人文素养、审美水平、创新意识。

第三节　发展建议

一、空间布局

(一)中心城区

以银城街道、经济开发区为核心,聚焦文化商贸、文化服务、文化制造业态,全力打造主业突出、布局合理的文化产业核心区。打造德百、亿丰、银座三大商圈,提升德兴商业街、鄃城老街等特色商街文化品位,加快推进连城·文化创意国际产业园建设。搭建开发区文创服务平台,鼓励纺织服装、装备制造、食品加工、高新技术企业整合文化创意资源,加快产品更新与技术升级。

(二)黄河故道生态旅游区

实施黄河故道森林公园突破提升工程,实施古桑树数字化建档工作,持续打造提升桑文化博物馆,开展数字化展示体验项目。打造优秀传统文化研学研修基地,落地黄河农耕文明博览园。联动会盟广场、大云寺、桑文化博物馆开发文博观瞻精品游线。开发沙地自行车、越野跑、丛林穿越、林地漫步等运动康体项目。开发桑林负离子浴、温泉健康管理项目。提升黄河故道椹果生态文化节、黄河故道森林公园槐花节、梨花节等节会举办及宣传质量,持续承办"跑游山东"半程马拉松系列赛。

(三)G308 优势产业升级带

引导香赵庄镇纺织企业与面料设计、服装生产等上游研发生产企业合作,延展产业链条。加大棉业、面粉企业技改提升力度。提升羊绒产业集聚水平,积极拓展羊绒饰品、羊绒时装等延伸型深加工项目,联动省内优秀设计工作室、时尚发布平台等资源,布局一批羊绒时尚展演平台、羊绒服饰展示发布平台。加强与清河县羊绒产业的分工与协作。

持续推进308国道沿线环境综合整治活动，合理布局一批文化品牌、特色产业项目宣传、引导标识物。打造环西沙河水库休闲农业观光旅游区。

（四）大运河历史文化景观带

整理挖掘卫运河渡口文化，加大马堤吹腔、夏津小调等沿线非遗项目及传承人的抢救性保护力度。利用运河文化元素，持续优化改良榆木家具、桑文化产品。加快推进卫运河风景区建设，实施运河夏津段遗产保护、展示工程，重点打造渡口驿桥、郑保屯镇油坊桥、郑保屯土龙头闸、白马湖三店险工等运河文化展示节点，适时复建渡口驿站、理河厅、古渡码头、屯兵营、漕米仓廒等遗址。依托渡口、码头、险工及非遗资源，开发运河主题系列文创产品。加快县境内复航配套设施建设，加强与临清、武城等运河上下游地区的合作。

（五）打造外围特色产业节点

以雷集镇、东李镇为核心区域，联动香赵庄镇，共同打造沿马颊河休闲旅游、生态农业等特色节点。以渡口驿乡、白马湖镇为核心区域，联动郑保屯镇，打造夏津西部传统文化传承创新、产业融合特色节点。以宋楼镇、南城镇为核心区域，共同打造经典产业、非遗生产性保护等特色节点。以新盛店镇、田庄乡为核心区域，共同打造乡村文化振兴、品牌农业特色节点。

二、产业计划

（一）文化产业集群提升计划

1. 书画艺术

提高市民中心群众艺术馆、文化馆的艺术培训、展览展示、交流学习服务水平，组织筹备中国（夏津）书画艺术博览会，常态化组织举办大型书画交流、展览活动。打造书画艺术研究创作平台，成立个人工作室、美术馆，打造书画名家群落。布局一批书画写生基地、画家村、工作室等创作空间，打造专题书画艺术公园。加大书画艺术培训机构的规范力度。结合夏津革命历史纪念馆等红色文化载体，常态化组织红色革命主题的大型书画交流、展览活动。打造书画在线展览展销和大数据商务平台，加大书画作品在线推介力度。研发以书画为主题的文创产品、服装配饰、家装软饰产品。

2. 工艺美术

建立工艺品研发中心,引导工艺绢花、布艺玩具、柳编、木制工艺品等外贸企业提高产品设计水平,形成一批夏津外贸工艺品外观设计专利成果。改造现有生产设备、工具,有序推进计算机辅助设计和智能数控技术的开发与应用。开展食品类、陶土类、家具类传统工艺整理工作。鼓励黑陶、榆木家具经营业户联合文创企业,开发一系列创新型文博产品。规范小磨香油产品生产技术和设备设施标准。

3. 影视传媒

梳理挖掘夏津黄河生态文化、会盟历史文化、棉桑农业文化等一批原创素材和影视IP,吸引民间影视资本进行创作。支持反映夏津历史文化和自然人文环境的影视剧作,加大对在夏津取景拍摄的影视剧宣传推广力度。鼓励制作、发行优质微电影、网络剧、旅游3D电影。统筹夏津革命历史纪念馆、"两古两故"周边文化生态、农业遗产资源,加快推进德百温泉度假村影视基地建设,培育一批特色影视取景地、艺术采风点。打造"智慧夏津"等新媒体平台,提升数字有线电视网络的生活服务能力。

(二)文化旅游产业集群培育计划

1. 生态旅游

加快推进全域旅游示范县创建工作,实施黄河故道森林公园突破提升工程,打造闫庙、后屯、义和庄等一批特色旅游小镇,依托桑保健产品深加工产业、温泉资源,发展集度假、医疗、保健、养生等一体化的度假养生项目。培育一批民俗文化演艺产品。结合京杭运河(黄河以北段)复航工作,打造卫运河风景区、马颊河休闲旅游区、西沙河休闲农业观光旅游区。

2. 节庆会展

规范椹果诗歌节、椹果生态文化节、梨花节、金梨采摘节、槐花节等节庆活动组织流程,策划举办"鄃城翰墨・丹青会盟"书画艺术节,筹划主题论坛、艺术家联创、联展及草根艺术家与大师对话等活动,积极承办世界农业文化遗产交流会、研讨班等国际级会务活动。助推展销类活动进入旅游景区,带动提升文化消费水平。积极吸引国内外品牌会展、专业会展和区域性综合会议、企业年会等在夏津举办。

3. 运动休闲

加快推动夏津全民健身中心落地运营,推进黄河故道森林公园户外体育运动基地建设，打造卫运河、西沙河、马颊河水上运动休闲特色带。建设一批户外营地、徒步骑行服务站、自驾车房车营地等运动休闲设施。培育“京津冀鲁轮滑马拉松”“跑游山东”半程马拉松等品牌赛事。依托夏津全民健身中心，大力拓展体育场馆服务、健身培训及其他配套服务市场。结合农桑资源，研发运动保健产品和运动康养服务。

（三）跨界融合产业集群支撑计划

1. 文化＋农业

发展古桑农耕文化产业，建设提升古桑农耕文明展示馆，构建古桑农耕文化数字信息库，整理全县古桑农耕文化资源，创作一批古桑主题的诗歌、散文、歌舞、戏剧等文艺精品力作。建设夏津桑产业应用技术研究院，加快实施桑椹保健系列食品研发计划，持续推进桑产业科技成果及发明专利申报工作。推动香赵庄瑞丰源、雷集同脉等农业示范基地景区化建设。发展农田艺术景观、阳台农艺等创意农业。组织实施“乡村记忆”工程，规划、整理和编纂镇、村志，延续乡村历史文脉。依托棉花、运河、小麦等经典农耕文化载体，打造乡村振兴记忆馆。依托闫庙、后屯、义和庄等传统村落，发展精品农业体验旅游活动。

2. 文化＋工业

鼓励朝阳轴承、亚通汽配等企业成立研发设计平台，深度开展基于新技术、新工艺、新装备、新材料、新需求的设计应用研究。依托与东华大学合作共建的仁和棉纺平台，提高时尚棉纺产品的研发生产能力。推动中绵针织、费特制衣等企业提高 CAD、CAM 等先进技术的应用与设计水平，开发品牌服装、特种服装。打造夏津工业文化展览馆，展示改革开放四十年来的夏津工业文化历史。依托棉纺织、桑产品深加工企业，开发一批集参观考察、产品展示、科普教育为一体的工业旅游项目，鼓励发达面粉、永乐食品、益和成糕点等食品企业，建设一批彰显行业文化特色和企业历史沿革的博物馆、展厅。

3. 文化＋商贸

推动德百、亿丰、银座三大商圈的文化内涵植入与风貌提升，开发高端工艺品、创意设计产品等时尚文化商品和服务特色商街，进一步完善影院、演艺、公共文化服务场所周边的商业设施。加快电商完善配套设施和公共服务平台，提升夏津书画、工艺品、家具、农特产品线上销售的规范化、品牌化水平。持续打造夏津电子商务产业园、电子商务示范街、特色产品展示馆、德百电商新城等大型电商载体。发挥乾元易农、微众、中国地瓜网等本土电商平台优势，提升“好鄃记”地方电商品牌影响力，通过电商渠道将夏津农特产品推向京津冀地区。

三、载体工程

（一）公共文化服务设施建设

结合行政中心建设夏津城市文化中心、演艺广场，加快推进夏津综合档案馆、老年大学等项目建设筹备工作。有序推进中心城区公共文化设施、商业场所、工业厂房的文创化改造利用。持续打造“鄃城百日诵读”等文化惠民品牌。进一步完善政府向社会力量购买公共文化服务机制，探索开展公共文化设施社会化运营。

（二）文化产业载体项目建设

建设提升连城·文化创意国际产业园、电子商务产业园、德百文化旅游综合体、桑产业孵化基地、鲁冀羊绒创业产业园等相关产业项目，策划筹建鄃城翰墨艺术产业园、夏津榆木文创产业园、夏津服装文化博览城、夏津文化贸易服务中心、夏津会盟文化艺术中心等产业项目。

（三）培育创建特色文化镇村

全面贯彻乡村振兴战略，积极落实国家、省市关于规范推进特色小镇建设的意见要求，规划建设黄河故道特色小镇、运河古渡文化小镇、宋楼棉纺织文化小镇、白马湖经典文化小镇。

（四）构建文化产业公共服务平台

打造文化产业投融资平台、文化科技成果转化平台、文化产学研合作平台、产业协会组织平台及产业宣传推介平台，构建涵盖文化产业投资融资、成果转化、跨界合作、组织建设、推广宣传等的专业化服务平台体系。

（五）发展壮大文化相关企业

引导新华印刷、宏飞包装、金叠利包装、华美工艺品、泉美工艺品、鸿熙居布袋鸡、益和成食品等企业向“新、精、特、优”型方向发展，鼓励德百集团、德兴集团、圣源集团等大型综合企业向“文化＋”方向融合转型。

四、保障措施

(一)切实加强组织领导机构

组织成立夏津县文化(旅游)产业发展领导小组,切实发挥文化产业组织领导和统筹协调作用。建立文化产业工作季度联席会议制度,完善县、乡(镇)两级主管部门协同工作机制。制订年度文化产业重点任务推进计划书,科学分解规划任务,明确责任主体和牵头部门。加强目标责任考核,结合全县新旧动能转换工程,实施规划中期、末期阶段性考核,重点加大对文化招商引资、项目建设、主体培育的考核力度,建立重点项目领导包保责任制。

(二)强化产业政策引导扶持

完善政策保障体系,贯彻落实国家、省、市近年来出台的文化产业政策,确保财政、税收、工商、土地、商务、科技等各项优惠政策按规定落实到位。整合全县服务业、科技、文化旅游、金融等各类扶持奖励资金,配合用地保障、审批程序、人才引进、基础设施配套等政策给予扶持。围绕申报政策、流程、材料编制等各环节,支持和帮扶重点文化企业申报中央、省市各级文化产业发展专项资金,申报省级重点文化企业发展专项资金项目库,对承担齐鲁传统文化传承发展的企业项目给予大力支持。

(三)加大财税金融支持力度

设立科技成果转化引导基金、科技风险补偿基金,落实企业研发费用加计扣除收税优惠政策,制定实施龙头型文化企业减免企业所得税优惠政策。梳理汇编全县银行信贷产品信息,常态化普及金融服务信息。引导文化企业对接夏津"政银保"业务。围绕知识产权质押领域,不断拓宽文化企业贷款路径。发挥商业银行的主渠道作用,鼓励各银行加大信贷业务创新。设立政府参股或控股的政策性融资担保公司,推动符合条件的文化企业面向新三板、四板挂牌融资。

(四)夯实文化人才队伍基础

实施"鄃城英才 5551"计划,将获得市级以上荣誉称号的优秀人才纳入"鄃城英才库"。柔性引进国内外高端人才团队,支持高等院校、科研机构、规模以上文化企业在夏津落地建设文化科技平台、实验室、人才培训基地。积极发展职业教育,实施企业家素质提升工程,组织全县优秀文化产业管理人才、技能人才到国内外先进地区进行考察学习、专题培训。贯彻全市人才政策"黄金三十条",吸引资金扶持向本县倾斜,支持夏津文化领域人才申领B、C类人才奖励政策。制定实施夏津人才"绿卡"制度,改善人才发展环境。

(五)优化综合发展环境

建立健全文化市场监管体系,加强文化综合执法队伍建设,提升信息化监管技术应用水平。加大知识产权保护力度,鼓励文化企业主动实施创意作品及形象的专利申请、商标注册、软件著作权登记。落实"一次办好""只跑一次""全程网办"等事项清单,降低文化企业办事成本。立足黄河文化、运河文化、桑文化及工艺品、纺织、饮食等相关产业领域,强化文化产业招商推介工作,建立招商引资重点线索通报制度、文化企业注册通报制度,引导企业向文化类经营范围倾斜,提高文化企业基数。

第二篇

文化、体育产业融合发展调研报告

第一章

扬州省运会居民体育认知与心态调研报告

2018年8月12日～8月14日，泺尚有道文化创意产业规划设计院院长周朋飞、首席特聘专家山东大学文化产业研究院昝胜锋博士、泺尚有道文化创意产业规划设计院规划设计师孙敏就后省运时期扬州城市文化的体育创新性发展战略课题赴扬州进行调研。

课题组先后参观了省运会体育场馆、体育公园，并调研了宋夹城体育公园。调研过程中，课题组与部分市民进行交流并进行了详细的问卷调查，了解扬州市民对省运会以及扬州城市的认知。随着扬州运动场所的增多，近几年运动的扬州人也越来越多了，扬州的整个体育氛围都带动了起来。

8月13日上午，江苏省第十九届省运会课题组第二次会议在市体育局三楼会议室举行，泺尚有道文化创意产业规划设计院院长周朋飞、首席特聘专家山东大学文化产业研究院昝胜锋博士、泺尚有道文化创意产业规划设计院规划设计师孙敏参加了此次会议。参加此次会议的还有江苏省体育科学研究所《体育与科学》杂志主编程志理教授，扬州大学体育学院副教授傅建，泉州师范大学任慧涛博士，曲阜师范大学纪成龙博士，曲阜师范大学邓建伟博士等。会议主要讨论了江苏省第十九届省运会相关课题的修改意见，并就省运会的宣传工作提出了相关建议。

8月13日下午，课题组与体育局、园林局、规划局、宋夹城等相关单位领导就筹备省运会的相关情况展开座谈，我院首席特聘专家山东大学文化产业研究院昝胜锋博士认为：第一、课题研究应根据扬州居民的体育认知、体育消费情况，准确定位，提出提升扬州居民体育认知的创新性发展战略，有效发挥省运对扬州居民参与体育运动的引导作用。第二、制定严格的工作流程与成果控制计划，以提升扬州居民的体育认知为核心，明确成果的产出方向。第三、要不断完善公共体育服务体系、培育特色文化体育活动品牌、促进体育消费、有效发扬体育文化，力求通过体育认知、体育消费带动扬州城市体育的发展。第四、从未来的体育消费需求出发，制定有利于体育产业发展的引导性政策。

据悉，江苏省第十九届运动会将于2018年9月21日在历史文化名城扬州开幕，这是改革开放以来扬州承办的规格最高的综合性体育赛事。扬州市委市政府站在"新时代、新省运、新扬州"的高度，举全市之力，展开了大量筹备工作。以省运为契机，扬州进一步完善城市基础设施建设，提升城市建设运营和综合服务水平，打造魅力扬州，为建设文化魅力之城、运动活力之城，打造崭新城市名片奠定了基础。

本次调研报告是课题《新时代扬州文化的创造性转化研究——后省运时期扬州城市文化的体育创新性发展战略》研究中关于"新时代扬州居民的体育认知与心态"的相关内容，对省运会前后扬州居民生活方式、体育观念、体育消费的影响进行评估，并对如何改善扬州居民体育认知及扬州城市体育发展的创新性发展展开了思考。本次调研为研究体育与城市文化传承创新、赛事经济、赛事宣传及受众认知提供了研究支撑，现摘录调研报告中的部分成果内容与读者共享。

图2-1-1　扬州市调研

第一节　课题概述

一、研究背景

2018年9月，江苏省第十九届运动会于历史文化名城扬州举行，这是改革开放以来扬州承办的规格最高、规模最大的综合性体育赛事。扬州站在“新时代、新省运、新扬州”的高度，以省运会举办为契机，汇集全市之力优化城市布局、完善功能设施、提振社会活力、营造全民健身氛围。在大型体育赛事有效促进体育精神传播并带动区域经济社会发展的时代背景下，扬州作为全国首批历史文化名城，体育运动历史源远流长，体育赛事与社会其他要素如经济、政治、文化之间联系愈发紧密，已成为扬州塑造城市精神、城市生活方式和传承创新城市文化的重要平台。

大型体育赛事的举办不仅能助推城市经济、社会发展，还会对当地居民的体育认知、体育参与及消费行为产生深远影响。相关实证研究表明，大型体育活动举办前后，公众对体育信息的获取意愿最为强烈，公众体育心态及其影响下的体育参与、消费行为频率明显提高。同时，大型体育赛事其所遗留的体育场馆设施，将激发当地居民主动参与体育运动的积极性，实现进行体育教育、营造全民健身氛围的良好效果，并进一步提升居民素质及生活幸福指数。人是体育活动的主体，体育氛围的形成、体育经济的发展均有赖于主体的参与，大型体育赛事对举办地居民的心态、体育行为的影响同样是赛事研究的重要组成部分。为系统评估省运会前后扬州居民体育认知与心态现状，探究大赛背景下的居民体育参与及消费行为趋势，并围绕相关问题提出前瞻性的提升路径及具体对策，特开展本课题研究工作。

二、研究方法

本课题通过对省运会前、后两个阶段的扬州居民体育认知与心态调查，结合扬州市相关部门提供的资料和数据，评估扬州居民体育认知现状与存在问题，分析居民心态特征与体育参与、体育消费的行为趋势,研究改善扬州居民体育认知的创新性发展战略与路径。本报告期待为美丽中国“扬州样板”和健康中国“扬州样本”提供有力数据支撑和具体对策建议。

本课题运用文献资料、问卷调查、专家访谈、实地调查、数据统计、案例分析等研究方法,对扬州居民的省运会认知与省运会宣传成效进行现状调查,探究扬州省运会前后扬州居民体育心态影响因素、认知现状、行为趋势等内容,为推动扬州市大型体育赛事科学发展,提高扬州居民体育认知心态进行分析。

三、调查方案

为顺利推进对扬州省运会居民体育认知与心态调查的研究,特编制了“扬州市居民关于省运会认知与宣传成效调查问卷”,共计发放60份。该问卷分省运会前和省运会后两部分,旨在研究居民体育认知与心态及其影响下的体育参与和消费行为的变化趋势。

省运会前的调查问卷共计29个问题,其中问题1～3主要涉及调查对象基本情况;问题4～10涉及本届省运会信息传播及居民认知情况;问题11～14涉及体育认知及体育价值观情况;问题15～29涉及居民体育参与及消费情况。

省运会后的调查问卷共计25个问题,问题1～6涉及居民对本届省运会的关注程度;问题7～14涉及居民对省运会带来的影响判断;问题15～23涉及省运会对居民体育参与和消费行为的影响;问题24～25涉及居民对扬州举办体育赛事及宣传推广工作的意见和建议。

为获取准确、全面、动态的调查数据,科学划定城区、城郊、乡村三类调查区域,每类区域样本数均为20个。其中,城区以广陵区内汶河街道、东关街道、文峰街道为主,城郊选定邗江区的汊河街道以及开发区的扬子津街道、文汇街道,乡村选定邗江区的运西镇、瓜洲镇与广陵区的施桥镇为主要调研区域。

为符合便于动态追踪的调查要求,城区目标人群为广陵区汶河街道、东关街道、文峰街道社区居民、体育俱乐部学员家长,以社区居民为主;城郊目标人群选择邗江区汊河街道、开发区扬子津街道及文汇街道各商店、门头店主;乡村目标人群选择扬州市邗江区运西镇、瓜洲镇及广陵区施桥镇常驻村民。

本次研究方案以省运会前、后为分界点，赛前问卷调查时间为2018年8月16日至8月28日，赛后问卷调查时间为2018年9月28日至9月30日，最大限度地确保数据收集的公正性与真实性。

同时，为保证课题研究的针对性和准确性，课题组还于2018年8月12～13日在扬州城区进行了居民随机访谈，主要集中在扬州体育公园、宋夹城体育休闲公园，访谈对象主要为参加体育锻炼的青少年、家长以及园区工作人员，收集和整理访谈记录20余人次，细致深入地调查了扬州省运会居民的体育认知及参与情况。

第二节　趋势分析

一、扬州居民体育认知现状

基于省运会前与省运会后两个阶段的问卷调查数据，评估扬州居民体育认知现状、剖析存在问题，并分析扬州居民在会前与会后体育认知的变化趋势。

（一）扬州居民体育认知基本现状

1.省运会认知

本研究所使用的调查问卷中，4～8题为对省运会认知情况的测评，所有调查对象回答情况如表1所示。数据分析表明，80％的调查对象表示知道江苏省运会于扬州举行，35％的调查对象表示接受过省运会的相关宣传，而对于“是否知道本届省运会是江苏省第几届省运会”“是否知道省运会的主题口号”“是否知道省运会的吉祥物、会徽”，选择“是”的人数分别占31.67％、11.7％、26.7％，其中，在“是否知道本届省运会是江苏省第几届省运会”一题中，19人回答知道，但只有7人填写出了“19”届。回答知道省运会的主题口号的人数占总人数的11.7％，其中有部分调查对象填写了“魅力古城，活力省运”这一省运会前期征集的宣传口号，从侧面反映出扬州居民在省运会前期接受过较多宣传，口号易于混淆的主要原因在于辨识度不高。

第一，区域、年龄、性别、学历影响着扬州居民对省运会的认知程度。从区域分布来看,乡村接受到的省运会宣传要少于城区与市郊。表1中对比城区、市郊与乡村的数据,可以发现,5个问题的回答中,乡村中回答“是”的百分比均低于总数据。在总数据中有18.3%的调查对象选择了“不是特别关注”,乡村居民中选择该项的则达到了31.6%。这与乡村地处偏远,宣传渠道较少有关,也表明省运会的宣传仍需扩大渠道,覆盖更广范围。另外,数据显示,在40岁以上居民中,有40%的居民表示不是特别关注。性别分类上,女性对省运会的了解程度略低于男性。学历对调查对象了解省运会的程度构成一定影响,高中及以下调查对象的整体数据明显低于总数据,研究生及以上学历调查对象的整体数据略高于总数据。

表2-1-1　　关于江苏省第十九届省运会的认知调查表

(回答是的人数所占百分比)	总数据	城区	市郊	乡村
您是否知道江苏省运会将于扬州举行?	80%	77.3%	94.7%	68.4%
您是否知道本届省运会是江苏省第几届省运会?	31.67%	22.7%	47.4%	26.3%
您是否知道省运会的主题口号?	11.7%	9.1%	21.7%	5.2%
您是否知道省运会的吉祥物、会徽?	26.7%	31.8%	31.6%	15.8%
您是否接受过关于省运会的相关宣传?	35%	27.3%	47.4%	31.6%

第二,媒介在提升扬州居民对省运会的认知中发挥着重要作用,线上网络媒体及线下的宣传栏、广告牌为扬州居民接收省运会信息的主要渠道。在关于省运会的宣传渠道“您接收到的省运会信息主要来自于”一题中,表2总数据显示,微博、微信、手机客户端为扬州居民接收省运会信息的主要来源,其次为宣传栏及广告牌,再次分别为电视,报纸杂志,同事及邻居、朋友,手机短信。本届省运会建立了官方网站,并开通了名为“运动扬州”及“江苏省第十九届运动会”的官方微信、微博,微信、微博客户端作为省运会的主要宣传渠道,全程报道省运会的相关新闻,聚集了大量粉丝,也取得了较好的宣传效果。随着信息技术的发展,网络媒介成为当下人们获取信息的主要渠道;扬州省运会以网络媒介为主要宣传渠道,实现了大范围的广泛传播。为营造省运氛围,举办方在扬州主要街道、城市公园、体育公园设置了大量以省运会为主题的宣传栏及省运会倒计时的标识牌,宣传省运会的主题口号、吉祥物等,宣传栏、广告牌成为扬州居民接收省运会信息的第二大渠道。调查中,有一名被访者表示自己了解到的省运会信息主要来自于宋夹城体育休

闲公园，说明宣传栏、广告牌的设置起到了较好的营造省运会氛围的作用。

第三，居民接收省运会信息的渠道存在区域、年龄差异。在区域分布上，城区、市郊居民接收省运会信息的主要渠道基本与总数据相同。在乡村，宣传栏、广告牌为居民接收省运会信息的第一渠道，数据为36.8%，其次为报纸杂志、电视、手机客户端。在年龄分布上，40岁以下人群的关注渠道与总数据基本相同，40岁以上居民的主要关注渠道则为报纸杂志、电视，分别占到总人数的40%。这与群体人群的生活方式、认知方式存在较大关系。

表2-1-2　　关于省运会宣传渠道的认知调查表

	微博、微信手机客户端	宣传栏广告牌	电视	报纸杂志	同事、邻居朋友	手机短信	其他	不是特别关注
总数据	33.3%	30%	25%	20%	20%	5%	1.7%	18.3%
城区	40.9%	40.9%	22.7%	27.3%	18.2%	9.1%	—	18.2%
市郊	31.6%	5.3%	22.7%	—	21.1%	—	5.3%	10.5%
乡村	26.3%	36.8%	26.3%	31.6%	21.1%	5.3%	—	31.6%

2.体育设施认知

在“您是否了解您居住地周围十分钟路程内的体育设施分布情况?”“您是否掌握周边社区、广场上的健身器材、设施的使用方法?”两题中，61.7%的调查对象表示了解居住地周围十分钟路程内的体育设施分布情况。36.7%的调查对象基本掌握周边社区、广场上的健身器材、设施的使用方法，46.7%的调查对象部分掌握，16.7%的调查对象不掌握。

图1数据分析显示，扬州居民的体育设施认知与其进行体育锻炼的频率、每次运动的时间呈正相关，进行体育锻炼的频率越高，每次运动时间越长的居民对体育设施的认知程度越高。在每天进行体育锻炼的扬州居民中，所有调查者都了解其居住地周围十分钟路程内体育设施分布情况，66.7%的被访者基本掌握周边社区、广场上的健身器材、设施的使用方法，该两项数据明显高于总数据。在偶尔进行一次体育锻炼的调查对象中，上述两项数据分别为40%和20%。每次运动时间在1小时以上的扬州居民中，81.8%的调查者都了解其居住地周围十分钟路程内体育设施分布情况，54.5%的被访者基本掌握周边社区、广场上的健身器材、设施的使用方法。

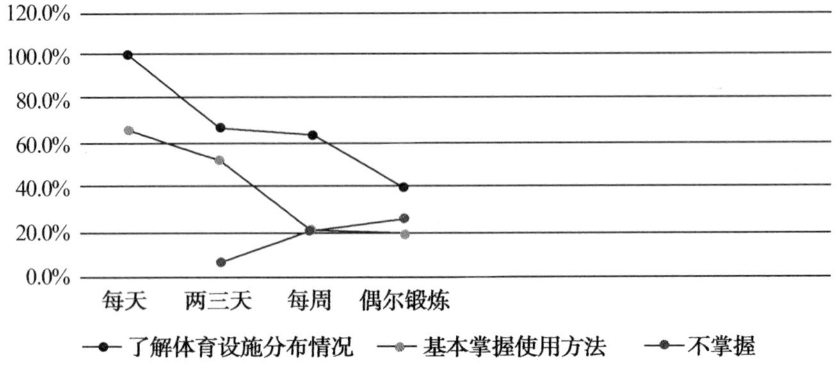

图 2-1-2　居民的体育设施认知与其锻炼频率、强度的关系图

3.城市自信及认知

在“自承办省运会以来,扬州城市哪些方面的改进让您觉得满意?”一题中,排在前三项的分别为环境卫生、交通状况、社会保障。在“自承办省运会以来,扬州在体育方面有哪些显著变化?”一题中,排在首位的为体育公园建设增多,其次为全民健身氛围浓郁,体育场馆、体育设施等硬件提升。上述两题的数据在城区、市郊、乡村的区域分布上无明显差异。

调查表明,扬州省运会的举办对扬州城市面貌的改变、环境的提升具明显拉动作用,扬州居民的城市自信及认知有较大提升。以举办省运会为契机,扬州市政府加大对城市环境的整治,通过修建体育公园、体育场馆,贯彻“老城+公园”“公园+新城”的理念,将公园体系建设纳入城市建设总体规划,实现了城市环境、交通、园林绿化的全方位整治,全市域范围内公共体育服务设施的均衡、优化和提升。

4.体育消费认知

关于“体育消费认知”的调查,共涉及“您是否愿意花钱进行体育消费?”“您在下列哪个方面消费支出最多?”“您每月体育消费支出金额?”“影响您体育消费的主要因素?”“您是否愿意花钱去现场观看省运会等体育赛事?”五个题目。在“您是否愿意花钱进行体育消费?”题目中,83.3%的调查者表示愿意花钱进行适度的体育消费,仅有13.3%的调查者表示不愿意花钱进行体育消费。图2显示,体育消费支出最多的几项分别为购买体育服装、器材,参与体育活动、健身训练,观看体育比赛、展览,数据占比分别为48.3%、26.7%、16.7%。在每月体育消费支出金额一题中，消费在 300 元以下的占绝大多数，53.3％的调查者每月体育消费金额为 100 元以下，36.7％的调查者消费金额为 100～300 元。

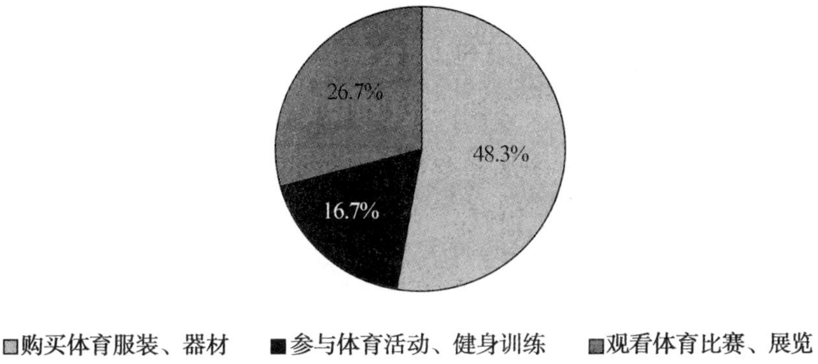

图 2-1-3　省运会前居民体育消费占比图

在影响居民体育消费的主要因素中，图 3 显示，“非常重要”的前三项分别为兴趣爱好、时间因素、经济收入，“重要”的前三项则为场馆设施、体育产品价格、体育产品种类。针对是否愿意花钱去现场观看省运会等体育赛事，25％的受访者表示愿意，50％的受访者表示不确定。

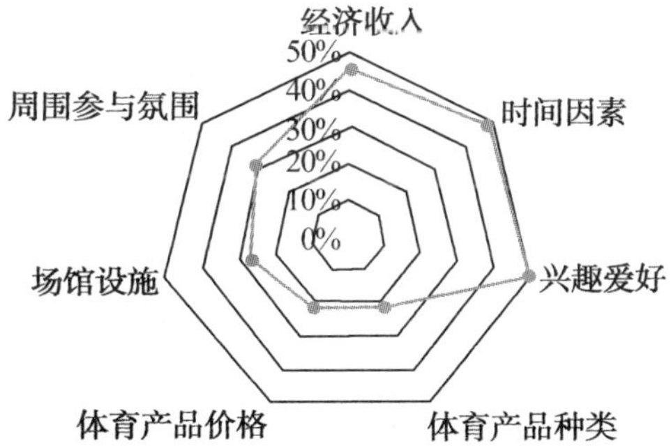

图 2-1-4　影响扬州居民体育消费的主要因素图

经与年收入、学历、区域等其他因素对比，可以发现：

第一，扬州居民普遍具有较强的体育消费意愿，表示愿意进行适度消费的居民占总人数的 83.3％，不同区域、性别、学历、年龄、年收入的被访者群体中进行体育消费的意愿均在 80％以上，年收入 8 万以上的群体中该数据达到 100％。

第二,居民的体育消费行为受经济水平、性别、年龄影响。按照每月体育消费金额在100元以上的人数占比统计:在年收入8万以上的群体中,该数据为58.3%,而在年收入5万以下群体中则为36%。根据性别,男性每月体育消费金额在100元以上的人数达到51.5%,高于女性的40.7%。在年龄差异上,21～30岁的被访者每月体育消费金额在100元以上的人数为51.3%,40岁以上群体中该数据为40%。

第三,居民的体育消费意愿大于体育消费行为。根据统计数据显示,体育消费意愿与体育消费行为间存在较大差异,表明扬州居民虽普遍具有较强的体育消费意愿,其体育消费行为仍更多受到被访者自身现实条件的限制。扬州的体育产业消费仍有较大提升空间,有待引导与带动。

(二)扬州居民体育认知存在问题

调查显示,扬州居民普遍对省运会有一定认知,但仍存在对省运会的认知程度不够,体育健身、体育消费观念有待引导等问题。居民对省运会的认知程度除受个体体育健身观念影响外,与媒体的宣传存在较大关系,扬州居民对省运会的认知程度不够反映出省运会的宣传存在相关问题。省运会使用的主要宣传渠道为网络传播、传统媒体传播(电视、报纸杂志)及线下传播(宣传栏、广告牌及人际传播)。虽宣传途径较多,但缺少创新,难以实现与居民的较好互动;宣传所覆盖的区域、人群均有待扩展,如乡村地区、40岁以上群体接受到的宣传较少。

1.宣传方式缺少创新

扬州省运会的宣传主要采用传统的宣传方式,如在线下设置宣传栏、广告牌,宣传省运会的主题口号、会徽、吉祥物等,开展社区运动会吸引居民参与,而缺少新颖的、有趣味性的活动。在网络传播上则表现为缺少与网民的互动。信息时代,新媒体作为主要的传播方式,具有集图片、文字、视频、帖子、调查等多种表现方式于一体的优势,扬州省运会的官方微信、微博主要采取图文结合报道省运会新闻的方式,未充分发挥新媒体与粉丝实时互动、通过活动聚集人气的优势。2011年贵州举办全国民运会,开通腾讯官方微博,与线下的火炬传递活动同步,在微博上同样进行虚拟火炬传递,引发12万微博用户的参与,实现了与线下居民的较好互动。在报道内容上,扬州省运会官方微信、微博“运动扬州”的报道以正面报道省运会赛事、筹办情况等为主,缺少对比赛背后的故事及运动会、志愿者、安保等具体人物故事的挖掘，前一类新闻具较强的官方性，难以引起普通居民的共鸣、关注，不能实现较好的传播效果。良好宣传效果的实现有赖于全方位宣传渠道的利用及宣传方式的创新。

2.宣传范围有待扩展

调查数据显示乡村地区居民及40岁以上居民接受到的省运会宣传较少。扬州省运会秉承“办会为民”的宗旨，组织了大量的群众性体育项目，如开展社区运动会，吸引了全市216个社区，近40万人次参与。在问卷调查中，针对“在省运会期间，您和您的家人是否有参加社区运动会或其他赛事?”，有7人选择“是”，占总人数的11.7%，7人中6人位于城区与市郊。另外，问卷还显示，65%的居民表示没有接受过省运会的相关宣传，18.3%的居民表示对省运会不是特别关注。大型体育赛事的举办以当地政府和体育主管部门的意愿为主，居民多被动接受赛事举办的事实，导致他们主动了解赛事信息的意愿较低，更不可能自觉关注、参与赛事活动。表示对省运会不是特别关注的人群中以从事医生、销售、保险等工作的企事业单位年轻白领及学生、50岁以上人群为主，数据表明，省运会在开展社区运动会的同时，对企业职工、学生的宣传较少，缺少针对该类群体的相关宣传活动。覆盖范围的扩展有赖于举办影响力较广的活动，如省运会知识竞赛、有奖征文活动，激发大众参与的热情，扩大省运会的影响力。

3.居民体育消费行为有待引导

调查发现，扬州居民普遍表示有较强的体育消费意愿，但其体育消费意愿与体育消费行为之间存在较大差距。一方面受制于当地经济发展水平、居民收入状况的影响，经济收入是影响居民体育消费的首要因素；另一方面，舆论宣传及消费政策的引导、补贴力度仍有较大提升空间。扬州省运会在推广中重视了对全民健身的宣传，引导扬州居民树立了普遍的体育健康观念，但针对赛事文化、项目文化的宣传则较少。居民对大型体育赛事的关注有带动、促进当地体育产业发展的重要作用，以省运会的举办为契机，进行赛事文化的宣传，对提升扬州居民的体育消费观念有重要作用。

综合以上的调查结果可以发现，扬州居民的体育认知除受城乡区域、年龄、学历、性别等个体因素影响外，还主要受到媒介宣传的影响。承办省运会促进了扬州城市面貌的改善，并形成全民健身的浓郁体育氛围，体育场馆、体育设施等硬件提升。但省运会在宣传方面存在相关问题，如宣传手段缺少创新，宣传范围有待扩展，影响了居民认知；另外，扬州居民的体育消费有待引导。

图 2-1-5　扬州市调研会议

二、省运会后扬州居民体育认知评估

(一)省运会后扬州居民体育认知水平

2018 年 9 月 28 日，江苏省第十九届运动会于扬州闭幕。扬州省运会秉承“办会为民”，推出修建体育公园、开展社区运动会等在内的大量为民举措，旨在影响受众并最终改变受众的体育行为。省运会后的调查问卷显示，扬州居民的体育认知水平较省运会前有较大提升。

1. 省运会认知

省运会后的调查于扬州省运会闭幕后的几天内展开，主要从“省运会的闭幕时间”“是否曾观看省运会赛事”“主动了解省运会信息的频率”“省运会在奖项设置上的变化”“省运会是否加深了居民对某一体育项目的了解和运动兴趣”“对省运会宣传工作的评价”几方面来考察受众对扬州省运会的认知。

第一，大部分扬州居民在省运会期间都曾主动关注省运会信息并观看省运赛事，了解省运会已闭幕的消息。75％的扬州居民表示知道省运会闭幕，62％的居民曾观看省运会相关赛事，51％的居民主动了解省运会信息的频率为两三天一次或每天都了解，65％

的居民对省运会宣传工作的评价是“非常好”。扬州从申请举办省运会到具体展开筹办、举办等工作，在完善基础设施及推动全民健身方面投入了大量精力。从省运会后的调查来看，省运会在一定程度上融入了扬州居民的日常生活中，达到了影响扬州居民的目的，居民对省运会有较高的评价。

第二，扬州居民对“省运会闭幕时间”“省运会奖项设置变化”的认知度较低。在针对省运会闭幕时间的问答中，虽有75%的扬州居民表示知道省运会闭幕，但只有20%的居民正确回答出了闭幕时间为2018年9月21日，只有28%的居民了解本次省运会在奖项设置上的变化。另外，居民的省运会认知在影响其体育行为、体育兴趣方面并不突出，只有33%的扬州居民表示省运会加深了自己对某一体育项目的了解和运动兴趣。尽管过半数的扬州居民都曾积极关注省运会，但居民对省运会的认知整体上仍处于浅层次的接收信息、追踪热点的水平，距离向体育行为的转变还有较大发展空间。

第三，基于细分群体的数据分析发现，居民对省运会的认知程度受区域、性别、年龄影响。表3数据显示，乡村居民对省运会的了解程度略低于总数据。表4数据显示，在对省运会赛事信息本身的了解方面，如“是否知道本届省运会的闭幕时间”“是否了解本次省运会在奖项设置上有何变化”，女性群体的认知程度高于男性；但在省运会对群体体育行为的影响方面，如“是否有观看相关体育赛事”“省运会是否加深了您对某一体育项目的了解和运动兴趣”，女性则低于男性。表5数据显示，基于年龄群体的对照，40岁以上群体对省运会赛事信息的认知程度低于30岁以下群体，但省运会对其体育行为的影响则高于30岁以下群体。女性群体、30岁以下群体对省运会赛事信息的认知程度较高，男性群体、40岁以上群体则在省运会对自身体育行为的影响方面表现更为突出。这与女性群体、30岁以下群体更乐于追踪新闻热点，男性群体对体育项目有更浓厚的兴趣，40岁以上群体有更加强烈的健康需求有关。

表2-1-3　　省运会后不同区域扬州居民认知调查表

（回答是的人数所占百分比）	总数据	城区	市郊	乡村
在省运会期间，您是否有观看相关体育赛事？	62%	60%	80%	45%
您是否了解本次省运会在奖项设置上有何变化？	28%	35%	25%	24%
省运会是否加深了您对某一体育项目的了解和运动兴趣？	33%	35%	40%	25%

表 2-1-4　　省运会后不同性别扬州居民认知调查表

(回答是的人数所占百分比)	男性	女性
您是否知道本届省运会的闭幕时间?	65%	85%
您是否了解本次省运会在奖项设置上有何变化?	45%	54%
在省运会期间,您是否有观看相关体育赛事?	65%	57%
省运会是否加深了您对某一体育项目的了解和运动兴趣?	45%	20%

表 2-1-5　　省运会后不同年龄扬州居民认知调查表

(回答是的人数所占百分比)	21～30 岁	31～40 岁	40 岁以上
您是否知道本届省运会的闭幕时间?	76%	71%	71%
您是否了解本次省运会在奖项设置上有何变化?	47%	29%	29%
在省运会期间,您是否有观看相关体育赛事?	53%	85%	85%
省运会是否加深了您对某一体育项目的了解和运动兴趣?	29%	18%	42%

2. 体育设施认知

省运会后,扬州居民对居住地周边体育设施的分布情况及使用方法有了更深入的了解。数据表明,70%的居民更了解居住地周边体育设施的分布情况,67%的居民更熟悉居住地周边社区、广场上健身设施的使用方法。围绕省运会的举办,扬州兴建了惠及 400 多个小区 120 多万居民的 122 个生态体育公园,坚持"市级体育休闲公园乘车 10 分钟可达,区级骑车 10 分钟可达,社区级步行 10 分钟可达"的原则服务扬州居民,实现了提高扬州居民体育设施认知程度,推动全民健身的预期目的。

细分群体中,乡村居民体育设施认知程度低于城区与市郊居民,上述两项调查数据分别为 50%、55%,均低于总数据。年龄分布上,40 岁以上群体中,上述两项数据分别为 85%、57%。问卷显示,40 岁以上群体更多选择在居住地周边的公共体育场所健身,表明省运会的宣传较为鲜明地提高了 40 岁以上居民的健身意识,他们更了解居住地周边体育设施的分布情况。但鉴于一些体育设施在使用方法上的复杂性,40 岁以上群体对体育设施使用方法的了解程度要低于年轻群体,表明在体育设施使用方法上还需加强针对高年龄群体的宣传。

3.城市自信及认知

调查问卷以“是否同意举办省运会提升了扬州的城市形象”“举办省运会对扬州城市带来的正面效应”“举办省运会对扬州城市带来的负面效应”“省运会后扬州城市的改进”四方面考察省运后扬州居民的城市自信及认知。95%的扬州居民同意省运会的举办提升了扬州的城市形象,表现出强烈的城市认同感。

举办省运会给扬州城市带来的积极影响主要体现在基础设施建设及环境卫生方面。在针对“举办省运会对扬州城市带来的正面效应”一题的回答中,73%的居民认为带来了更完善的硬件、软件设施,52%的居民认为提升了城市的知名度,47%的居民认为加强了城市的精神文明建设。在针对“省运会后扬州城市的改进”一题中,图4数据显示,较省运会前,扬州居民认为扬州在交通状况、环境卫生方面改进最大,其次为医疗状况,社会保障、食品安全方面改进不大。举办大型综合性体育赛事对城市基础设施及环境都提出了较高的要求,作为首次承办省运会的城市,扬州在城市基础设施建设及体育场馆、体育公园修建方面投入了大量精力,并着手实施“交通畅通、市容环境整治、城乡绿化提升、城乡环境改善”等四大工程,赛事筹办与城市环境改善、城市功能提升同步进行,该数据说明相关措施取得了较好的效果。

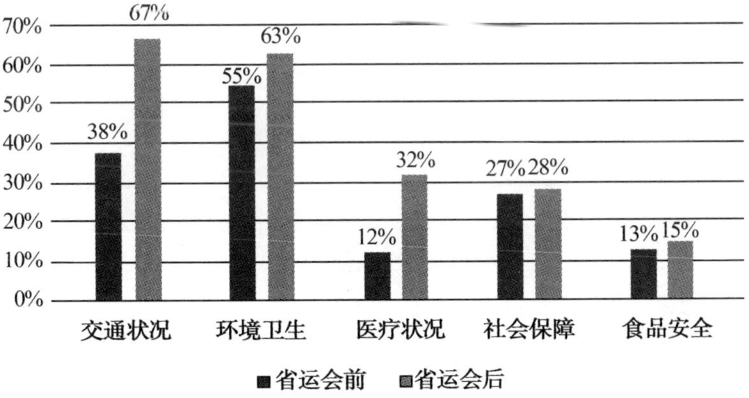

图 2-1-6　省运会前后扬州城市的改进情况认知统计表

然而,举办省运会也给扬州带来了一些负面影响,主要体现在省运会期间造成城市拥挤及赛事与日常生活间的冲突。56%的居民认为举办省运会让城市拥挤,影响日常生活,40%的居民认为赛事与城市日常生活间存在冲突,如住宿、饮食方面,25%的居民认为赛事期间造成了各种生活垃圾。大型体育赛事举办期间因短时间内涌入大量观众,往往会对举办地交通、环境、社会治安等方面造成不小的压力,这也对政府管理提出了更高要求。扬州省运会产生了一些消极影响,表明政府在公共资源管理、赛事运作方面的工作仍有待加强。

4.体育消费认知

省运会后的调查问卷以“是否更加愿意进行体育相关的消费”“影响消费的主要因素”“主要的体育消费类型”三方面来考察扬州居民的体育消费认知。

第一,经过省运会的宣传,扬州居民具有更强烈的体育消费意愿,64%的居民表示更加愿意进行体育相关消费。第二,扬州居民的体育消费类型逐渐由实物型消费向参与型体育消费转变,观赏型消费所占比重仍较低。图7数据显示,省运会后,参与体育活动、健身训练的人数由省运会前的27%增长至63%,购买体育服装、器材的人数由省运会前的48%降低至42%;观看体育比赛、展览的人数与省运会前持平。省运会的宣传有效提升了扬州居民的健身意识,扬州居民愿意在体育活动、健身训练等能直接影响自我身体健康的体育消费方面投入更多。第三,影响扬州居民体育消费的因素仍主要为兴趣爱好、经济收入、时间因素,与省运会前的调查结果基本一致。从整体结果来看,经济收入仍是扬州居民影响体育消费的一大主要因素,体育消费与居民经济收入呈正相关。另外,数据显示,30岁以下群体多选择兴趣爱好为影响自身体育消费的主要因素,其次是时间因素;30岁以上群体则主要考虑经济收入与时间因素。

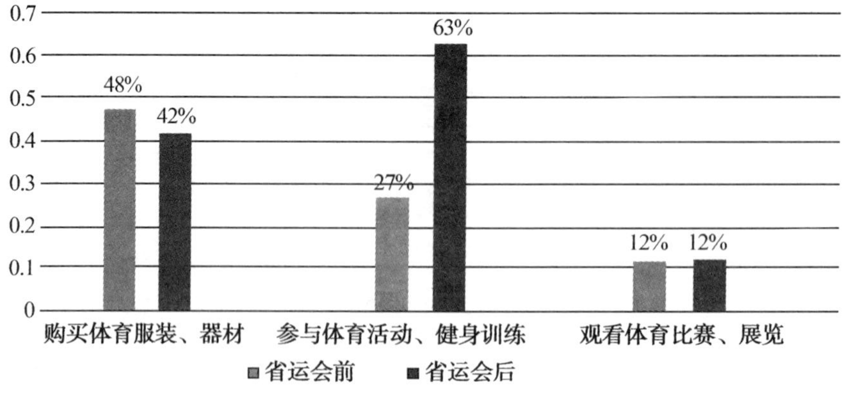

图 2-1-7　省运会前后扬州居民体育消费情况统计表

（二）省运会前后扬州居民体育认知趋势变化

省运会后扬州居民的体育认知有较为明显的提升。主要体现在，扬州居民的体育认知程度在整体上得到提升，具有更鲜明的体育参与意识，部分细分群体的体育参与行为得到改善。同时仍有部分群体居民的体育认知仍处较低水平，部分居民否认或不能确认省运会对自己体育行为的影响。

省运会后居民的体育认知程度得到提高，表现为：扬州居民更多地关注省运会的相关信息，有较为强烈的学习体育知识、参与体育活动、进行体育锻炼及体育消费的意愿，部分居民的体育参与行为有所增强。74%的扬州居民表示更加愿意学习体育知识，参与体育活动；64%的居民表示更加愿意进行体育消费；在家庭对体育健身所持的态度中，选择“非常支持”的人数由省运会前的41%增长至55%。进行高频率、长时间锻炼的人数有所增加，省运会后，两三天进行一次体育锻炼的人数由省运会前的25%增长到了33%，每次运动时间在30分钟至1小时之间的人数占比由省运会前的38%增长到了48%。

不同细分群体的体育认知变化存在差异。

在体育行为的改变方面，40岁以上群体表现较为突出。经过省运会的宣传后，40岁以上群体中，85%的居民更了解居住地周边体育设施的分布情况，85%的居民进行体育锻炼的频率、时间发生了变化。该群体中，两三天进行一次体育锻炼的人数由省运会前的30%增至43%，每次锻炼时间在30分钟至1小时之间的人数由省运会前的30%增至71%。以上数据表明，省运会的宣传较鲜明地提高了40岁以上居民的健身意识，并产生了改变其体育行为的实际效果，这与该群体人群出于自身健康发展的需求更加关注体育健身，并有更多时间用于健身相关。在体育消费的变化中，30岁以下群体变化较大。在“参与体育活动、健身训练”这一消费类型中，30岁以下群体的人数由省运会前的25%增长到了77%。

省运会前后，乡村居民的体育认知程度均低于城区与市郊。基于省运会前后的数据对比，在对省运会的认知方面，乡村居民均低于城区与市郊居民，且低于总数据。这与省运会主要在城区、市郊开展，在乡村的宣传较少相关，也表明乡村居民的体育认知水平仍有较大提升空间。

基于对省运会前后居民了解省运会信息渠道的对比分析发现，手机客户端及电视一直是省运会前后扬州居民了解省运信息、观看省运赛事的主要途径，该趋势在省运会后表现更为鲜明，省运会后手机客户端进一步成为扬州居民了解省运会信息的最主要渠道。图8数据显示，省运会前，报纸杂志及宣传栏、广告牌也是扬州居民了解省运会信息的两大主要渠道，在省运会后其占比分别减少至3%、5%。报纸杂志在新闻时效性上弱于手机客户端，宣传栏、广告牌因制作成本高，时间长，不能及时更换，也无法承担起及时传播省运会信息的任务。以上数据表明，以手机客户端为代表的新媒体在省运会期间承担了主要的宣传任务，并实现了较好的宣传效果。另外，表示对省运会"不是特别关注"的居民由省运会前的18%减至会后的13%，尽管数据有所降低，但仍有部分居民关注或收到的省运会宣传信息较少，该数据在乡村居民中表现较明显，表明针对细分群体的宣传还需加强。

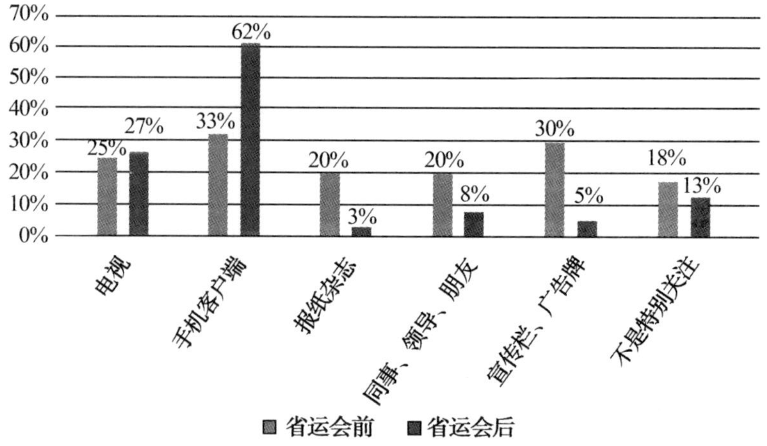

图 2-1-8　省运会前后扬州居民了解省运会信息的主要渠道统计表

以上调查结果显示，省运会后扬州居民的体育认知水平整体得到提升，尤其表现在他们更了解省运会相关信息，对省运会有较高的评价，体育参与行为有所变化，城市自信得到明显提升。细分群体中，40岁以上人群的体育参与行为改变较为明显，30岁以下群体的体育消费观念转变较为明显，针对乡村居民的体育宣传仍需加强。

三、居民体育心态影响因素评析

(一)居民体育心态的影响因素及效应分析

体育心态的影响因素主要涵盖性别与年龄、受教育程度、收入水平、体育供给、硬件环境、社会氛围等方面。

性别因素所导致的居民体育心态的差异主要体现在体育锻炼兴趣、行为态度上。省运会前的调查问卷显示,扬州市体育锻炼频率保持在每天和两三天一次的受访者中,男性占总样本数的28%,占男性受访者的51.5%;女性占总样本数的15%,占女性受访者的33.3%。此外,最喜欢的运动方式、运动伙伴等数据表明,两性在行为意向、情感体验以及主观标准等方面也存在显著差异。

年龄因素所导致的居民体育心态的差异主要体现在体育运动的固定性习惯、消费意愿等方面。省运会前的调查问卷显示,扬州市45岁以上人群在体育锻炼频率、每次运动时间等方面均体现出明显的固定性习惯特征,但体育消费意愿较低。26～45岁人群体育锻炼固定性习惯不明显,但具备一定的体育消费意愿。18～25岁人群固定性习惯较差,体育参与时间及消费水平无明显规律性特征。

受教育程度所导致的居民体育心态的差异主要体现在体育动机、消费意愿等方面。省运会前的调查问卷显示,扬州市本科及研究生以上人群中,体育锻炼频次较高的占该学历层次人群的50%,常参与的散步/跑步等个体类项目居多,会适度消费及愿意增加体育消费的占该学历层次人群的91.1%。专科及高中以下人群中,体育锻炼频次极低、不愿意进行体育消费的分别占该学历层次人群的57%、32%。

收入水平所导致的居民体育心态的差异主要体现在体育参与及消费意愿两方面。省运会前的调查问卷显示,认为经济收入对于体育消费重要或非常重要的人群占比达78.3%。在年收入8万以上的人群中,愿意进行适度体育消费达到100%。年收入5万以下的人群中,不愿意进行体育消费的仅占该人群总数的25%。在付费参与体育活动和定期开展体育活动的意愿上,收入越高则意愿越强烈。

体育供给所导致的居民体育心态的差异主要体现在参与意愿、产品选择等方面。省运会前的调查问卷显示,认为体育产品种类对于体育消费重要或非常重要的人群占比达

71.6%,认为体育产品价格对于体育消费重要或非常重要的人群占比达76.6%。在相关产品供给层面,扬州居民关于体育服装、器材的消费支出最多,其次是参与体育活动、健身训练,观看体育比赛活动支出最少。

硬件环境所导致的居民体育心态的差异主要体现在体育认知、对象选择等方面。省运会前的调查问卷显示,认为场馆设施对于体育参与重要和非常重要的人群占比达85%。在每天均进行体育锻炼的人群中,100%了解居住地十分钟健身圈内的体育设施分布情况,66.7%的人基本都掌握健身器材、设施的使用方法,居民体育硬件环境与体育认知及体育参与形成良性互促关系。

社会氛围所导致的居民体育心态的差异主要体现在体育动机、运动习惯等方面。省运会前的调查问卷显示,认为周围参与氛围对于体育参与重要和非常重要的人群占比达81.6%。在最喜欢的运动方式中,与家人或朋友一起参加运动的人群占51.6%,参与集体运动的人群占18.3%,周边氛围对居民参与体育活动的影响、带动作用突出。

综合以上,除性别、年龄、受教育程度、收入水平等个体条件差异所导致的体育心态的差别外,体育供给、硬件环境、社会氛围等因素对居民体育心态的影响至关重要,是未来引导居民保持积极、良好体育心态的重要突破点。

(二)扬州居民体育心态依存的体育文化与赛事传统

扬州体育运动传统源远流长,射艺与射礼、骑御与田猎、武术、球类运动、棋类运动群众基础广泛。五代后周围棋高手徐铉、明代围棋神童方子振、清代棋圣黄龙士以及晚清国手周小松,先后称雄棋坛。清乾隆、嘉庆年间,来扬传艺的武林高手甚多,并形成两大门派,时有“铁腿张恒庆,神手唐殿卿”之称。民国时期,象棋名家“扬州三杰”周焕文、王浩然、张锦荣,“扬州三剑客”窦国柱、周德裕、朱剑秋等誉满一方。以传统体育、游艺与杂技等非遗项目为典型的民间体育活动项目丰富多彩,舞龙灯、滚铁环、举石担、扔石锁、游泳竞舟、骑马射箭、练拳舞剑、郊游登山、放风筝、踢毽子等均体现了扬州人民在生命、运动、乐趣方面的价值取向和生活情怀。

在漫长的历史进程中,扬州体育文化兼容了军事、宗教、医学、伦理等诸多领域的文化成果,传统体育项目在内容和规制上达到了较高的规范化水平。伴随全社会体育运动参与者人文意识的提高,扬州传统体育运动得到了社会各界人士的关注。在大众体育发展大潮中，体育作为一种自发、自觉的公众文化行为，已经成为扬州居民生活的重要组成部分。

扬州具有悠久的办赛传统，伴随开国篮球比赛、扬州市第一届人民体育运动大会、扬州市运动会、地区运动会、元旦长跑活动、全民健身体育节、扬州鉴真国际半程马拉松赛、世界体育赛事与旅游峰会等诸多市级、地区级、国际性赛事活动的先后举办，扬州的体育事业规模由小到大，体育项目由少到多，竞技水平由低到高，运动成绩由一般到优良，体育设施由简陋到完备，群众体育意识由淡薄到浓厚，健康水平由较差到增强，由此积淀而成的体育竞技传统为扬州城市发展带来了持续而深远的影响。

从体育文化的角度审视，在城市悠久的办赛传统影响下，城市居民将形成主动关注和分享体育赛事成果的惯性力量。从外部效应看，扬州持续性的办赛传统对于城市基础设施建设、人文环境和专业场馆等方面促进作用较大，同时也在潜移默化地提升了市民文明素质、体育认知与心态，通过体育赛事也将健康、休闲和时尚的体育精神注入城市居民的生产生活中。

四、扬州居民体育心态特征及行为分析

（一）省运会前扬州居民体育心态及行为特征

居民体育态度涵盖对体育赛事信息、体育运动信息关注程度以及对体育消费喜好情感三个方面。省运会开幕前的问卷调查显示，41.6％的受访者曾主动了解省运会相关信息。扬州居民对参加体育活动、学习体育技能具有较为突出的意愿，61.6％的受访者了解居住地十分钟健身圈的体育设施分布情况，83.3％的受访者部分掌握或全都掌握周边社区、广场的健身器材、设施的使用方法。扬州居民体育消费意愿突出，86.6％的受访者愿意进行适度的体育消费，但每月消费支出多集中于300元以下，居民体育消费支出水平有待提升。此外，扬州市居民体育消费多聚焦于购买体育产品、参与体育活动与健身等市场领域。总体看，扬州市体育消费的主要形式仍是实物型消费，观看赛事活动等无形消费项目比例亟待提高。

居民体育动机主要涉及人们受社会环境影响而融入社会群体的外部动机和为了生理、生存需要而进行体育锻炼的内部动机。省运会开幕前的问卷调查显示，扬州居民参

与体育活动的动机主要表现在强身健体、愉悦身心、审美需求及个性发展等方面,外部动机相较于内部动机较为微弱,说明在有限的体育运动时间和精力面前,居民强身健体、愉悦身心、审美需求的意愿更加强烈。出于陪伴、促进、激励的目的,扬州居民根据自身的兴趣爱好和体育需求,选择不同的同伴群体和组织形式,其中与家人或朋友一起参加运动的人群占比51.6%,表明居民更愿意通过共同的体育爱好和活动,增加家人、朋友彼此之间的感情和相互了解。随机搭伙和集体活动占比为20%,表明社会弱化关系格局下,单位员工的自由度增加,参与单位组织体育活动的机会也逐渐减少。

居民体育兴趣主要表现在根据自己的兴趣、特长、习惯,结合身体素质、可支配时间、收入水平、应急需求,选择合适的体育运动项目。省运会开幕前的问卷调查显示,扬州居民更多选择散步、跑步及球类等适于碎片化时间进行的体育活动,其中经常参加散步、跑步的人群达到70%,经常参加球类运动的人群达到36.7%,游泳、健身、瑜伽、体操等均有一定数量的群众基础,表明扬州居民的体育活动内容日趋丰富和多元,已经从过去单一的体育竞赛向多姿多彩的大众体育活动转变,城乡居民表现出具有差异性的体育活动形式。此外,相关群众体育赛事参与度仍有待提高,受访者或其家人参加社区运动会或其他赛事的占比不足12%,群众性体育赛事组织亟需向小型、适量、灵活、多样方向转变。

居民体育价值观主要表现为通过参与、关注体育对象,对体育之于经济、社会、文化发展的价值判断。省运会开幕前的问卷调查显示,超过90%的受访者非常期待和支持本届省运会。以家庭关系为核心的群体价值观层面,93.3%的家庭支持受访者参与体育运动,36.8%的受访者经常与家人一起进行体育锻炼。在体育赛事对于城市发展的积极作用层面,多数受访者认为扬州市通过承办省运会,在全民健身氛围、体育公园及场馆设施建设等方面有了显著变化,对扬州环境卫生、交通状况方面改进的满意度最高。

(二)省运会后扬州居民体育心态及行为特征

在扬州居民体育态度层面,省运会后关于"闭幕时间""是否观看""了解信息频率""具体信息知晓"等涉及居民体育信息关注程度的四个问题调查显示,75%的受访者表示知道本届省运会的闭幕时间,其中城区与市郊受访者知晓率分别为75%、80%,高于乡村70%的知晓率;61.7%的受访者表示曾经观看过省运会体育赛事,其中城区与市郊受访者观看过赛事的分别占60%、80%,高于乡村45%的观看率,该数据三类区域分化较为明显；43％的受访者主动了解省运会信息频率为两三天一次，每天都会了解的仅占8.3％；28.3％的受访者表示了解本次省运会奖项设置的创新举措。总体看，省运会后扬州居民对省运会基本信息的知晓度、知晓频率较高，但受场馆分布、氛围营造及生产生活方式等各种因素影响，三类区域中存在较为明显的态度差异，乡村居民相关指标总体偏低。

在居民体育动机层面，省运会举办后的问卷调查显示，扬州居民参与体育活动的动机仍然集中在强身健体、愉悦身心、审美需求等方面，受省运会宣传因素影响，选择“个性发展”动机的受访者数量有所提高。另一方面，55％的受访者表示在省运会后自己的体育锻炼频次和时间未出现变化，但因该人群在省运会前的调查中大多锻炼频次较高，因此在一定程度上可以反映出居民的体育动机总体较为集中、稳固，受体育赛事直接、短期影响较为微弱。在体育群体性参与动机层面，省运会后扬州居民与家人一起参加运动的人群占比达到30％，表明居民在省运会后的群体性动机更加趋同。

在居民体育兴趣层面，省运会举办后的问卷调查显示，在关于“运动兴趣”“运动时间”“运动频次”等问题中，33％的受访者表示省运会加深了对某一体育项目的了解和兴趣，具体项目主要集中在球类项目、智力与时尚项目等领域，表明本届省运会在整合竞技体育、群众体育、学生体育、职工体育要素，在不唯竞技成绩论的创新理念下，居民体育兴趣得到了较大程度的提高。在体育兴趣影响下，64.7％的受访者每次锻炼可以确保0.5小时以上的有效锻炼时间，25％受访者体育锻炼的频率为每天一次。33％的受访者体育锻炼频次为2或3天一次，按照体育锻炼的人数比例，在“每周参加1次及以上体育锻炼的人数”“经常参加体育锻炼的人数”两个指标上，远超全国平均水平和“十三五”指标要求。

在居民体育价值观层面，省运会举办后的问卷调查显示，在关于“赛事提升城市形象”“赛事正面效应与负面效应”“宣传工作评价”“省运会对城市的改进效应”等问题上，95.2％的人认为省运会的举办提升了扬州城市形象，受访者认为省运会对扬州带来的正面效应集中体现在：软硬件设施健全完善、城市知名度的提高、精神文明水平的提升三个层面；受访者认为省运会对扬州带来的负面影响主要表现为影响城市正常的生产生活；受访者认为扬州在省运会后显著改善的方面集中在环境卫生与交通状况。调查数据表明,大型体育赛事对城市的正面效应深入人心,但同时有必要在大型赛事举办前后,对居民关于赛事负面影响的心态加以合理干预和引导。

五、省运会前后扬州居民体育心态及行为变化趋势

(一)总体趋势分析

在江苏省第十九届省运会举办前后,扬州居民在体育态度、体育动机、体育兴趣、体育价值观等层面均发生了较为显著的变化。

第一,赛事信息认知态度层面。省运会前,关于省运会届次、口号、吉祥物与会徽等信息知晓率仅为31.67%、11.7%、26.7%,主动了解省运会相关信息的受访者不足半数;省运会后,关于省运会闭幕时间、奖项设置变化的知晓率平均为51.6%,曾观看过省运会赛事的人群占比达61.7%。

第二,体育设施设备认知态度层面。省运会前,受访者对居住地周边体育健身设施分布和使用方法的基本知晓率为61.7%、36.7%;省运会后,受访者对居住地周边体育设施和全市大型场馆分布情况知晓率达到70%,更加熟悉周边社区、广场体育健身设施使用方法的受访者达到66.7%。

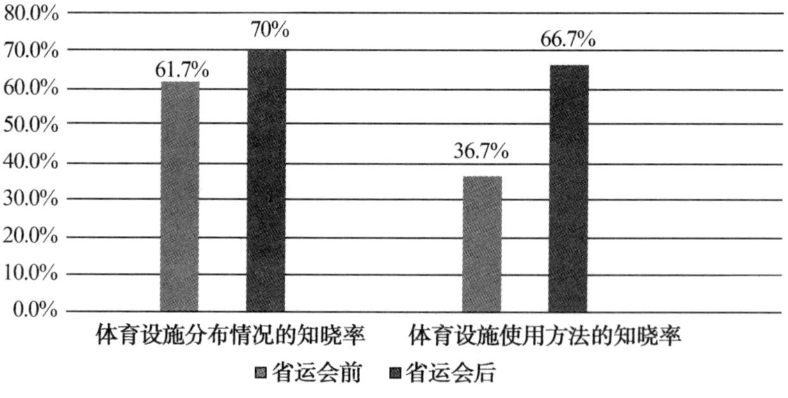

图 2-1-9 省运会前后居民对居住地周边体育设施分布情况、使用方法的知晓率对比图

第三,体育参与及消费兴趣层面。省运会前,经常参加的体育运动项目中,散步、跑步参与人群达到70%,影响体育消费的前三位要素分别为时间、兴趣、收入;省运会后,球类、智力与时尚项目等项目占比有所上升,33%的受访者表示省运会加深了对某体育项

目的了解和兴趣，影响体育消费的前三位要素变为兴趣、时间、收入。

第四，体育参与频率及强度层面。省运会前，体育锻炼频率为每天一次、两三天一次的人数比例为 20%、25%，每次体育锻炼保证 0.5 小时以上有效时间的人数比例为 43.3%；省运会后，体育锻炼频率为每天一次、两三天一次的人数比例为 25%、33%，每次体育锻炼保证 0.5 小时以上有效时间的人数比例为 64.7%，74%的受访者更愿意学习体育知识、参与体育运动。

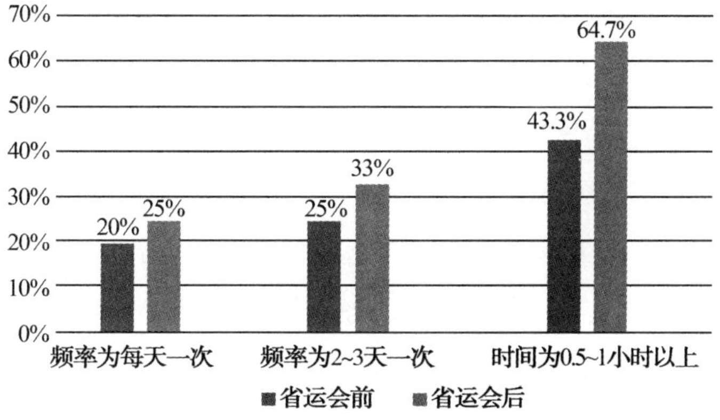

图 2-1-10　省运会前后居民锻炼频率、时间对比图

第五，体育消费意愿方面。省运会前，13%的受访者表示不愿意进行体育消费，86.6%的受访者愿意进行适度的体育消费，但消费额度多数低于 300 元/月，消费支出最多的为购买体育服装、器材和参与体育活动、健身训练，分别占比 46.6%、23.3%。省运会后，64%的受访者表示更愿意进行体育消费，消费支出最多的为参与体育活动、健身训练和购买体育服装、器材，分别占比 41.6%、38.3%。

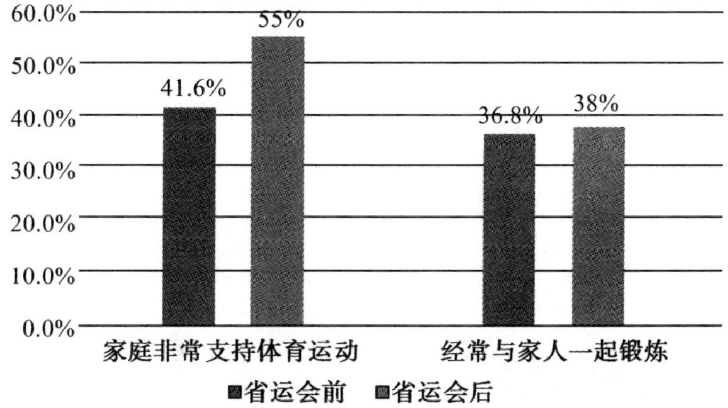

图 2-1-11　省运会前后家庭对参与体育运动态度的对比图

第六,体育群体参与行为方面。省运会前,41.6%的受访者表示家庭非常支持参与体育运动,36.8%的受访者表示经常与家人一起进行体育锻炼。省运会后,55%的受访者表示家庭非常支持参与体育运动,38%的受访者表示经常与家人一起进行体育锻炼。

总体看,省运会前,居民主动认知省运会的态度不积极,认知效果不甚理想,体育兴趣及群体参与水平均较低。在省运会宣传预热和赛事带动下,全市居民对赛事信息、体育设施设备的认知态度和认知效果有了显著改善,体育参与及消费兴趣、体育参与频率及强度、体育群体参与行为、体育消费意愿均有不同程度的提升。

(二)区域差异分析

受城乡经济社会发展总体水平、基础设施布局、生产生活状态及消费观念的影响,城区、市郊及乡村三类区域的居民体育心态及行为变化趋势存在一定的差异。

第一,体育赛事及信息关注态度。省运会后调查问卷显示,三类区域(城区、市郊及乡村,下同)了解赛事奖项设置变化的受访者分别占35%、25%、25%,对此信息了解的受访者数量均较少,差异程度亦较小。关于体育运动项目、场馆和设施信息的知晓态度上,三类区域中认为省运会后加深了对某一项目理解的受访者分别占35%、40%、25%,认为更加了解体育设施和场馆分布情况的受访者分别占80%、80%、50%,认为更加熟悉体育设施和器材使用方法的受访者分别占80%、65%、55%。

表 2-1-6　　扬州居民体育赛事及信息关注态度的区域差异

指标 区域	了解省运会奖项设置变化	加深某体育项目理解	更了解体育设施和场馆分布情况	更熟悉体育设施和器材使用方法
城区	35%	35%	80%	80%
市郊	25%	40%	80%	65%
乡村	25%	25%	50%	55%

第二,体育参与及消费意愿。省运会后调查问卷显示,三类区域中在省运会后更加愿意学习体育知识,参与体育活动的受访者占比分别为90%、60%、65%,更加愿意进行体育相关消费的受访者占比分别为80%、55%、60%。三类区域受访者体育消费结构情况中,购买体育服装、器械占比均最大,分别为40%、50%、65%,观看体育比赛及参与体

育活动、健身训练，两项占比从城区、市郊到乡村基本呈降低趋势，体育服务消费占均比较低。

表 2-1-7　　扬州居民体育参与及消费意愿的区域差异

区域＼指标	更加愿意学习体育知识、参与体育活动	更加愿意进行体育相关消费	体育及相关消费		
			购买体育服装、器械	观看体育比赛	参与体育活动、健身训练
城区	90%	80%	40%	20%	35%
市郊	60%	55%	50%	10%	20%
乡村	65%	60%	65%	10%	10%

第三，体育参与及运动强度。省运会后调查问卷显示，三类区域中体育运动参与频率为两三天一次以上（含每天一次）的受访者占比分别为 65%、55%、65%，较省运会前分别提升了 20%、15%和 15%；三类区域中每次运动有效时间为 0.5 小时以上的受访者占比分别为 65%、75%、55%，较省运会前分别提升了 15%、10%、5%。

表 2-1-8　　扬州居民体育参与兴趣及运动强度的区域差异

区域＼指标		体育运动参与频率为两三天一次以上（含每天一次）	每次运动有效时间为 0.5 小时以上
城区	省运会前	45%	50%
	省运会后	65%	65%
市郊	省运会前	40%	55%
	省运会后	55%	65%
乡村	省运会前	50%	50%
	省运会后	65%	55%

第四，体育群体参与意愿及形式。省运会后调查问卷显示，三类区域中家庭对受访者体育参与的支持态度上，“非常支持”的均为 100%，总体较省运会前有所提升。三类区域中家人一起进行体育锻炼的受访者占比分别为 30%、30%、45%，较省运会前有较大提升，其中市郊提升幅度较大。

表 2-1-9　　扬州居民体育群体参与意愿及形式的区域差异

区域＼指标		家庭非常支持体育运动	家人一起进行体育锻炼
城区	省运会前	90%	20%
	省运会后	100%	30%
市郊	省运会前	90%	10%
	省运会后	100%	30%
乡村	省运会前	100%	40%
	省运会后	100%	45%

总体来看,由于比赛主赛场和分赛场分布于城区和周边县市区,观赛便利程度、赛事氛围及宣传力度存在一定差异,是导致城区和市郊在体育赛事及信息关注等方面数据明显高于乡村的重要原因。在体育参与兴趣及运动强度上,城区、市郊提升幅度总体上高于乡村。在体育参与及消费意愿上,城区总体高于市郊和乡村,也引领着体育消费结构从产品型向服务型转变。在体育群体参与意愿及形式上,由于全民健康意识的提升,全社会开展体育运动的热情和积极性高度趋同,但由于城乡生产生活方式存在一定的差异性,乡村家庭集体参与体育的便利性明显高于城区和市郊。

第三节　发展路径

一、优化宣传推广格局

(一)健全赛事信息传播网络

1.构建赛事宣传推广体系

居民对赛事的认知和理解来自于体育赛事的宣传和推广,以本届扬州省运会为例,65%的被调查者通过各种渠道接收了省运会相关赛事的宣传,提高了对体育赛事的认知度。在现代媒体网络高速发展的今天,体育赛事信息传播网络成为提高居民体育认知的重要载体。

第一，在现有推广手段的基础上，创建体育信息传播线上线下全方位、一体化的推广媒介体系。既要充分发挥平面媒体、电子媒体、网络媒体等媒体的功能，又要根据体育赛事的特点，充分利用它们的优势和劣势，形成媒体之间的互补融合。通过利用复合化的宣传渠道，为居民提供更加全面、直观的赛事信息，着力提高体育宣传的影响力和效果。

第二，准确把握体育赛事宣传的主线、主题和主要内容，有效利用赛事资源，突出赛事报道的热点新闻和赛事宣传信息的特点，尤其是热点赛事和特色信息，更为高效地吸引居民的注意力。一是在赛事采访中，要着重介绍参赛者的参赛经历，对知名体育人进行专题访谈；二是在赛事宣传中，要及时推送各类赛事的发展过程和有趣新闻，利用互动性、创意化的推送形式，普及体育赛事的专业知识、文化内涵、组织形式，根据各类赛事的特点与适应人群进行针对性宣传。

第三，始终把居民的体育认知放在赛事宣传推广教育工作的重要位置，实现赛事宣传的全人群、全天候、全时段。对类似省运会等大型综合体育赛事，要全面考虑体育赛事推广教育的注意事项，结合赛事的自身特征与地方特色，满足不同居民的体育需求。

通过构建完善的体育赛事信息传播网络，提供多元、多样的接收渠道，能够有效地迎合居民的需求心理，激发居民对体育赛事的兴趣，提高居民的体育赛事认知水平。

2. 构建体育赛事宣传教育体系

提高居民体育认知，同样应注重对体育赛事宣传教育体系的构建。“体育需要”是体育生活的动力源，是居民对体育认知的表现，关注和参与大型体育赛事是人们体育生活的重要组成部分。由此可见，了解体育内容是居民关注大型体育赛事的重要前提。问卷调查显示，省运会的举办虽一定程度上提升了扬州居民的体育认知，但居民对体育赛事的关注程度仍不尽如人意，居民体育认知和体育需求还有待进一步提高，因此构建更为完善的社会宣传教育体系尤为重要。

第一，加强全民健身宣传教育，普及科学健身知识和方法。一是重点围绕体育健身活动效果、运动能力测试与评价、体育健身活动原则、体育健身活动指导方案等内容，通过认真培养和正确引导，带动居民体育认知升级，让体育健身成为群众生活的重要内容。二是持续优化全民健身教育工作思路和工作机制，加强政策支持和制度建设，形成单位、社团、学校、社区等全方位的社会宣传教育网络。三是开展形式多样、内容丰富、灵活多样的宣传教育活动,帮助居民持续升级体育认知和体育需求,形成日趋系统的体育价值观,提高居民对体育活动的关注度与参与度。

第二,加强赛事舆情调查研究,综合研判赛事前中后期居民认知及心态变化。由于居民对赛事的关注程度能够有效地反映出居民对赛事的态度,因此相关部门在大型体育赛事结束后,要及时对居民的观感、建议等进行收集,全面掌握居民对赛事关注情况及影响居民关注赛事的主要因素。依托大数据等手段,对收集、获取的第一手数据信息进行剖析、对比,为未来科学制定大型体育赛事推广模式提供依据和参考,为居民在日后观看、参与体育赛事提供更好的服务。

居民只有全面了解体育内容,加深对体育文化、体育内涵、体育精神和体育本质的认识,才能真正具有"体育需要",明确体育赛事的价值和功能,主动关注和参与其中,加深对体育运动的理解,感受体育赛事的魅力。

(二)健全品牌赛事培育机制

1. 彰显体育赛事本土化特色

本届省运会的举办为大家展现了"活力扬州"的城市形象,新建、改建的现代化场馆、居民体育认知和体育需求的舒适度、获得感,都在发生质的变化。但整体来看,本届省运会在宣传赛事项目特点、文化内涵等方面较欠缺,尚未很好地彰显扬州文化元素和城市精神。

第一,要全面结合扬州历史脉络、人文地理、风俗人情,站在彰显扬州文化和城市精神的高度,唱响"扬州体育故事"。传承扬州细致入微、精致见性、优雅从容又不乏铁血精神的城市文化,围绕赛事筹备、赛事推广与宣传,结合赛事举办的其他重大活动和特殊事件、志愿服务活动等诸多环节,塑造体育界的工匠精神。

第二,要聚焦扬州文风甚盛的辉煌历史和商业传统特色,合理利用扬州物质与非物质文化遗产资源。在赛事场馆设施、形象标识、展示载体、推广物料等各层面,融入园林、文学、绘画、美食文化元素,确保赛事推广与宣传符合扬州居民精神追求和文化传统,使之更易被本地居民所接受,实现区域文化认同。

2.引导多方共办共举品牌赛事

本届省运会，扬州提出“办会为城、办会惠民、办成里程碑”的办赛宗旨，赛事理念从竞技体育转向群众体育，积极推进市场资源开发，筹备组织工作实现了各县(市、区)、各高校、各市直单位相互支持、无缝链接、整体联动。但总体看，多方共办共举体育赛事的实操经验须进一步深化。

第一，进一步推进政府“放管服”改革，引导更多社会力量参与到扬州体育产业发展中来，优化以赛事为引领的体育产业发展。从管理体制方面入手，加大政府购买服务力度，让政府体育部门从繁琐的赛事活动中解脱出来，真正做到变“办体育”“办赛事”为“管体育”“管赛事”，而且体现了“让专业人做专业事”的理念，有利于赛事活动水平的提升，同时对培育市场经济主体、促进体育产业发展也具有重要现实意义。

第二，利用市场活力实现赛事举办主体、举办方式、经费投入等多元化，激发扬州居民体育认知积极性。利用产业化、市场化路径推进体育赛事的筹备、推广、宣传、服务工作，提高赛事组织筹备的影响力和向心力，让更多的体育健身爱好者有参与各类赛事活动的机会，并享受到更加专业、优质的赛事服务，从供给侧维度为居民提供符合精准需求的体育赛事。

第三，依托体育社会组织，提高赛事组织筹备科学化水平。我国体育社团尤其是市县级的项目协会正成为提供多元化体育供给的重要组成部分，要进一步完善扶持网络、草根体育组织成长转化的政策办法，通过组建经营实体、建立培训基地、创建品牌赛事等，鼓励各级各类体育社会组织立足其植根民间、贴近群众的特点和优势，不断进行创新实践。

(三)完善社会公众参与机制

1.优化居民参与环境

第一，应为居民对体育赛事的需要创造便利的参与条件，吸引更多的居民关注体育赛事。观看比赛的便利性是影响居民体育认知和参与赛事的重要因素之一，其中包括居民获得信息和门票的便利性以及居民到场地观看比赛的便利性。一是要确保居民获取准确、全面的赛事信息，赛事的宣传推广工作应符合居民的认知特点，方便居民便捷地获取赛事信息。虽然本届省运会的举办在推广宣传方面做了很多的工作，但针对居民实际情况的宣传工作还有待深化,围绕信息推送渠道、推送人群、推送方式的分众化水平须进一步提高。二是从交通、安保、卫生等综合保障层面确保居民体育参与的便利化。交通是否便捷也是影响居民参与体育活动的重要因素。从调查中得知,有66.7%的居民对本届省运会的举办最为满意之处便是交通状况的改进,因此有必要引入可行的交通管理与引导方案,并采取有力而有效的手段进行交通疏导与应急管理。有关部门在赛事期间应对交通工具和交通类型进行管制,规划交通路线和分流方向,加强现场指挥力度,避免场地附近发生车辆积压和交通堵塞。同时,引导居民走绿色通道,缓解交通压力,创造顺畅、环保、方便的交通环境,让更多的居民在日常时间里关注参与各类体育活动。

第二,根据居民体育消费理念和消费能力,动态调整体育物价标准,创新体育消费补贴模式。一是要对扬州居民的体育支出水平做好充分的前期调研,掌握居民对体育活动的需求及费用支出的心理价位。按照不同年龄层对支出费用的接受程度,对门票、器材服装、健身培训等费用做出准确定位,依据体育市场发展现状及时调整心理价位。二是贯彻全省全民健身先消费后补贴模式,落实公共积分卡、全面健身卡、体育消费券制度,整合健身休闲、赛事等承办机构、商户资源,建立彼此相互引流的体育积分消费生态圈,实现体育消费与商业消费的相互促进和带动。

第三,丰富赛事配套表演活动内容,通过"多方合作、专业分工、共同开发"的运作模式,编排组织居民喜爱的体育表演项目。一是加强体育竞演项目的创新,结合国外经验,将体育竞演融入娱乐元素,结合演唱会、表演赛、技术赛等形式,带动场内场外的互动,实现内外场的消费整合。二是要进一步提升扬州大型体育场馆的设施和信息服务水平,在充分发挥大型场馆和设施的综合服务功能基础上,重视竞赛现场氛围的营造,通过增加场馆设施、丰富场馆展示等来满足居民在观赛之余对休闲娱乐的要求。

2.拓宽居民参与范围

举办大型体育赛事的最终目的是为了更好地发展城市形象,为居民提供更好的服务,继而提升经济水平,其中居民的关注和参与是非常重要的一环,只有越来越多的居民开始关注体育项目、熟悉体育赛事、提高体育消费,体育产业才能获得真正长足的发展。

第一,赛事申办筹备前应充分调查居民的意愿,重视举办地居民的利益诉求,掌握居民对体育赛事与体育设施等的需求,积极开展口号征集、志愿服务等相关活动,提高居民的赛事参与决策度。第二，在赛事举办期间，尽可能满足广大居民观看比赛的需要，有针对性地设置符合居民体育需求和消费水平的赛事项目，策划与赛事项目相关的居民竞赛活动，举办各类主题文化活动，满足居民的休闲娱乐需求。第三，在赛事结束后，加强居民体育心态的延续性引导，确保大型赛事后居民体育参与热情实现较长时效的传承。提高赛后场馆设施利用效能，在用于体育赛事、促进全民健身功能基础上，推动功能属性的合理转换，探索改造文化空间、产业空间，通过出租场馆举办文体活动、招商活动和收取租金等弥补场馆运转资金的不足，从而达到"以体为主、以商养体、以文兴体"的目标，提高赛后体育场馆的有效使用率，实现场馆运营的可持续发展①，解决赛事结束后场馆设施利用率低的问题。

二、升级产业生态系统

（一）体育产业核心业态

1. 体育竞赛表演业

第一，在体育赛事举办方面，应进一步深化综合性体育赛事的打造，完善体育竞赛的综合服务体系，对设施场地、器材保养、服务安保、宣传推广等竞赛活动相关的内容做好综合保障，提升扬州体育场馆、设施的使用寿命，避免省运会结束后的场馆、器材等设施出现废弃现象，为扬州居民打造舒适的体育环境。第二，在体育赛事服务方面，搭建优质的惠民体育平台，为居民了解、认识、学习体育竞赛知识，参与体育活动提供服务平台，拉动体育消费水平的提高。加大新媒体的宣传力度，营造"赛事盛会、大众节日"的赛事氛围，突出重大体育赛事看点，提高竞赛表演质量，让扬州居民真正感受到体育赛事的魅力，让观赏体育比赛，参与体育活动成为居民日常的一种休闲生活方式。第三，在体育竞赛表演品牌打造方面，重点巩固提升现有品牌体育赛事，借力省运会的举办，继续结合文化、旅游产业的融合及现代体育消费市场推介渠道，在赛事奖金、赛事组织、媒体直播平台等方面吸引扬州居民参与到体育赛事中来。从本次省运会的举办中积累经验，做好"引进来，走出去"的策略，学习完善的赛事运作与组织管理，借助扬州经济社会发展优

① 参见刘军. 苏州市大型体育赛事现状调查与发展对策研究[D]. 苏州大学，2012，47.

势,积极承办国际精品赛事和传统的高水平赛事,争取承办更多的国际级、国家级及省级体育竞赛表演项目,为扬州居民带来丰富的体育体验。

2.体育健身休闲业

第一,鼓励各类中小微健身休闲企业、运动俱乐部向“专精特新”方向发展,强化特色经营、特色产品和特色服务。推动传统健身休闲企业由销售导向向服务导向转变,提升场馆预定、健身指导、运动分析、体质监测、交流互动、赛事参与等综合服务水平。积极推动健身休闲在线平台企业发展壮大,整合上下游企业资源,形成健身休闲产业新生态圈。第二,加快推进企事业单位等体育设施向社会开放。推动有条件的学校体育场馆设施在课后和节假日对本校学生和公众有序开放。通过公共体育设施免费或合理收费开放等措施增加供给,满足基本健身需求。第三,严格执行城市居住区规划设计等标准规范有关配套建设健身设施的要求,适当增加健身休闲设施用地和配套设施配建比例,充分合理利用公园绿地、城市空置场所、建筑物屋顶、地下室等区域,重点建设一批便民利民的社区健身休闲设施,鼓励健身休闲设施与住宅、文化、商业、娱乐等综合开发,打造健身休闲服务综合体。第四,鼓励体育社会组织积极承担政府公共体育服务职能,充分发挥自身在承办赛事、组织活动、服务消费者等方面的作用。利用各类媒体开办健身指导、知识普及、项目推广等专栏,策划、制作一批参与度高、兴趣强、影响大的体育健身节目,强化体育文化的宣传,引导群众增强体育健身认知,培养体育消费观念。

3.体育用品制造业

第一,加快体育用品制造业结构升级,鼓励扬州本地体育用品制造业创新发展,支持企业、用户单位、科研单位、社会组织等组建跨行业产业联盟。加大政策扶持力度,鼓励健身休闲器材装备制造企业向服务业延伸发展,形成全产业链优势。第二,结合扬州文化特色与生活习俗,对体育用品进行改良,设计满足居民审美需求与功能需要的体育用品,积极开展产学研合作,提升体育用品制造业的研发设计能力,扩展体育用品线上线下服务,针对不同年龄、性别、职业等对体育用品的要求创新体育制造用品生产,满足扬州居民的体育需求。第三,支持扬州本地体育用品制造企业创建和培育自主品牌,提升健身休闲器材装备的附加值和软实力。鼓励企业与各级各类运动项目协会等体育组织开展合作,通过赛事营销等模式,提高品牌知名度。

（二）体育产业复合业态

1.“体育＋文创”

第一，依托文化创意力量，推动扬州传统体育资源的创新开发。利用互联网等多媒体形式，以数字化、创意化为路径，将体育文化传承与体育产业开发相结合，挖掘扬州地方体育优势资源，创新传统体育表现方式，研发具有市场价值、艺术审美价值的传统体育文创产品。结合现代多媒体艺术形式，利用微电影、短视频等形式，记录扬州体育发展的动态趋势和节点成就。依托“两微一端”等新媒体平台，打造覆盖体育信息查询、赛事直播、社群互动等内容的综合性体育传媒平台。在现代信息传播机制和多元媒体的作用下，实现传媒渠道与体育内容的强强联合。借助全息影像、虚拟现实等数字技术，落地一批数字体育文化体验项目，加深对扬州传统体育文化内涵的理解，实现体育空间与文化体验的虚拟互动。

第二，推动体育会展成为扬州展示体育成就、弘扬体育传统的新窗口。依托扬州体育制造产业资源，举办各种以体育为核心纽带的大规模、多层次、多种类的会议和展览展销，加快推进会展经济规模化、产业化和规范化发展。顺应特色体育产品和服务的细分展示趋势，持续提升会展专业化、规模化、国际化水平，积极培育扬州特色体育展会品牌，带动扬州体育竞赛表演、健身休闲等传统业态实现跨越发展，为进一步提升体育制造业层级，宣传优质体育环境氛围搭建综合展示窗口。搭建市级体育线上展示平台，全方位展示“互联网＋健身”、智慧健身等新概念体育产品。依托体育产品、设备、科技等展示载体，促进扬州体育文化的周期性、动态化、全方位展览展示。

2.“体育＋旅游”

第一，实施扬州体育旅游资源调查评估计划，聚焦扬州地文体育旅游资源、水域体育旅游资源、体育旅游生物资源和自然现象体育旅游资源，将扬州文化融入体育旅游产品之中，不断开发适销对路、满足居民需求的体育旅游产品，改善当前扬州体育旅游产品类型单一，时效性短的突出问题。第二，拓展“体验式”体育旅游发展空间，重点激活“赛事＋”产业融合潜力，打造以体育竞赛表演为引擎，以旅游休闲、赛事观光、互动体验为内容的体育旅游主力产品。第三，优先推动中心城区体育旅游发展，打造一批具有重要影响力的体育旅游目的地。在宋夹城体育公园等基础上，新创建一批省级、国家级“体育旅游示范基地”和以体育运动为特色的重点旅游度假区和精品旅游景区。第四,加大宣传推广力度,以健身休闲、体育赛事活动等为重点,进一步加强与省市级媒体、优质自媒体的合作,建立健全统分结合的体育旅游宣传推广体系,积极实施“区域联动、部门联合、企业联手”的体育旅游营销战略。鼓励各地围绕扬州重点体育旅游目的地、精品体育旅游线路、体育旅游产品做好整体形象策划和包装推介,不断创新扬州体育旅游产品宣传形式。

(三)体育产业关联业态

1.“体育+教育培训”

第一,完善学校体育教育的技能训练与理论培训体系,全面落实国家体育课程标准,进一步依照各年龄段的特征激发学生体育潜能,提升体育教育质量,保障学生每天一小时以上的体育活动时间,掌握一定的体育运动技能。推动传统体育进校园活动,鼓励和引导各地积极开展国际合作,创办一批高水平的国际体育学校。第二,鼓励学校与专业体育培训机构合作,加强青少年体育爱好和运动技能的培养,组织学生开展课外健身活动,广泛开展体育主题的青少年训练营、夏(冬)令营等活动。培育青少年优势竞赛队伍,打造各类型青少年体育俱乐部,推广广陵跳水队、仪征棒垒球队等中小学特色竞技队伍组建经验,不断完善青少年训练竞赛体系。第三,积极发展关于特色体育运动培训市场,培育一批专业体育培训机构,加强不同运动项目培训标准的制定与实施,提高体育培训市场的专业化水平。完善体育训练市场管理体制,加强体育培训市场的监管力度,定期对体育培训机构的内部管理体制进行考核和评估。第四,充分盘活体育场馆资源,积极推动体育场馆开展场地开放、健身服务、体育培训、竞赛表演、运动指导、健康管理等体育经营服务,打造以体育培训为核心的服务综合体。

2.“体育+健康养生”

第一,依托得天独厚的旅游资源及医疗、养生等特色产业,持续推进城市公园体系建设,结合“15公里半径医疗急救圈”“医疗卫生健康六大体系”建设工程,将医疗卫生和全民健身有机融合。第二,分类打造运动康养四大产业组团,聚焦绿韵·水乡生态游憩组团、怡养·河岛养生度假组团、乐活·活力运动康健组团、江风·滨江时尚休闲组团,合理布局并落地高端运动康体项目、体医结合项目,持续建设开发玥珑湖旅游度假区、铜山体育小镇、烟花三月房车露营公园等一批产业项目,加快利用闲置房地资源发展运动康养项目。第三，依托扬州高新区生物健康产业优势，推广覆盖全生命周期的运动健康服务。发挥中医药在运动康复等方面的特色作用，依托张江高科医疗健康养老产业园、瘦西湖生态健康及中医养生智能化社区、天乐湖医养综合中心、唐子城养生度假区等产业载体，构建国医养生保健服务体系，发展运动医学和康复医学。

三、实施重点突破

（一）传统体育设施改造与利用

体育设施作为发展体育事业、体育产业的基本物质载体，在促进全民健身，提升居民体育认知，提高居民体育运动参与度中发挥着关键作用。《全民健身计划（2016～2020年）》中针对公共体育设施建设提出，“有效扩大增量资源，进一步盘活存量资源”。《关于加快发展健身休闲产业的指导意见》指出，“盘活用好现有体育场馆资源”“打造健身休闲服务综合体”。美国、英国、澳大利亚、加拿大等发达国家认为，体育设施具有支撑城市复兴、支撑农村快速发展、提升社会融合力、提升人们健康与幸福感、促进社会可持续发展等方面的重要作用。[①] 在省运会筹办过程中，扬州新建、改建19个省运会场馆，增建65个公园，在规划设计上坚持满足竞赛需要与全民健身需求相结合。省运会后，体育设施的改造、利用与可持续发展将是提升居民体育认知的重要突破口。

第一，改造传统体育设施，建设智慧化体育设施网络。在“互联网＋”背景下和体育产业向智慧化转型发展趋势下，传统体育设施的改造应基于智慧化发展需求，以为大众提供更好的体育服务供给为目的。一是实施体育设施智慧化提升工程，引导各类大型体育场馆引进基于大数据、云计算的智慧管理系统，为受众提供更便捷化服务。二是扩大公共体育服务范围，开展体育培训、体育组织、体质监测等专业服务，提升体育服务质量。三是引导群众公共体育服务设施逐步融入智慧元素，如建设智慧便民健身站点，配备社会体育指导员提供健身指导服务，建设智慧健身步道，实现对受众体质、运动效果的实时监测。智慧化体育设施网络基于智慧化、专业化的体育健身指导将引导受众形成科学的体育健身观念，进而提高受众的体育认知。

---

① 参见张大超，李敏．我国公共体育设施发展水平评价指标体系研究．体育科学[J]．2013(4)．

第二,提高传统体育设施的利用与管理效率。体育设施是保障体育服务有效开展的基本物质载体,但当前的传统体育设施在满足居民体育锻炼需求、维修与利用方面仍存在若干问题。一是要从科学、合理的规划设计着手,提升体育设施利用率,确保体育服务供给的均衡、合理。二是制定合理的测评指标,如针对竞技体育设施,确保其每天平均开放时间、有组织的体育活动人员占总人数的比重、收费场地面积占总面积的比重、付费人员及使用时间的比重等。三是针对城市公园、广场、绿地等泛体育设施,确保运动休闲面积占比处于合理区间,以提升体育设施利用率。四是针对体育设施的管理,加大人员及经费投入,确保每万人体育设施管理人员数量、每平米体育设施管理人员数量、体育设施管理人员学历结构、每万人体育指导人员数量、体育指导员学历结构等,以实现专业化、科学化管理,保障体育设施的高效运营。

(二)区域空间设计与风貌塑造

在城市体育事业、体育产业的发展过程中,塑造与之统一的体育风貌是城市品牌形象建设的重要议题。城市体育风貌的塑造,对营造良好的城市体育氛围,形成与城市体育发展相匹配的体育发展环境,进而提升居民体育认知,改变居民体育行为具有重要作用。

第一,优化运动休闲空间格局。根据扬州城区、市郊、乡村的不同优势,按照以城区为中心,市郊、乡村特色发展的原则,规划建设不同的运动休闲区域。发挥中心城区的辐射引领效应,依托城区人口稠密、体育场馆密集、体育公园众多、体育服务业发达的优势,打造市民体育健身休闲核心区。鼓励郊区、乡村错位打造运动休闲产业集聚区,依托河流、湖泊等天然优势,发展户外体育运动,规划落地国家级体育产业园、主打运动休闲特色的体育小镇。

第二,梳理空间秩序,建设四级公共体育设施网络。体育设施是城市体育风貌塑造的基本物质基础,在塑造城市体育风貌中体育设施的建设应根据市、县(市)区、乡镇(街道)、村(社区)四级区域性质、空间、发展需求的不同进行合理分配,推进市级体育设施以承办大型体育赛事为主,区级体育设施以承担区级体育活动为主,乡镇级体育设施以满足居民综合锻炼为主,村级体育设施以满足居民就近开展日常锻炼为主的四级公共体育设施网络建设。体育设施网络的建设遵循优化空间布局的原则,根据扬州城市规划,科学设定住宅区、学校、企业等不同区域的体育设施数量、人均体育场地面积指标，设定同一类场馆之间的平均距离、最近同一类场馆之间的最大距离，建设覆盖范围广的科学化体育设施网络，实现体育设施全覆盖，为居民就近健身提供方便。

（三）全民体育活动建设与管理

《全民健身计划（2016～2020年）》指出，丰富和完善全民健身活动体系，促进竞技体育与群众体育全面协调发展，为全民体育活动的发展指明了方向。在全民健身上升为国家战略，并成为一种社会新文化现象的时代背景下，加快开展全民体育活动的管理工作成为各省市体育事业发展的重中之重。组织开展全民体育活动，营造全民健身的良好体育氛围，是提高区域居民体育认知程度的重要保障。扬州拥有良好的体育基因、物质条件及群众体育基础，在建设全民体育活动方面具有先天优势。

第一，开展以需求为导向的多层次、常态化的全民体育活动。研究表明，对我国群众体育赛事发展的影响较大的因素前四位分别是：竞赛项目、赛事赞助、政府意向和场地设施。[①] 多层次、常态化的全民体育活动旨在扩大活动的覆盖面、影响力，以影响不同区域、性别、年龄的人群，实现“全民”。扬州目前拥有以全民健身体育节、元旦长跑和鉴真国际半程马拉松赛为代表的全民体育项目，但仍面临活动项目较为单一、全民体育活动体系有待完善的问题。有待在已有大型体育活动项目基础上，适度扩大赛事规模，完善项目设置，并创新活动内容与组织形式，开展面向青少年、儿童、残疾人等重点人群的体育活动，增强活动的趣味性。针对前文调查中显示省运会前后乡村居民体育认知度均低于总体水平的现状，重点引导乡镇（街道）和社区（村）开展小型多样、特色鲜明、易于参与的区域性体育活动。全民体育活动的建设应遵循适应不同季节、不同地域、不同年龄的需求，形成全域、全季有序分布的全民体育活动。

第二，培育体育社会组织，发挥社会组织在全民体育活动管理中的作用。全民体育活动的开展有赖于政府主导、部门协同及全社会的共同参与，体育社会组织作为基于共同兴趣、爱好而形成的群众性体育组织，在当下全民健身深入推进的背景下快速成长，并焕发出新的活力，成为政府组织开展全民体育活动、提供多元化体育供给的有力助手。

---

① 参见孙思哲，岳新佳，程永超.我国城市群众体育赛事改革研究[J].体育文化导刊，2016(5).

大力培育体育社会组织,鼓励自发性体育社团向规范性体育组织转变,健全扶持草根体育组织的管理办法,为体育社会组织提供政策、法规、资金、培训等方面的支持,鼓励其开展体育活动创新实践,参与全民体育活动公共服务。加强基层体育社会组织建设,重点扶持基层群众健身俱乐部,以更好地满足基层群众的体育健身需求,解决基层公共体育服务管理不到位的问题,提高基层群众的体育认知。

第三,强化赛事价值宣传,提升居民赛事参与意愿。基于大型赛事的信息传达、舆论宣传、风险评估、价值感知是影响社会大众参与赛事的重要因素。首先应向社会大众提供具有极高透明度的赛事信息内容,扩大赛事运作公众参与范围,充分发挥媒介驱动效应,建立信息公开与交互平台机制,减少居民信息搜寻成本和信息失真概率,及时、高效地反馈赛事组织、经费预算、场馆建设、赛制改革等信息,并高度统一宣传口径,净化社会舆论环境。其次,应科学统筹赛事举办期间的基建、安保、交通疏导工作,将对市民生产生活的负面影响降到最低。通过设立听证会、网络投票等渠道,充分发挥市民参与赛事风险调控的主观能动性,利用经济杠杆、精神激励等方式调动公众的赛事参与积极性。

(四)体育品牌创新建设与培育

城市体育品牌从属于城市品牌,是一座城市在特定的体育文化氛围中所形成的有别于其他城市的文化品牌,它是以某一基本上形成传统(普及)和优势(高水平竞技)的体育运动项目为基础、以承办国际知名体育赛事(品牌赛事)为标志,向其目标公众所展示和传达的该体育运动项目的名称。① 在体育产业迅速发展的时代,体育在促进城市发展中的重要作用正不断被发掘,发展体育事业、体育产业成为城市提升自身综合实力、塑造城市形象、推动城市转型发展的重要战略。城市形象的塑造有赖于体育品牌的建设与培育。同时城市体育品牌的建设对引导城市居民形成体育价值观念,提高体育认知产生着潜移默化的影响,是促进城市体育发展的关键举措。建设城市体育品牌的关键在于以品牌性体育赛事为支撑,打造城市体育名片。扬州以举办省运会为契机,结合生态、人文领域具备的良好品牌构建基础,将为扬州培育品牌体育赛事、推动扬州体育走出去奠定坚实基础。

---

① 参见曾秀霞,周进国.论城市体育品牌及广州城市体育品牌的确定[J].上海体育学院学报,2009(1).

第一，发挥扬州人文、生态优势，打造国内体育文化旅游首选目的地的城市名片。扬州拥有得天独厚的人文、生态资源，是获得“联合国人居奖”的城市。近年来围绕承办省运会，扬州着力推进生态体育休闲公园的建设，塑造了绿色、生态的城市风貌，为城市体育的发展提供了重要物质基础。以此为起点，扬州可继续推进生态体育休闲公园、体育场馆建设，推动群众体育与竞技体育同步发展，通过构建“生态”“人文”“休闲”等文化标识，营造“运动之城　人文之城”的城市形象。同时，注重区域间的城市体育交流、合作，加强与国际友好城市、国际体育组织及宁镇扬、长三角地区的联系，以承办区域或国际大型体育赛事、体育盛会为机遇，加强品牌营销，推动扬州体育“走出去”，打造国内一流的运动休闲城市。

第二，实施体育赛事“品牌创建”工程，培育国际一流的品牌体育赛事。品牌体育赛事对城市发展的作用在于增强城市品牌资产，促进城市体育文化、体育产业发展。扬州目前拥有的主要体育赛事有扬州市运动会、地区运动会、元旦长跑活动、全民健身体育节、扬州鉴真国际半程马拉松，并曾承办过包括全国击剑冠军赛、国际泳联花样游泳大奖赛在内的大型赛事。扬州鉴真国际半程马拉松赛经过十多年的培育，已成为扬州的品牌体育赛事，入选江苏省“十大最具品牌价值体育赛事”。新形势下，应以创办具备地域特色的高水平国际马拉松赛为目标，实现更高规格、更高标准的持续举办，提高赛事知名度。在此基础上，以办赛经验为基础，积极承办其他高规格体育赛事，打造2～3个国际、国内高端赛事，统筹时间、空间资源，形成休闲运动品牌赛事集群。同时，在体育赛事品牌的创建过程中，应注重对体育培训品牌、健身服务品牌的培育，扶持一批具有综合实力的体育产业重点企业，为赛事的创建、开展提供保障，形成由赛事品牌、企业品牌及运动员等无形资产组成的品牌群。

四、加强综合保障

（一）健全组织协调机制

1.完善群众体育组织领导机制

不断完善全市体育、发展改革、财政等多部门协同的群众体育发展工作协调机制，将群众体育发展情况纳入政府重要议事日程，作为衡量体育工作绩效的重要内容，切实采取措施推动不同人群体育认知及参与、消费水平。加强对各县(市、区)体育宣传工作的指导,提升县(市、区)群众体育认知的整体水平。加强对居民体育认知、体育参与及消费的数据统计工作,构建政府、社会、专家等多方力量共同组成的工作平台,建立评价与监测机制,定期发布扬州公共体育服务体系重要指标数据及体育市场消费数据。提高对公共体育资源的配置能力,按照体育体制改革和机制创新的要求,加强对体育人才资源、体育设施资源、体育无形资产的宏观调控。

2.提高基层体育组织建设水平

将提高群众体育认知工作逐级落实到县(市、区)、街道(乡镇)、社区(村),确保街道(乡镇)文体站全面建成,配齐专(兼)职体育工作人员。加强群众体育工作队伍建设,以基层体育公共服务队伍建设为抓手,推动基层群众体育的发展,有针对性地发展农民体育协会、中老年体育协会,建立农民和老年体育组织。各运动项目管理中心和单项体育协会要加强工作指导和专业督导,确保基层建立健全单项体育协会和项目俱乐部等组织网络体系。加强体育产业行业协会和体育社团建设。

3.优化社会组织沟通协调机制

加强对各级各类体育社会组织的扶持培育,充分激发和释放体育社会组织在提升居民体育认知中的作用。依托体育智库专业服务资源,引导其为全民健身重要工作、重大项目提供咨询服务。强化体育社会组织发挥联系政府和居民的枢纽地位,鼓励其在居民日常体育健身活动的引导、培训、组织和体育赛事活动的承办等方面发挥作用。加强与各体育单位会员、个人委员等的联系和沟通,进一步广泛联系、动员、吸纳热爱体育事业,具有良好社会形象和感召力的社会各界人士,汇聚形成共同推进扬州群众体育事业发展的合力。

(二)完善政策保障体系

1.加强体育事业发展顶层设计

依据相关条例、意见,以提升扬州居民体育认知为目标,结合自身确定承担的群众体育工作职能,研究制定新时期体育事业发展规划,完善相关配套政策。结合扬州实际,重点制定群众体育、竞技体育、体育产业发展、体育设施建设、体育用地方面的实施计划。各级体育行政部门要结合实际,进一步明确本地区体育产业发展的基本任务、工作目标和保障措施，准确把握工作重点，明确职责分工，做好各项政策措施的贯彻落实。健全规划实施的督查落实机制，加强对体育事业、体育产业规划实施情况的监督检查，确保体育发展系列规划的顺利实施。

2. 健全群众体育引导政策体系

根据政府购买服务总体要求和有关规定，制定政府购买全民健身公共服务的目录、办法及实施细则，加大对基层健身组织和健身赛事活动等的购买比重。完善规划与土地政策，将体育场地设施用地纳入城乡规划、土地利用总体规划和年度用地计划，合理安排体育用地。建立多元化资金筹集机制，优化投融资引导政策，推动落实财税等各项优惠政策。鼓励社会力量投资建设体育场地设施，支持群众健身消费。建立健全全民健身执法机制和执法体系，做好全民健身中的纠纷预防与化解工作，利用社会资源提供多样化的全民健身法律服务。

3. 完善场馆设施运营管理机制

建立一套完整、科学、长效的扬州居民体育健身活动点维护管理体系，在资金、人员、制度等各方面都有明确的保障，基本缓解居民健身活动点维护管理矛盾，多部门协同配合，要探索和完善扬州居民体育活动设施长效管理之路。积极协调建设、土地等有关部门，在体育设施建设的项目立项、土地征用、规费减免等方面给予支持和优惠。以《扬州市公园条例》为核心，制定出台相关配套制度，建立健全公园规划、建设、管理、评价制度，进一步推动公园体系健康发展。健全社区体育管理规章制度，不断完善社区体育管理组织体系。

（三）优化体育生态环境

1. 创新赛事活动举办模式

建立有效的业余竞赛活动体系和激励机制，找准专业和业余赛事结合点，探索多元主体办赛的机制，不断丰富扬州群众身边的体育竞赛活动。实施“全民健身进公园惠民100工程”，即全市建设100个科学健身指导站，包含专家健身指导与咨询、社会体育指导员志愿服务与指导，每年在体育公园开展全民健身重点活动100场次，体育公园晨晚练健身站（点）覆盖率百分百，体育公园与体育组织结对率百分百。鼓励社会力量以冠名、冠杯、广告等形式广泛参与各类比赛，允许和鼓励社会体育经纪组织和个人积极承办国内外高水平商业比赛。

2.提高体育运动科教水平

组建群众体育工作智库,借助扬州市体育局、扬州大学等资源优势,建设一支德才兼备、结构合理、充满活力的科教人才队伍,指导各训练单位,大力实施训、科、医、管一体化。开展跨地域的体育交流,积极推动人员往来和技术培养,采用联合办学、人员技术引进、外派人员等多种形式,吸引更多的人群参与到扬州体育事业中。进一步加强居民体育活动科学指导工作,组织对重大理论和实践问题的科研攻关,注重促进科学健身成果的转化和应用性研究,研制推广体育健身新项目、新方法,不断提高居民体育认知水平。

3.强化重点人群体育认知

青少年、儿童是提高居民体育认知的重点,认真贯彻《学校体育工作条例》,加强与教育部门、共青团、妇联等社会组织的协调、配合,以增强广大青少年儿童体育健身意识为出发点,组织实施"全国中小学生课外文体活动工程",广泛开展"亿万青少年儿童体育健身活动",不断加强青少年体育俱乐部和体育传统项目学校建设,大力推行《青少年体质健康标准》。进一步加大学校体育传统项目建设力度,采取培训、交流等有效形式,不断提高各级各类传统体育项目的教学训练质量和体育师资水平,积极培养专业性体育后备人才和群众体育骨干。

4.繁荣体育健身休闲市场

培育多元市场主体,充分调动扬州体育市场主体的积极性与创造力,提供适应群众需求的丰富多样的健身产品和服务。充分发挥公共体育场馆设施在体育健身休闲市场的引导示范作用,在保证国有体育场馆产权不变、体育功能不变、公益性不变的前提下,通过实行企业化管理,逐步实现国有体育场馆所有权和经营权分离,提高自我运转能力和社会经济效益。积极鼓励和扶持社会力量跨地区、跨行业参与体育健身休闲市场开发。鼓励具有自主品牌、创新能力和竞争实力的健身休闲骨干企业做大做强,通过管理输出、连锁经营等方式,进一步提升核心竞争力。

(四)加强舆论引导宣传

1.弘扬扬州体育赛事传统

依托扬州承办的国际泳联花样游泳大奖赛、国际剑联女子佩剑世界杯赛、全国击剑冠军赛、“一带一路”沿线城市篮球联赛、省运会等高规格的赛事，深化体育赛事与市民生活的融合，确保赛事的可持续举办和长期综合效益。依托赛事资源，鼓励相关部门、机构、社会团体等开展体育文化作品“精品工程”，持续举办奥运冠军进校园进社区活动、中华古代体育文物展、江苏省体育科学大会暨高层论坛，组织体育摄影展以及体育文学、体育电影、体育音乐、体育美术、体育标识、体育文化创意、励志教育征文展示或评选等活动。重视城市社区和农村文化站点等基层体育文化阵地建设，不断完善各类体育文化设施。

2. 加大典型宣传示范力度

完善典型表彰与激励机制，逐步构建居民体育活动表彰体系。分类优化“全国群众体育先进单位”“全国群众体育先进个人”“优秀全民健身中心”“优秀体育公园”“优秀体育活动站（点）”“优秀青少年体育俱乐部”以及“全民健身好家庭”等荣誉的奖励表彰体系和实施办法。联合有关部门广泛开展“全国中小学生课外文体活动工程示范区”“国家级体育传统项目学校”“全国城市体育先进社区”“全国县（市、区）体育先进个人”“中国亿万农民健身活动先进乡镇”“中国健康老人”“全国优秀社会体育指导员”“全国群众体育科研先进个人”“全民健身周”等的评比和表彰活动，在全市群众体育工作中形成争先创优的良好氛围，切实形成体育先进典型的示范引领效应。

3. 提高新旧媒体传播效能

强化电视、报纸、广播等媒体的宣传作用，打造亲民、便民、惠民线上渠道，实现政府部门与广大市民群众的实时互动，扩大传播主体与社会受众之间的交流互动。鼓励依托两微一端、网络直播等形式，不断扩大扬州体育活动影响，形成更为强大的体育认知影响力。通过网络问政形式，满足群众对体育认知、参与、消费等方面的诉求。开展形式多样的体育惠民宣讲活动，搭建社会监督与民众权益表达平台。推动群众体育公共信息服务网络建设，研究移动互联网背景下群众体育工作信息化的路径和方法，利用信息化手段解决群众体育工作管理过程中存在的基础数据统计滞后、信息沟通不畅、公共体育服务内容不足等问题，提高扬州体育信息公共服务能力。

第二章

济南市新媒体产业发展调研报告

为深入贯彻落实中央和省市委关于加快媒体融合发展的各项要求部署，助力推进济南市传统媒体和新兴媒体融合发展工作，由昝胜锋博士带领的山东大学文化产业规划研究院团队对济南市新媒体产业的发展情况展开全面调研，对济南市新媒体产业发展现状以及发展优势、发展问题等进行了深入的了解。

本规划以党的十九大精神和省市新旧动能转换重大决策部署为指导，为加快推进济南市新媒体产业发展，着力创建“新媒体之都”提供文化支持。现摘录调研报告中的部分成果内容与读者共享。

第一节　基础现状

一、发展成绩

优势业态体系初具雏形。依托数字技术、信息技术、显示技术，充分整合互联网、宽带局域网、无线通信网等渠道，全市初步形成了以网络视听、自媒体、短视频、在线教育等为核心的优势业态体系，视频、音频、语音、知识型信息、专业课程内容全面覆盖电视、电脑和手机等终端设备。涌现出一批以数字化产品、网络化传播、个性化服务为特色的新媒体企业，济南出版有限责任公司依托数字出版中心，打造齐鲁刷刷印POD按需印刷、电化教育综合平台等线上、线下综合性经营平台。何仙姑夫作为中国最早、山东本土成长的短视频品牌，其推出的贝壳视频通过良好的内容管理、品牌包装、商业变现，上线后每月播放量超10亿，连续数月稳居短视频行业榜单前三名。

重大项目建设稳步推进。全市以建设"新媒体之都"为目标导向，充分发挥中国新媒体发展年会永久落户优势，集聚新媒体产业优势资源，持续推进重大项目建设。齐鲁融媒产业基地依托高新区软件开发和大数据技术优势，目前已入驻孵化涉及新媒体、信息与大数据、人工智能、文化旅游、培训教育等领域的27家媒体企业，成为全省第一个面向新媒体产业的孵化器。在建的中国（唐冶）国际新媒体产业园以新媒体服务系统技术研究与工程开发为核心，布局新媒体展示、孵化创客、技术研发及数据集成等六大中心，努力打造国际复合型新媒体产业园。中国（济南）新媒体产业园、山东数字传媒产业园、济南媒体港新媒体产业孵化器等项目正在有序筹备中。

新旧媒体融合逐步深化。全市依托省市两级台网资源和贝壳视频等优势渠道，实施内容生产和技术研发双轮驱动，打造涵盖"内容、渠道、平台、服务"四位一体的新媒体生态体系。济南广播电视台依托新媒体中心，加快推进传统媒体与新兴媒体融合发展，搭建"济南网"和"无线济南"两大新媒体平台；媒体、政务、电商三大信息技术平台，联合微信公众平台、腾讯企鹅号、凤凰号、今日头条、搜狐号等第三方媒体矩阵，打造地方媒体全新生态。

产业综合效益日益凸显。在广电行业经营状况整体下滑的大趋势下，济南广播电视台近年来着力发展新闻客户端、短视频、直播等新业务，进一步延伸全媒体产业发展链条，营收实现止跌反弹、逆势增长。一方面，济南广播电视台结合当前消费热点，梳理定位细分频道、频率、新媒体等资源，消减频道节目趋同化倾向，提高节目品质、延长产业链条，为全市传统媒体转型升级提供了路径参考。另一方面，济南广播电视台依托无线济南、天下泉城、叮咚FM等APP，打造具有国际视野、与世界接轨的节（栏）目，大力弘扬泉城传统文化,宣传济南国际形象,引导市民提升生活品味和文明素养。

二、存在问题

产业规模效益有待提升。全市新媒体产业规模较小,市场主体以中小企业为主,具有核心竞争力的民营传媒企业尚未形成集群效应。传统媒体亟待创新发展模式,实现社会效益与经济效益相统一。

资源创意转化有待加强。在点对点、微传播、碎片化、娱乐化的媒体传播趋势下,济南市特色文化资源、历史资源、科教资源、人力资源优势尚未能转化为新媒体创新优势,原创精品规模有待增加,精品内容有待提升。

运营开发模式有待创新。传统媒体战略转型意识与有效供给思维亟待强化,中小型新媒体企业与资本市场、技术要素的对接有待加强,融资渠道、产品研发、商业推广等方面的创新力度不足。

管理体制机制有待优化。传媒集团传统条块分割和区域联合发展的矛盾较为突出,这一矛盾阻碍了媒体融合发展进程,使得媒体企业难以跨区域寻求更广泛的市场,限制了信息、媒介、服务的跨区域拓展整合。

三、发展趋势

媒体产品供给更加精准。伴随大数据技术的广泛应用,新媒体传播对象与用户画像更加清晰,信息获取的视频化将是未来主流传播趋势,视频类信息产品热度将继续保持,并进一步提升信息产品与用户个性化需求对接精准度。

媒体服务效能稳步提升。在信息公开、舆情应对、政务服务需求不断升级的背景下,新型沟通机制将加速构建政务新媒体矩阵,体系化建设与社群化运营将会为媒体产业提供大量的产品渠道与效能提升需求。

媒体传播方式多元互动。媒体受众的自主观念意识不断提高,正从信息被动接收者逐渐转变成信息的发布者、选择者。这将倒逼媒体内容生产环节、推送渠道的迭代升级,并进一步推动以内容、平台为承载的商业模式创新。

四、战略机遇

党和国家高度重视，产业发展正当其时。党的十八大以来，中央高度重视传统媒体和新兴媒体的融合发展。党的十九大报告指出，要高度重视传播手段建设和创新。习近平总书记多次强调，要加快传统媒体和新兴媒体融合发展，充分运用新技术新应用创新媒体传播方式，占领信息传播制高点。崭新的新媒体时代已经到来。

动能转换破题起势，产业发展空间广阔。在全省全面推进新旧动能转换重大工程的背景下，济南市正致力于在省内率先形成新动能主导经济发展的新格局，城市产业布局持续优化，“东拓、西进”成效显著，新旧动能转换先行区启动建设，在创建“新媒体之都”的战略导向下，媒体产业变革与动能转换前景广阔。

媒体融合大势所趋，资源平台密集呈现。在多元媒介渠道拓展和资源整合的背景下，大量优质互动媒体平台、社交平台、评论平台集中涌现，有利于实现资源与创作、资源与服务、创作与服务的直接对接，探索相关价值链的分工与合作。在知识、技术、创意等新生产要素日渐集聚的产业趋势下，济南新媒体产业发展迎来重要契机。

第二节　发展路径

一、总体要求

（一）指导思想

深入贯彻落实党的十九大精神和习近平总书记关于推动媒体融合发展的系列讲话精神，坚持以内容建设为根本，不断巩固壮大主流宣传思想文化阵地，以新技术、新产业、新业态、新模式为核心，以知识、技术、信息、数据等新生产要素为支撑，创新生产理念、传播方式、交互模式，进一步提高全市新媒体产业的竞争力、影响力和传播力，为创建“新媒体之都”提供强大的产业支撑。

(二)基本原则

坚持正确导向、协调推进。坚持党管媒体原则,坚持团结稳定鼓劲、正面宣传的主方针,将正确导向融汇到新媒体产业发展的各环节、全过程。加强行业整体统筹和规划引导,协同推进传统媒体与新兴媒体融合发展。

坚持创新发展、技术支撑。树立创新发展理念,顺应分众化、差异化传播趋势,推进各种媒介资源、生产要素的有效整合。强化新技术、新应用的探索研发,实现信息内容、技术应用、平台终端、人才队伍的共享共融。

坚持有效供给、精准投放。以融合发展为契机,着眼公众需求,革新效益不高、低水平重复、供给能力弱的内容产品和供给渠道,切实解决供给和需求失衡的问题。从供给源头抓起,实现产品的精准供给与投放。

(三)发展目标

到2020年,基本形成功能完备、布局合理、规模壮大、特色鲜明、优势突出、服务体系完善、品牌效应明显的新媒体产业生态系统,搭建具有全国性的高层次新媒体交流平台。到2022年,新媒体产业成为全市文化创意产业新旧动能转换的中坚力量,济南成为全国新媒体发展的风向标,成功创建联合国创意城市网络——“新媒体之都”。

至规划期末,全市新媒体产业争取实现“一个跃级、两个优化”的战略目标。

1. 一个跃级

到2020年,济南市新媒体产业保持中高速增长态势,新媒体产业增加值、经济贡献率显著提升。到2022年,新媒体产业规模、效益实现整体跃级,基本达到“新媒体之都”产业指标要求。

2. 两个优化

产业布局逐步优化。到2020年,全市新媒体产业“一轴、两极、多点”的空间布局基本形成。到2022年,梯次扩散、节点辐射、集聚效益明显的新媒体产业发展格局全面形成。

产业结构逐步优化。到2020年,传统媒体和新兴媒体在内容、渠道、平台、经营、管理等环节实现深度融合。到2022年,网络视听、移动阅读、在线教育、自媒体等新媒体行业价值链趋于完善。

二、战略布局

结合全市新媒体产业发展格局及相关上位规划，开拓形成“一轴、两极、多点”的新媒体产业空间布局，即打造东部汉峪金谷—唐冶和西部省会大剧院—西客站两个新媒体产业增长极，串联形成经十路新媒体产业中心轴，培育若干新媒体产业集聚节点，加快形成聚力发展、错位竞争、节点辐射的新媒体产业发展战略格局。

（一）一轴

依托经十路串联东西两大新媒体产业增长极的链状优势，整合沿线广电、动漫、创意、科技等产业基础及各大院校人才、平台资源，打造济南新媒体产业中心轴。

西段依托齐鲁动漫游戏产业基地、世博动漫集团，推动传统动漫与新媒体融合发展，做大做强动漫短视频、新媒体动画、网络动漫产业链条；发挥银座和谐广场、连城广场承载作用，大力发展网络媒体、手机媒体、楼宇电视等业态。中段以经十路—文化路、青年东路—千佛山路—山师东路为框架，整合山东广电传媒集团、济南广电传媒产业基地、山东广电中心媒体产业大厦、山东广播电视大学等产学研高端资源，打造传统与新兴媒体融合高地；联动山东书城，推进实体书店、数字影视等文化休闲娱乐业态与新媒体融合发展。东段依托济南文化广告创意产业园、人民传媒大厦、省博物馆，外延辐射经十东路“省会科创走廊”，联动打造具有突出科技创新能力和可持续发展能力的技术转化和产业孵化创新平台，推动新媒体大数据、人工智能技术研发与成果转化。

（二）两极

1. 东部汉峪金谷—唐冶新媒体产业增长极

依托高新区、唐冶新区产业发展基础，汇聚科技、金融、创意等高端要素，打造“技术＋资本”密集型的汉峪金谷—唐冶新媒体产业增长极。联动高新区数字技术、计算机网络技术和移动通信技术类龙头企业，构建新媒体产业研发平台矩阵；结合汉峪金谷、中央商务区产业金融中心地位，重点导入优质金融资本，打造产业联动优势和资本引导优势；结合唐冶现代服务业培育基础，依托楼宇经济发展服务中心、新能源＋互联网产业园等高端载体资源，提高产业集聚能力。高标准建设、运营济南媒体港新媒体产业孵化器，加快落地腾讯（济南）众创空间，打造中国传媒大学协同创新中心济南创新基地，建设中国科学院计算技术研究所济南基地,共建济南广电—密苏里新闻学院未来媒体研究院,打造新媒体头部平台山东总部,引领济南市东部新媒体产业发展。

2.西部省会大剧院—西客站新媒体产业增长极

依托西客站片区站前综合体,引进全国新媒体产业、研究、教育、资本资源,着力打造中国(济南)新媒体产业园。按照"一区、两园、三中心"规划格局,优先打造核心区新媒体内容产业基地,合理布局新媒体创作区、新媒体运营区、新媒体综合区、新媒体生活服务区、新媒体艺术区,引进内容创意、大数据分析、资讯服务、数字营销、知识付费等重点业态。打造天下泉城影视园、天下儒商电商园两大特色园区,建设影视节目拍摄与制作、大数据技术服务、电子商务服务的创意文化产业平台,承载济南广电的节目研发、生产、培训、推广、产业创新功能,引入配套商业街区、旅游美食风情街、主题酒吧等产业项目,形成影视制作、动漫设计、影视训练营、公开课、音乐会及公益活动等为一体的全生态影视娱乐产业链集合。整合济南广电等优质资源,吸纳全球新媒体顶尖人才、优质的内容创作者、大数据研发机构,打造影视大数据中心、动漫创作中心及新媒体人才培训中心。

(三)多点

依托"两极一轴"的示范带头作用和产业集聚能力,充分结合部分县区、功能区产业基础,形成多点开花、全面辐射的新媒体产业格局。

依托新旧动能转换先行区,打造大桥新媒体产业集聚区。引导社会资本参与新媒体产业开发,大力引进国内外知名媒体运营商、新媒体标杆型企业。联动区域内信息技术、数字内容等企业,打造影视新媒体研发基地,构建"数字技术+网络技术+通信技术"集成化技术平台,创建国家级新媒体产业基地。

依托海尔云世界、北湖文化创意基地,以全媒体业务发展为核心链条,整合、积聚济南以及省会都市圈新媒体产业资源,引进社会资本和创意智库,打造集新媒体技术研发、创意孵化和商业运作为一体的新媒体产业园区,有序打造新媒体影音体验中心、新媒体演艺中心、新媒体广告基地、新媒体版权交易中心。

依托济南西部创新园、科技成果转化服务中心、美客艺术创意产业园、梦翔小镇等载体,发挥大学科技园独特的文化积淀、人才优势,积极引进数字传媒、网络视听等优质企业和新媒体孵化平台公司，扩大规模体量，优化园区产业结构。利用高校数字技术、多媒体等实验室的人才和设备优势，承接新媒体产学研项目。

第三节　对策建议

一、重点任务

（一）构建新媒体优势业态体系

顺应新媒体发展趋势与市场需求，依托全市新媒体相关产业发展基础，大力发展网络视听、移动阅读、在线教育、自媒体、按需印刷等新业态。

主动适应网络自制内容全面进入精品化的时代趋势，重点培育以数字化产品、网络化传播、个性化服务为核心的网络视听产业。扶植贝壳视频为代表的本土短视频内容品牌孵化平台，引导创作更多体现人文关怀、百姓生活的视听作品。加强终端技术研发，将优质内容推送到互联网电视、智能手机、平板电脑等多屏幕、多终端。推动网络视听与电商、投资、教育、大数据、云服务等充分融合，构建网络视听产业生态圈。

丰富个性化、定制化的移动阅读产品体系，建立文学、艺术、历史、传记、心理、科普、生活等垂直营销渠道，实现从内容到产品再到用户的结合，不断提高移动阅读精准服务水平。稳步发展在线教育行业，引导在线教育机构合理利用移动端营销、搜索引擎等获客渠道，构建具有自主知识产权、专业性和独特价值的教育培训课程体系。鼓励与出版企业合作开发上游优质版权资源，构建优质出版内容资源库和传播平台，拓展线上销售渠道。

合理引导自媒体行业发展，依托微信、微博、今日头条等优质自媒体平台，在提升内容创作质量基础上，创新广告变现模式。结合短视频、在线直播等形式拓展知识付费、网红营销等领域，做大网络社群经济。加强出版大数据分析、结构化加工制作、资源知识化管理、数字版权保护、数字印刷、发布服务以及产品优化工具、跨终端呈现工具等关键性技术的研发和应用，着力解决出版印刷实现供给优化的技术短板。

(二)加快推进媒体融合化进程

支持济南广播电视台、济南出版集团、济南集团等传统媒体企业转型升级，在突出权威报道、主流价值基础上，不断提高原创能力和水平，重构采编发网络，再造采编发流程。适应新兴媒体传播特点，多生产精准短小、鲜活快捷、吸引力强的信息产品，综合运用多媒体表现形式，满足多终端传播和多种体验需求。做大做强“爱济南”“天下泉城”“无线济南”“叮咚 FM”等新媒体品牌，推动传统媒体优质内容在网络台、手机台、微博、微信、二维码、电子阅报栏、移动客户端、APP 等新兴媒体上广泛传播，在服务智慧城市建设、服务百姓的过程中延伸产业链。

支持传统媒体控股、参股、并购互联网企业和科技企业，拓展网络和新媒体业务，集聚传播渠道、信息用户和专业人才。加强媒体无形资产保护与运用，加快构建融合状态下的经营管理模式，增强传统媒体的市场竞争意识和能力。创新媒体融合发展的融资政策，推动传统媒体吸引社会力量参与融合项目的技术研发和市场开拓。推动传统媒体与新兴媒体在内容、渠道、平台、经营、管理等环节的深度融合，推进网络搜索、网络社交、游戏娱乐、电子商务等服务平台与新闻传播平台对接，打通新兴媒体和传统媒体用户群，广泛吸引用户，增强平台黏性。

鼓励出版发行单位探索适合自身融合发展的道路，创新传统发行渠道，构建线上线下一体化发展的内容传播体系。推动实体书店转型发展，鼓励山东书城、品聚书吧以打造多层次文化空间和融合多元化业态为抓手，持续探索创新商业模式。探索以用户为中心的全渠道服务模式。进一步开拓农村等出版产品消费市场。利用社交网络平台，建立出版网络社区等传播载体，打通传统出版读者群和新兴出版用户群，着力增强黏性，广泛吸引用户。借力商业网站的微博、微信、微店等渠道，不断扩大出版产品的用户规模，进一步扩大覆盖面。

(三)强化新媒体产业科技支撑

顺应互联网传播移动化、社交化、视频化趋势，重点利用大数据和云计算技术推进新媒体内容生产与传播，不断优化媒体的内容制作、存储、分发流程，提升处理数据能力，为内容生产和传播提供强大支撑。鼓励济南广播电视台整合全市新闻出版数据资源，建立全市新闻报道资源数据库、影视节目数据库和出版资源数据库，引导行业龙头企业建设完善专业化、规模化、现代化内容数据库，充分挖掘大数据潜藏的传播价值，拓展优质内容来源渠道。依托济南广播电视台拥有的20万小时影音资料，打造新媒体、新技术环境下的济南现代影像大数据中心。

紧盯AI、5G等前沿技术，加速产品与服务形态的迭代更新。加快机器人写稿、智能推荐、语音识别、视频感应器等技术应用，开发智能推荐、智能写作、智能分发、智能语音等功能，优化新闻生产和信息传播环节，提升内容创作者的内容生产和分发效率。支持新闻媒体、新媒体企业加强与科研机构、科技企业等合作，主动适应5G时代“视频流”化趋势，充分利用5G超大宽带、超低时延和超大连接等优势，提前布局以用户为中心的定制化服务。以新技术新应用引领和推动媒体融合发展，鼓励媒体与市内外IT企业在大数据、云计算、社交平台、电子商务等领域开展技术攻关和应用合作。

（四）打造新媒体产业服务平台

健全互联网政务信息数据服务平台和便民服务平台。以提高供给质量、优化供给结构为宗旨，把握共性与个性化新闻、新闻宣传与便民服务的需求关系，不断拓展信息开发渠道，扩大信息服务领域，丰富信息服务内容，逐步实现与省市公共信息交换和共享平台的互联互通。支持研发推广服务性、分众化的传播平台和载体，以广泛、实用、多元的信息服务，扩大用户规模，增强受众黏度，提高实效性和影响力，形成覆盖广泛、信息全面、高效快捷、服务细致的公共信息服务网络，构建新闻信息发布、政务信息查询、政务服务和民生服务等一体化信息服务平台，建立新闻宣传和信息服务相互促进新机制。

持续完善全媒体新闻集成系统与传播平台。汇集传统媒体、新媒体和用户提供内容，按照不同媒介形态的特点和分众化受众的需求，生产多种媒体的新闻产品，打造全媒体生产、多渠道传播的核心内容生产者。建立选题策划、协同编辑、结构化加工、全媒体管理等编辑出版一体化生产平台，实现出版内容、生产模式的升级和创新。进一步强化报网、台台和台网互联互通，充分联动今日头条、腾讯企鹅号、UC大鱼号、趣头条、百度百家号等自媒体平台，进一步提高传播力。依托天下泉城新闻、无线济南、叮咚FM等新媒体矩阵，打造济南融媒体发布中心，构建24小时全天候新闻发布体系。

搭建并有序壮大区域性媒体云平台。充分发挥省会城市群经济圈核心城市优势，依托都市圈、广电和互联网联盟组织，坚持资源共享、优势互补、联通联动、合作共赢，基于互联网平台,汇聚各城市报纸、广播、电视、网络节目,实现互联互通、交叉落地、内容共享、信息交互,组建“省会城市群网络电视联播平台”,促进省会都市圈的信息沟通和融合发展。有序推进“济南(县)市区网络电视联播平台”建设,汇聚各(县)市区公共服务信息和媒体资源,拓展县(市)区分平台,提升全市整体信息传播能力。

(五)培育新媒体品牌节会活动

持续举办好中国新媒体发展年会。充分发挥中华全国新闻工作者协会新媒体专业委员会等单位的专业指导作用,联动中国互联网协会、国家广播电视总局发展研究中心、人民日报社新媒体中心、新华社新媒体中心、中国新闻出版研究院传媒杂志社、中国传媒大学等高端平台资源,链接光明日报、南方传媒、澎湃新闻、爱奇艺、百度百家号、美图、二更、快手、贝壳视频等传统媒体、新媒体机构代表,围绕“四个一”合作目标,搭建全国性的高层次新媒体交流平台,联动山东文博会、中国非遗博览会,打造最具特色和吸引力的主题峰会品牌。

全力配合“申都”工作,筹备一系列具有国际水准与影响力的新媒体节事品牌。尽快启动“新媒体之都”创建工作,制订工作行动方案,根据“申都”工作时间表、任务书、路线图,组织举办国际媒体艺术周、国际新媒体产业论坛等一系列国际交流活动,全面展示济南数字技术、媒体艺术及社群组织建设、社会力量参与、城市氛围营造等成就。依托国际性活动平台与文化交流平台,全面深化与中国长沙、法国里昂、英国约克、美国奥斯汀、加拿大多伦多等“媒体艺术之都”成员城市的交流合作,将泉城优秀传统文化和新媒体传播有机结合,借助媒体力量和节会平台助力文化“走出去”,着力提升联合国 UNESCO 和国际成员城市对济南文化与新媒体产业的认知度。

二、保障措施

(一)完善组织领导机制

健全新媒体产业发展协调推进体系,加强新媒体产业发展的统筹谋划和组织协调。成立市委、市政府主要领导任主任,分管领导任副主任,宣传、发改、经信、科技、人社、国土、文广新、投资促进、工商、税务等部门以及各区(市)、各重点功能区为成员的全市新媒体产业发展委员会,统筹领导、组织协调全市新媒体产业发展。制定济南建设“新媒体之都”年度计划书，科学分解规划任务，明确配合部门及责任分工。

（二）强化项目引导扶持

支持新媒体产业园区发展，对首次获得国家、省级文化产业示范园区（基地）和国家级文化科技融合示范基地称号的项目，给予国家级一次性奖励 100 万元、省级一次性奖励 30 万元。利用工业厂房、历史文化街区、现有楼盘等存量房产兴办新媒体产业园区，项目竣工投用后房屋建筑面积在 10000 平方米（含）以上，按固定资产投入额（不含土地费）的 3%给予一次性奖励，最高不超过 200 万元。支持重点产业项目建设，对列入全市重点项目的新建新媒体产业项目，在其建设完成后予以扶持奖励，按照实际完成投资额的 3%且最高不超过 300 万元。重点项目以市发改委证明为准，完成投资额以第三方审计为准。对投资总额在 5000（含）万元以上的新建新媒体产业项目，建设完成后按照实际完成投资额的 3%予以扶持奖励，最高不超过 200 万元。完成投资额以第三方审计为准。

（三）加大企业培育力度

支持新媒体企业做大做强，对年主营业务收入首次突破 100 亿、10 亿元、1 亿元已纳入统计的新媒体企业，分别给予最高 2000 万、1000 万元、100 万元一次性奖励。年主营业务收入已经突破 100 亿元、10 亿元、1 亿元已纳入统计的新媒体企业，年主营业务收入每增加 2000 万元给予 20 万元奖励，每个企业每年最高奖励不超过 100 万元。对首次入选全国文化企业 30 强及首次提名的新媒体企业，一次性奖励 300 万元、100 万元。对首次入选全省文化企业 30 强的新媒体企业，一次性奖励 50 万元。对首次“小升规”纳入文化产业规模以上企业统计库的新媒体企业 3 年内给予不超过 20 万元奖励。

支持小微企业成长，对月销售额或营业额不超过 3 万元（含 3 万元）的新媒体小微企业，免征增值税；自 2019 年 1 月 1 日至 2020 年 12 月 31 日，对年应纳税所得额在 100 万元以下（含 100 万元）的新媒体小型微利企业，其所得减按 50%计入应纳税所得额，并按 20%的税率缴纳企业所得税。对年度纳税额首次超过 25 万、50 万元、100 万元的新媒体企业，分别一次性奖励 5 万元、10 万元、20 万元。对于新媒体小微企业，本着不扰民、无污染的原则，在征得相关业主同意后，可将住宅登记为经营场所，并允许同一经营场所注册多个市场主体。

支持新办、引进新媒体企业，对新设立、新迁入的主板上市新媒体总部企业，一次性给予最高不超过1000万元落户奖励。对新设立、新迁入的全国30强、全省30强或规模以上的新媒体企业，按照其设立或迁入后第一个会计年度营业收入的10%，一次性给予30～50万元的落户奖励。对新设立、新迁入文化企业总部(经市发改委认定)在济南市新购、自建自用办公用房的，按其设立或迁入后第一个会计年度营业收入的10%，一次性给予最高不超过200万元的落户奖励。

加大新媒体企业税收补贴力度，按规定认定为高新技术企业的新媒体企业，减按15%的税率征收企业所得税。实际发生的职工教育经费支出，不超过工资薪金总额8%的部分，准予在计算应纳税所得额时扣除，超过部分准予在以后纳税年度结转扣除。企业发生的符合条件的创意和设计费用，未形成无形资产计入当期损益的，在按照规定据实扣除的基础上，按照研究开发费用的50%加计扣除；形成无形资产的，按照无形资产成本150%摊销。科技型中小文化企业开展研发活动中实际发生的研发费用，未形成无形资产计入当期损益的，在按照规定据实扣除的基础上，在2017年1月1日至2019年12月31日期间，再按照实际发生额的75%在税前加计扣除，形成无形资产的，在上述期间按照无形资产成本的175%在税前摊销。

(四)拓宽产业融资渠道

拓宽投融资渠道，设立天使投资和创业投资引导资金，通过加快科技创新与社会资本紧密集合，发挥财政资金的放大作用。成立市级股权引导基金、企业扶持基金，形成“信用评级、快捷担保、见保即贷、贴息贴保”的金融支持体系。鼓励上市融资，对在主板、中小板、创业板、新三板、境外资本市场上市的新媒体企业，按照不超过已募集资金规模的2‰给予一次性补助，单个文化企业补助资金不低于10万元，不超过100万元。支持金融机构为企业提供新媒体金融服务，给予担保机构一定的风险补偿。

(五)夯实人才队伍基础

加快专业人才培养。制定新媒体产业人才培养长期规划，实施目标牵引式人才培养模式，突出抓好新媒体人才队伍建设。积极发展职业教育，推行终身职业培训制度，拓宽技能型人才培养路径。建立科学合理的人才培养与引进机制，重点围绕新媒体产业人才紧缺行业，分层次、有计划地引进一批专门人才。对新媒体领域新引进、新当选或自主培养的国内外顶尖文化人才和团队，可通过项目资助、创业扶持、贷款贴息、股权直投等方式给予综合型资助。

（六）加强行业组织建设

进一步凝聚行业发展合力，强化新媒体行业组织建设，联合中国新闻出版研究院传媒杂志社、中国传媒大学等国内权威机构，成立“中国新媒体产业联盟”，在济南设立常设专门机构。联动山东省新媒体研究院、山东大学、山东艺术学院等专业院所，汇聚行业协会、传统媒体、新媒体、媒体研究机构、自媒体人及其他网生新媒体等代表性机构和个人，常态化开展高端峰会、行业交流、业务培训、产业项目合作等活动。

（七）优化营商服务环境

实施新媒体产业服务体系建设工程，为新媒体企业提供工商注册、报税、记帐、年检、政策咨询、政府奖励补助申请等各种服务，落实“只跑一次”“一次办好”等事项清单，降低新媒体企业办事成本。构建新媒体企业服务平台，与宣传、文化、招商、税务、工商等部门联动，搭建企业与相关政府的有效桥梁。鼓励园区引入知识产权中介或购买知识产权平台服务，加大对园区企业或项目的知识产权相关的服务力度。

第三章

威海创建联合国教科文组织创意城市调研报告

《山东新旧动能转换重大工程实施规划》中指出，支持济南、青岛、烟台、潍坊、威海等创建联合国教科文组织“创意城市”网络。威海市委市政府高度重视联合国教科文组织创意城市创建研究工作，希望通过调研深入梳理、评估威海创意设计资源禀赋及文化产业发展情况，同时为威海文化产业发展指明方向。

2018年6月4日～7日，泺尚有道文化创意产业规划设计院常务副院长周朋飞、规划部部长李翠萍、规划师张钦、首席特聘专家山东大学昝胜锋博士受邀赴威海市进行创意城市创建论证及文化产业发展调研。调研期间，威海市文广新局副局长冷大伟、文化产业科长卢忠文、威海市博物馆副馆长王振宇等领导全程陪同，双方就威海创建全球创意城市及文化产业发展问题进行了深入交流。在为期四天的调研中，课题组先后走访威海市环翠区佳润文化创意园区、威高民俗文化邨、哈工大（威海）创新创业园、孙家疃油画小镇、威高集团，高新区迪尚集团、联桥集团、半岛美术馆、光远影视动画有限公司，经济开发区的服务贸易产业园、延长线影视园、韩乐坊、恒大文旅产业项目，荣成区东楮岛、牧云庵画家村、元代古墓群，乳山福如东海文化园、大乳山滨海旅游度假区、翰墨文化园等。调研期间，课题组认真听取汇报并展开深入交流，昝胜锋博士还向当地文广新局领导、文化企业家赠送了山东大学文化产业研究院《创意中国调研报告(2018)》《文化经济学》《文化产业规划学》等学术成果。

在调研座谈会上，泺尚有道文化创意产业规划设计院常务副院长周朋飞肯定了威海市文化产业发展的诸多优势，认为威海市在市场主体培育、业态模式创新、产业融合发展、公共平台建设等方面取得了显著成绩，应着力加快国际时尚创意城市建设步伐。我院首席特聘专家昝胜锋博士指出，威海应积极把握服务贸易试点城市、打造区域创新中心等战略机遇，在全省新旧动能转换大局中，积极推动文化产业转型升级。

本次课题研究围绕“全球创意城市创建”这一细分领域，进一步拓展了我院智库服务范围，丰富了文化产业研究视角和逻辑思路。现摘录本次论证报告的部分内容与读者共享。

图 2-3-1　威海市创建创意城市调研会议

第一节　基础分析

一、“创意城市网络”基本概况

联合国教科文组织创意城市网络(UCCN)成立于 2004 年。作为联合国教科文组织牵头的一个国际性合作组织，旨在加强以创意作为可持续发展战略要素的城市间的合作,在培育创意城市、传播城市文明、促进国际交流与合作等方面发挥出了积极作用。

(一)必备条件

1. 创意产业。城市创意经济高度发达,知识和创意成为经济增长的主要源泉,以创意为基本动力的经济形态和社会组织发展成熟。

2. 创意阶层。城市拥有大量的文化专业人才,富有创意和领导力的政府官员和企业高管,还包括具有良好文化素养和欣赏水平的受众。

3. 创意资源。城市拥有禀赋良好的文化创意资源,资源实现全面保护与创新转化,城市在发展过程中形成独特的文化个性魅力。

4. 创意环境。创意环境既包括"创意场"形成的客观聚集环境,还包括吸引创意人才的开放性和包容性的城市文化环境、政策环境。

(二)申报标准

联合国教科文组织创意城市网络覆盖工艺与民间艺术、设计、电影、美食、文学、媒体艺术和音乐等七个创意领域,并分别设立了申报标准。

工艺与民间艺术之都	·长期流传的民间手工艺特殊形式与传统 ·民间手工艺的当代产品 ·手工艺制作者和当地艺术家 ·手工艺培训中心和民间艺术相关的职业 ·推进民间手工艺的活动 ·与民间手工艺相关的基础设施
设计之都	·既定的设计行业 ·由设计和建筑环境支撑的文化景观 ·设计学校和设计研究中心 ·创意和设计运作群体的可持续活动 ·举办展览会,特别是设计展会和活动的经验 ·设计者和城市规划者利用当地资源的机会 ·设计推动的创意产业,如建筑室内装饰、纺织时装设计等
电影之都	·与电影制作相关的重要基础设施 ·电影的商业化生产和发行的相关历史 ·电影文化遗产形式,包括电影档案馆、博物馆、电影学校等 ·举办电影节、反映电影和组织电影活动的惯例 ·电影业的艺术家和创意者的出生地、居住和/或工作场所 ·电影之都的描写,最好由当地的创意者或艺术家完成 ·与电影之都有关的现存影片

续表

文学之都	·出版社和编辑在文学出版创新方面的数量、质量和多样性指标 ·大中小学对有关国内外文学的教育出版项目的数量和质量 ·文学、戏剧和诗歌在都市环境中发挥的整合作用 ·为促进国内外文学发展而主办文学活动和节日方面的经验 ·为保护和传播国内外文学而设置的图书馆、书店、文化中心 ·出版界在翻译国内外文学作品方面的主动性和努力程度 ·媒体在促进文学和文学产品市场化方面的积极参与程度
音乐之都	·公认的音乐创作和音乐活动的中心 ·在国内和国际上举办音乐节活动的经验 ·促进音乐产业发展的各种形式 ·音乐学校、音乐学院及从事音乐专业的高等学院和研究机构 ·音乐教育的非正式组织，包括业余的音乐合唱团和交响乐团 ·致力于打造独特的国内外平台 ·适用于音乐表演和欣赏的文化空间
媒体艺术之都	·数字技术促进文化创意产业的情况及其自身发展 ·媒体艺术的成功整合带来城市生活的改善 ·寻求民间社会参与电子艺术形式方面的情况 ·通过电子技术的发展来扩大市民获得文化的渠道 ·媒体艺术家的居住方案和工作室空间方面的情况
美食之都	·体现城市性、区域性特征而又高度发达的烹饪产业 ·拥有众多的传统餐馆、烹饪厨师而又充满活力的美食社区 ·当地的烹饪技巧、传统的烹饪实践和方法，烹饪产业/烹饪技术 ·传统的食品市场和食品工业 ·传统美食节的举办、美食竞赛和奖项及其他的美食认定方法 ·重视环境和促进合理利用当地物产方面的情况 ·烹饪学校设置的有关保护生物多样性、食品营养知识的课程 ·公众美食意识的培育

（三）申报程序

自 2015 年后，全球创意城市网络改为每两年申报一次，每年 2 月发布申报要求，6 月投票并公布结果，下一轮的创意城市网络申报工作将于 2019 年开展。常规申报程序分四个阶段：

1. 组织筹备阶段。组织成立由政府部门、社会组织以及市民社会专家组成的联合“申都”管理委员会，并设立必要的协调对接机构。根据当年度申报要求，准备相应申报材料。每年持续开展国际性活动及创意城市间的人文交流等相关基础工作。

2. 申请提交阶段。向中国联合国教科文组织全国委员会提交申请函并获得支持后，再向联合国教科文组织递交申请材料和正式申请信。申请书需明确申报创意城市的类型，并详细说明适合申报的相关信息支撑，包括申请团队、城市概况、参评类别的优势和对世界文化资源贡献等。

3.申报审查阶段。联合国教科文组织会先向申报城市所在国家的教科文组织全国委员会通报相关情况，获确认后，由已入选参评门类的全球城市开展评审及投票，提交评审报告。

4.商议确定阶段。由教科文组织总干事与现有创意城市、专家团队商议之后，最终决定是否接纳该城市为创意城市网络的成员，并公布当年度创意城市名单。

(四)成员规模

截至2017年底，全球已有72个国家、180个城市加入创意城市网络，中国共有13个城市位列其中。

创意城市类别	国内城市
设计之都	深圳、上海、北京、武汉
工艺与民间艺术之都	杭州、苏州、景德镇
美食之都	成都、顺德、澳门
音乐之都	哈尔滨
电影之都	青岛
媒体艺术之都	长沙

二、国内“创意城市网络”成功经验

深圳、武汉、苏州、青岛、长沙等国内城市在全球创意城市网络创建中积累了丰富经验，主要表现在以下四个方面：

(一)雄厚的创意产业基础

以深圳为例，作为国内第一个被联合国教科文组织认定的“设计之都”，深圳将设计作为一种引领经济社会发展的创新力量和尖端生产力。据统计，深圳目前约有1.2万家设计机构和近20万专业设计人员，设计产业每年产值约230亿元，带动工业产值数千亿元，平面设计、工业设计、室内设计、服装设计等领域占全国较大市场份额。

（二）持续、大量的财政投入

以武汉为例，自 2009 年武汉将打造“设计之都”列入城市发展战略后，在历经 8 年、每年约 1000 万元的投入基础上，最终成功晋级创意城市网络。潍坊市“申都”负责人预计，伴随全球“申都”竞争的日趋激烈，“申都”城市每年财政投入将达 2000 万元左右（不含其他社会投入）。

（三）常态化组织国际交流活动

以苏州、青岛为例，苏州多年来积极推动工艺与民间艺术领域的各项国际交流合作，在第 11 届联合国教科文组织“全球创意城市网络”年度大会上，苏州作为全球典型的创意城市，分享与推广工艺与民间艺术知识、产品、活动。青岛为申报“电影之都”，近年来累计举办各类国际国内电影交流活动达 12 次之多。

（四）创意深度融入城市生活

以长沙、青岛为例，长沙出品的电视、演艺、视频节目等闪耀世界荧屏，为长沙赢得“快乐之城”的美誉，如今的长沙早已成为一座闪耀着媒体艺术火花的城市创意舞台。青岛可称得上是一座为电影而生的城市，在过去一百多年中，电影与青岛彼此相互成就、共同成长，完美演绎了城市与电影之间无法分割的共生关系。

第二节　结论建议

一、论证结论

（一）竞争形势日趋激烈

国内层面，目前南京、天津、西安、沈阳、潍坊等约 9 个国内城市正在筹备创意城市网络申报工作，其中部分城市积累了多年的创建经验，国内申都竞争形势日趋激烈。国际层面，近年来中国的创意城市数量增长较快，联合国教科文组织根据网络的地理平衡原则，或将通过申报条件加以调控，保持全球创意城市的均衡分布。

（二）申报空间逐步缩小

按照联合国教科文组织关于“同一国家每类创意城市一般不超过 3 个”的标准，目前国内工艺与民间艺术之都(3个)、美食之都(3个)数量均已满额,设计之都(4个)已经超额,以上三类创意城市申报空间极小。音乐之都(1个)、电影之都(1个)、媒体艺术之都(1个)普遍缺额,文学之都暂无,从名额标准看仍有一定的申报空间。

(三)创意基础较为薄弱

首先,威海市音乐、电影、文学、媒体艺术等领域产业基础较为薄弱,美食领域难以在沿海地区形成差异化优势。其次,威海正在规划建设的时尚创意城市,虽与全球创意城市的发展方向基本一致,但与国内外创意产业发达城市相比,其服装设计、建筑设计产业仍有较大提升空间,时尚服装设计创新创业国家平台、中国(威海)国际建筑设计国家平台等重大平台亟待搭建和激活。

二、对策方法

(一)基于特色优势,夯实创意产业基础

以加快打造区域创新中心、时尚创意城市为契机,凸显威海生态环境、海洋资源等优势,打造文化和旅游融合示范城市。完善时尚创意产业价值链条、构筑时尚创意产业生态体系,着力提升时尚设计产业竞争力。创建一批国际级时尚产业园,落地若干国家级设计平台,培育具有国际影响力的品牌活动、品牌企业、品牌城市。

(二)加大投入力度,完善综合保障体系

设立创意城市创建专项资金(参考标准2000万元/年),纳入市级财政预算。借鉴深圳、武汉等国内城市经验,成立由市委市政府领导任组长,建委或经信委牵头,发改委、文广新局、科技局、财政局、文明办、外事办、文联等部门作为成员单位的领导小组。编制创建总体方案,制定出台专项创建政策。

(三)争取各方支持,先易后难加强国际合作

主动与联合国教科文组织、中国联合国教科文组织全国委员会等相关机构建立沟通机制,广泛听取非政府主体的意见和建议,注重民间团体和杰出个人的支持与培养。常态化组织国际性时尚创意活动,加强与全球"设计之都"城市圈的互动交流。依托地缘优势和文化认同,密切与东北亚、一带一路沿线国家创意城市的文化交流与合作,策划发起"中日韩创意城市合作网络",以"中日韩文化创意城市"建设为先导,逐步达成工作目标。

第四章

济宁市大运河文化经济带发展调研报告

2017 年 6 月 4 日，习总书记对大运河文化带建设作出重要批示："大运河是祖先留给我们的宝贵遗产，是流动的文化，要统筹保护好、传承好、利用好。"建设大运河文化经济带是一项影响深远的国家重大文化战略，是彰显文化自信的地标性工程，有利于打造展示中华文明的金名片、培育中华文脉的重要标志、擦亮世界认可的国家文化符号。中办调研报告中明确提出将济宁作为国家首批、山东唯一一个示范城市，这为济宁市大运河文化经济带建设和文化大发展大繁荣带来了重大发展机遇。济宁市抢抓机遇、乘势而上、主动担当，全力做好对上汇报衔接工作。

济宁作为国家首批、山东唯一一个大运河文化经济带建设示范城市，承担着复兴、传承、弘扬大运河文化的光荣使命。基于这个目标，济宁市为切实推动好济宁大运河文化带建设，带动济宁城市转型和文化经济振兴，特由济宁市文化广电新闻出版局、昝胜锋博士带领的山东大学文化产业规划研究团队共同编制此规划。现摘取本次调研报告的部分研究成果与读者分享。

第一节　现实基础

一、总体概况

大运河由京杭大运河、隋唐大运河、浙东运河组成，全长3200多公里，流经北京、天津、河北、河南、山东、安徽、江苏、浙江8省市，沟通黄河、海河、淮河、长江、钱塘江五大水系，是世界上开凿时间较早、沿用时间最久、规模最大的人工水道。2013年，国务院将其公布为全国重点文物保护单位，2014年6月，联合国教科文组织世界遗产委员会正式将中国大运河列入《世界遗产名录》。

大运河济宁段北起黄河南岸的梁山县路那里村，南至微山县韩庄，流经梁山、汶上、嘉祥、任城、市中、鱼台、微山七县区，全长约290余公里。作为大运河中段的交通枢纽、南北物资运输的水运重镇，济宁段遗留不同历史时期的运道总长度达587公里，占据了山东省航运运道的二分之一。自从19世纪末，黄河改道截断大运河后，航线被截为以黄河为界的两段，济宁以北河道干涸，但南段仍发挥着巨大的水运功能。

近年来，济宁市在以商业经营为龙头，以实体手工业为主体的大运河传统文化经济体系基础上，持续推进大运河本体保护及开发建设工作，大力实施运河文化复兴工程、新兴文化培育工程、特色风貌展示工程，不断推动济安台文化街区、铁塔寺历史街区、竹竿巷历史街区等项目落地。依托流动的运河本体和河湖交融的巨大动能，济宁大运河沿线文化遗产价值不断彰显，特色产业体系逐步完善，地域文化魅力得以充分显现，大运河正成为全市加快新旧动能转换、建设现代化经济体系的重要支撑。

二、基础优势

运河文化历史悠久。早在春秋末期，吴王夫差相继开通连接江淮的邗沟、西接河南济源东连济宁泗河的菏水，菏水同邗沟一起成为中国大运河的发端河。元代至元二十年间，建成途经济宁、以济宁为中心的京杭大运河。自此，济宁运河在充分吸纳江淮文化、荆楚文化、齐鲁文化、吴越文化和燕赵文化的精华，融合秦晋文化及外来文化的基础上，逐步形成兼容性、多元性、开放性特点。

文化资源丰富厚重。大运河济宁段遗留了水工设施、文物古迹、科技教育、文学艺术、诗词碑刻、风情习俗、饮食文化、名人轶事、神话传说等丰富的文化遗产资源，大运河济宁段现有全国重点文物保护单位 4 处、省级 9 处，明清时期的最高治运机构“总督河院署”就设置在济宁。2014 年大运河成功入选世界文化遗产时，已拥有申遗保护规划里程 293 公里、运河文化遗产 59 处，相关历史文化遗产 84 处以及包括南旺分水点段的 11 处申遗点，是申遗工作的重点区段和关键河段之一。

人文风貌存续良好。城镇聚落随着运河的形成而繁荣兴盛，至今仍留存有大量独特的自然景观、古建街道、商场集市、生活习俗。济宁有自运河开通以来，官府和外地商人建设的遍布全城的苏州式的园林，使济宁呈现出北方城市少有的南方水乡风光，有“江北苏州”之称。微山县南阳岛环境相对封闭，南阳古镇的古朴建筑、风俗习惯和清代鱼市保留至今，四面环水的城镇景观在国内独一无二。

生态基底日益稳固。济宁在沿运城市中率先提出“以河兴市”战略和建设运河生态经济区的目标，将内河水运作为经济发展的重要组成部分加以调控，先后完成运河流域湿地保护和修复面积 81.5 万亩，建成国家级湿地公园 3 处，微山湖国家湿地公园入选“中国十大魅力湿地”。南四湖流域水环境质量连续 14 年得到改善，并跻身全国 14 个水质良好湖泊行列，为文化经济带建设提供了良好的生态环境。

河段航运通达顺畅。大运河流域面积占全市国土面积的 70％以上，遗留不同历史时期的运道总长度 587 公里，通航总里程 1100 公里，其中主航道 210 公里，主航道里程在沿线通航的 12 个城市中居第 1 位。2016 年全市完成港口吞吐量 5603 万吨，占全省内河总运量的 80％，运力在沿线城市中居第 1 位。运河的畅通大大增强了济宁与周围省市间的信息流、资金流、物资流和人才流。

表 2-4-1　　济宁大运河文化分析表

类别	主要内容
济宁运河文化内涵	以"总督衙门"为代表的中枢地位。由于济宁河段处在大运河中枢位置的重要性以及作为"水脊"的特殊性,元明清三朝都把治运最高机构设在济宁,在重点整治济宁河段的同时,负责对运河全线进行管理。 以"江北苏州"为特征的城市风貌。济宁在开凿大运河的同时,还开凿了越河、洸府河、小洸河等人工河流。一些街道和店铺沿河枕流,陆水相济,其建筑风格既保持了北方的持重,更吸纳了南方的灵巧,加上城区秀美的南方水乡风光和众多的私家园林,所以被称为"江北小苏州"。 以"漕粮供给"为缘起的漕运文化。元代以来,由于我国经济中心的南移,北方政治中心在经济上逐渐依赖于南方。到了明朝中后期,由于南方商品经济的发展,南北经济交流越来越频繁,漕运不单是向朝廷运输漕粮和贡品,还成了商品流通的主渠道。 以"诚信谦和"为核心的儒商文化。运河沿线商业的繁荣带动了造船业、皮毛加工业、酱菜制造业、竹器加工业等行业发展。南方的商业意识与当地的儒家文化交融,形成了以"君子爱财,取之有道""诚信为本、礼仪为先"等为基本理念的儒商文化。 以"忠孝礼义"为主旨的民俗文化。以运河为生计的各个社会阶层在此集散,形成了以"土山"为代表的民俗文化集中体现地和游艺娱乐场所,不同地域的民俗文化在此交融碰撞,流传下诸多传统民俗经典曲目。 以"融南汇北"为特色的餐饮文化。运河贯通后的济宁饮食业因服务阶层的不同,向着两个方向发展,一是面向官宦富豪的融南汇北、独具特色的高档大菜;二是面向小业主和劳动者的花色纷呈、百味杂陈的街头小吃。两种饮食习俗在济宁相互映衬,相得益彰,各领风骚。
济宁运河文化载体	济宁市运河历史遗存、遗迹十分丰富,现存有戴庄天主教堂、荩园、唐代古槐树、声远楼、铁塔寺、太白楼、浣笔泉、吕家宅院、清真东大寺、运河总督衙门遗址、老运河、竹竿巷、玉堂酱菜园、南旺分水枢纽工程遗址,以及在治理运河过程中建造的二级坝节制闸、韩庄船闸等桥梁,闸坝等水力设施。长沟和安居是历史上有名的运河古镇。
济宁运河文化评价	济宁作为儒家文化的发祥地,孔孟之道、儒家思想深刻影响着世代的济宁人。济宁运河文化,具有是集漕运、商贸、手工业和农产品加工、农业商品化于一体,在充分吸纳南北多地文化的精髓,融合外来文化特色,实现运河文化和儒家文化融汇糅合,形成了具有广泛兼容性、多元性、开放性的文化特色,是中华民族优秀传统文化体系的重要组成部分。 济宁运河文化,在顺应自然中改造自然的"人水和谐"思想,特别是南旺分水枢纽工程,不仅创造了彪炳史册的治水科技成果,而且积聚了流芳百世的宝贵精神财富。总体而言,济宁运河文化,表现出忧国忧民、敢于担当,不避艰险、自强不息、勤奋敬业、鼎力革新的精神,以及不畏权贵的浩然正气,这些特质正是中华民族优秀传统美德的生动写照,也是济宁运河文化的精髓。

三、存在问题

尽管全市高度重视运河自然生态、文化遗产的保护利用,为运河文化带建设奠定了坚实基础,大运河文化、生态保护及管理体制机制、理念仍存在若干问题。主要表现在:

活态传承理念亟待树立。运河遗产的挖掘展示与价值阐释不足，对运河文化底蕴挖掘力度有待加强。运河文化遗产开发利用水平不高，以运河非遗为核心的文化生态整体性保护格局尚未形成，部分文化遗产抢救性保护、生产性保护力度不足，运河文化遗产公共展示配套设施建设滞后。运河沿线的文化业态模式陈旧，文化创意、旅游休闲等产业品牌效应和经济价值仍有待挖掘，文化与相关产业融合程度有待加深。

管理体制机制有待优化。市级层面对运河尚未形成总体协调管理机制，在防洪、排涝、旅游、运输、文保管理存在职能交叉、多头管理的问题，协调机制有待进一步完善。大运河保护、管理与区域政策的协调配合不顺畅，针对运河保护开发的顶层设计不明确，规划碎片化问题突出，现有设施分布和用地格局加大了资源整合开发的难度，不利于运河文化的整体保护开发。

生态资源保障力度不足。全市水资源总量严重不足，且时空分布不均，属严重缺水地区。全社会节水型生产方式和消费模式尚未真正构建，水资源配置不尽合理，导致用水矛盾突出。水资源开发利用控制性工程不足，尚未真正形成湖库河渠联通、供排蓄泄兼筹的现代水网。运河带的部分地区供水规模化、集中化程度不高，水质处理措施不完善。随着济宁市经济总量的不断增加，洪涝干旱风险加大，运河的防汛抗旱仍面临严峻挑战。

四、战略机遇

肩负彰显文化自信，传承弘扬中华优秀传统文化的时代使命。中国大运河源远流长，运河文化博大精深。习近平总书记站在传承中华文明、增强文化自信、提升中国文化影响力的战略高度，作出了深入挖掘以大运河为核心的历史文化资源，统筹做好保护、传承、利用“三篇”文章的重要指示和批示。作为儒、运融合交汇的文化圣地，济宁兼具“儒家文化、运河文化”的丰厚资源优势和“孔孟之乡・运河之都”两大世界级品牌。形成了以“沟通、包容、创新”为核心、以“诚信谦和”的工商文明为主体、以“敢于担当、鼎力革新”的“运河精神”为特质的独具特色的济宁运河文化。这种借助流动的运河和河湖交融的巨大动能，以商业经营为龙头，以实体手工业为主体，以讲求信誉为保障，以追求生态宜居为目的的经济结构和体系，为现代运河文化经济带建设提供了重要理念支撑。

承担新旧动能转换,全面增强文化经济创新力和竞争力的历史重任。2018 年 1 月,国务院正式批复设立山东新旧动能转换综合试验区。加快新旧动能转换,是山东省在决胜全面建成小康社会、开启全面建设社会主义现代化国家新征程中走在前列的重要战略部署。《山东省新旧动能转换重大工程实施规划》中明确提出,济宁应着力打造优秀传统文化传承发展示范区和资源型城市新旧动能转换示范区。全省新旧动能转换重大工程,为济宁利用自身传统文化资源,打造运河文化经济带,打响“运河之都”文化旅游品牌,加快全市新旧动能转换提供了方向引领。

第二节　总体要求

一、指导思想

以习近平新时代中国特色社会主义思想为指导,全面贯彻党的十九大和十九届二中、三中全会精神,坚决落实习近平总书记视察山东、视察济宁及关于大运河文化带建设的重要指示批示精神,牢固树立新发展理念,全面结合中华优秀传统文化传承发展工程、新旧动能转换重大工程、供给侧结构性改革,以实现优秀传统文化创造性转化、创新性发展为主要任务,统筹推动运河文化弘扬传承、文化资源保护开发和特色产业发展,为争创全国首批运河文化建设示范市,打造在全国乃至世界有重大影响的“运河之都”核心区和历史文化聚集示范区,提供强大的精神动力与产业支撑。

二、发展原则

(一)生态优先、绿色发展

严格贯彻落实生态发展战略,建立健全最严格的生态环境保护制度,划定生态红线,推进沿线景观环境整治及河湖、湿地生态功能恢复,控制开发建设强度。以建设运河生态经济区为目标,将生态文明理念融入运河文化经济带建设全过程,合理保护利用运河水域、航道、文化遗产等资源,以文化旅游为核心构建低碳循环产业体系,走出一条绿色低碳循环的发展道路。

(二)双效统一、价值引领

坚持把社会效益放在首位,实现社会效益和经济效益相统一。牢牢把握大运河文化经济带建设的正确方向,以社会主义核心价值观为引领,加强运河文化开发、利用的政策引导、规划引导、资源统筹和公共服务,协调构建公共文化服务体系和现代文化经济体系。利用市场调节机制,不断丰富文化产品和服务供给,满足人民群众日益增长的美好生活新需要。

(三)传承文脉、融合发展

充分发挥济宁运河文化底蕴深厚和资源集聚优势,深入挖掘运河文化内涵,构建运河文化研究阐发体系、保护传承体系、传播交流体系,加强文化遗产保护创新。持续推动文化旅游与相关产业的深度融合,统筹保护好、传承好、利用好大运河生态与文化资源,展现"运河之都、水城风貌"的独特魅力,构建文化强市、运河文化传承创新高地。

(四)区域统筹、协同联动

结合全市新旧动能转换、优秀传统文化传承创新工程,统筹大运河文化经济带建设布局,合理布局一批运河文化重大项目。积极融入"一带一路"战略,提升济宁运河文化影响力。以大运河为纽带,以运河文化为灵魂、以水系景观建设为主线、以实体开发为载体,统筹推进太白湖新区、经开区、任城区、嘉祥县联动发展,形成优势互补、各具特色的协同发展格局。

三、发展定位

依托大运河保护性开发工程,传承弘扬运河优秀传统文化,将大运河济宁段打造成为中华运河文明核心展示区、国家首批运河文化建设示范城市以及大运河(济宁)水运新旧动能转换试验区,实现运河文化经济的可持续发展。

(一)中华运河文明核心展示区

凸显大运河济宁段无可替代的历史文化价值,加强运河沿线文化遗产保护,挖掘梳理大运河济宁段"南控江淮,北接京津""处漕渠之中,襟带四方""闭则为锁钥,启则为通关"的历史,依托汶上太子灵踪塔、南旺分水枢纽工程遗址、分水龙王庙古建筑群、太白楼、清真东大寺、南阳岛古镇等运河历史遗存,建设河道总督署、运河文化主题公园、老运河文化产业带、“运河记忆”历史文化街区、济州古城、南阳古镇、南旺枢纽考古遗址公园、武氏祠景区等传承展示载体,多角度、全方位展示中华文明的发展历程和现代成就,打造见证和展示中华文明的文化长河,传承国家和民族的精神血脉,向世界阐释推介大运河蕴含的中国精神、中国智慧。

(二)国家首批运河文化建设示范城市

大力发展人文旅游、历史教育、节庆会展等运河文化相关产业,强化运河的生态、文化、旅游、商贸、居住等综合功能,再现运河繁荣盛景,挖掘以漕粮供给为中心的漕运文化,以河道总督衙门为代表的运河之都历史文化,以“诚信谦和”为核心的工商文明,以“江北苏州”风貌为特征的城市文明,以倡导“忠孝礼义”为主旨的民俗文化,以融南汇北同时融汇东西为特色的餐饮文化,承载济宁历史彰显城市个性的地名文化。积极协调沿运城市联合推动“大运河文化带”上升为国家战略,加快经济文化旅游要素有序流动,打造文化引领、绿色生态、创新驱动、协调发展的大运河文化旅游生态融合示范段。

(三)大运河(济宁)水运新旧动能转换试验区

实施通江达海内河水运工程,加快京杭运河主航道、支线航道及船闸建设,提高主线航道能力,打造济宁大港航大物流枢纽。深化水利体制机制改革,统筹开展水利建设布局,大力推进水资源利用工程、城乡供水一体化工程、农田水利工程、防洪抗旱减灾工程、水生态保护与修复工程、水利信息化工程等六大水利工程,全面提升水利现代化水平。以文化旅游、医养健康、高效农业等产业为重点,培育新旧动能转换主导产业。推进新旧动能转换特色小镇、新型城镇化试点、重点示范镇建设,打造经济发展新的增长极。

四、发展目标

到2020年,大运河文化经济带重大工程建设取得预期进展,运河生态环境明显改善,运河文化示范城市建设取得重大进展。文化遗产保护水平不断提升,具有历史、文化和科学价值的文化遗产得到系统保护,运河文化研究阐发、普及教育、实践养成、保护传承、传播交流体系基本形成。以文化旅游为代表的新动能主导产业质量效益同步提升,沿河区域发展的整体性、协调性、可持续性进一步增强,基本形成陆河统筹、双向开放的运河文化经济带格局。

到2030年，济宁大运河生态、文化、旅游、商贸、居住等综合效益全面显现，水城一体、产城融合的发展格局基本形成。区域生态系统功能显著增强，创新型产业体系全面建立，人民群众幸福感明显提升，济宁运河文化经济带成为国家标志性文化工程和知名的历史文化旅游目的地，在全国经济社会发展中发挥更加重要的示范引领和战略支撑作用。

第三节　对策建议

一、重点任务

（一）传承创新运河传统文化

1.构建运河文化研究阐发体系

以运河文化研究阐发为中心，统筹推进以运河文化典籍系统整理、思想意蕴阐释辨析、时代价值研究阐发与转化创新、协同创新体制机制建设为一体的研究阐发体系。围绕“漕运”“治河”“险工”“商旅”“市井”等主题，组织济宁运河文化研究会等机构，对运河沿岸历史遗存、风土人情和历史文脉进行挖掘、整理。分类实施运河文化、儒家文化影响下的文化“典型”研究阐发工作，弘扬以元代著名科学家郭守敬和汶上老人白英为代表的广大劳动人民在治理运河过程中所表现出的忧国忧民、敢于担当，不避艰险、自强不息的精神及在顺应自然中改造自然利用自然的科学理念，宣传以林则徐、潘季训、朱之锡为代表的数百位献身于治运大业的河道总督所奉行的忠孝为本、礼义为重、节俭为先、创新为要的做人为官之德，展示以孙玉庭孙氏家族为代表的诗书传家为本、忠孝礼义立德、包容创新建功的家族文化，传承以玉堂酱园为代表的运河工商业形成并恪守的儒商文化理念和行为规则。通过对济宁运河文化承载对象的研究阐发，树立并不断彰显以“沟通、包容、创新”为核心、以“诚信谦和”的工商文明为主体、以“敢于担当、鼎力革新”的“运河精神”为特质的独具特色的济宁运河文化。

2.开拓文化生态整体保护格局

按照《保护世界文化和自然遗产公约》及其《操作指南》的规定,以及第38届世界遗产委员会决议的要求,妥善保护各类遗产构成要素及其周边环境,维护遗产的突出普遍价值、真实性和完整性,全面提升保护、管理、监测和利用整体水平。加大对水工遗存及相关遗产等大运河遗址本体的保护力度,持续建设提升运河之脊——南旺枢纽遗址、济州古城遗址组团式保护工程、南阳古镇保护工程,重点推进桥坝闸等水利设施的保护维修工程,恢复重建河道总督衙门,建设运营竹竿巷民俗文化一条街等特色街区,提升科学化、精细化、专业化管理水平。以"保护为主、抢救第一、合理利用、传承发展"为指导方针,构建以非遗保护为核心的运河文化生态保护体系。加大对运河沿线民间文学、传统音乐、传统舞蹈、传统戏剧、曲艺、传统美术、传统技艺、民俗、传统体育、游艺与竞技等代表性非遗项目及传承人的保护力度,创新剪纸、泥塑、刺绣、烙画、彩印花布、竹木工艺等技艺类非遗项目的生产性保护形式,联合国内文创研发机构,开发"运河记忆"系列文创产品。

3.创新运河文化遗产展示体系

全面实施运河遗产保护展示工程,针对市域内重点河段、遗产点、文物保护单位,在实施本体维修和环境整治的基础上,建设运河遗址公园和主题博物馆。加快推进济宁文化记忆工程,在市、县、乡、村历史文化展示体系中,加大运河文化展示力度。实施运河数字文化建设工程,打造运河文化资源共建共享数据库,推动运河数字图书馆、博物馆、体验馆建设。适时打造数字虚拟展示平台,采用丰富多样的表达方式还原展现运河文化资源信息。以非遗传习中心、传习所为核心,结合沿线各级博物馆、文化馆、艺术馆、图书馆、乡村记忆博物馆等公共文化展示空间,搭建运河非遗现代化展示平台。结合全省文化惠民消费季,常态化组织"运河记忆"历史文化展览展示等活动,组织开展弘扬优秀运河文化主题月活动和"运河文化进校园"活动。主动适应移动新媒体、交互技术等传播手段更新趋势,以"两微一端"为主阵地,综合利用短视频、网络直播、动漫、影音等方式,打造运河文化新媒体展示矩阵,提高运河文化的展示传播效能。

(二)培育运河特色产业体系

基于济宁大运河文化资源与产业基础,构建大运河主题的文化创意产业集群、文化旅游产业集群、跨界融合产业集群,培育壮大"4+4+3"运河沿线特色产业体系。

1. 文化创意产业集群

——演艺影视。深入挖掘底蕴深厚的运河文化资源，打造提升风情剧《我家就在岸上住》、地方戏曲《运河老店》等特色演艺剧目的品牌效应和市场效益。打造“运河风情”大型水上实景演出项目。以运河自然河湖风光为背景，建设大型自然亲水剧场，配以环境艺术灯光和舞台效果工程，演绎济宁古往今来的人文故事。策划推出一批网络文学、网络音乐、网络剧、微电影、网络演出、网络动漫等运河文化 IP，制作具有运河地域特色的影视作品，打造具有全国影响力的运河文化演艺影视精品。

——新闻出版。聚焦区域运河文化、儒家文化特色资源，实施一批对文化传承具有深远意义、反映时代精神、体现运河特色的重大精品工程，鼓励生产更多反映人民主体地位和现实生活、群众喜闻乐见的、思想精深、艺术精湛、制作精良的优秀新闻作品，提高新闻出版的内容生产与创新能力。鼓励出版企业提高按需出版、按需印刷能力，以运河历史文化、生态文化资源为素材，拓展精装高端书刊印刷、高档彩印包装、精美图书画册印刷、包装装潢印刷市场。

——创意设计。积极发展“创意设计—生产外包—内容服务”商业模式，激发个性消费和定制服务需求，培育“济宁设计”品牌。着力在广告创意、工业设计、建筑设计、服装设计、家装设计等重点领域开展创新设计示范。鼓励各类文化文物单位开展运河主题文化创意设计和产品开发，推出一批优秀动漫设计、广告创意作品。加大对运河之都文化创意产业园、微山湖国际文化创意产业园等园区的支持力度，引进一批有影响力的创意设计企业和机构，推动创意设计产业集聚发展。

——文化会展。创新策划运河之都文化节、运河美食文化节等“以节会为题、招商引资”的会展活动，高水平举办京杭大运河文化艺术节、国际运河旅游发展论坛等节庆、会展活动。依托古槐路等重要节点，打造文化艺术中心、美术馆、小型艺术馆等一系列展览文化空间。依托市文化中心、体育中心，加快培育和引进文化会展项目和企业，依托任城区会展中心举办以“运河文化”为主题的博展会，举办“一条大河”主题马拉松赛事，常态化组织“运河记忆”“运河故事”系列主题展览活动。

2. 文化旅游产业集群

——研学研修。依托运河所承载的水利文化、漕运文化、民俗风情、艺术文化以及沿线当代文明成果,丰富历史文化街区、古镇古街、旅游度假区的文化吸引力,开发以运河文化为魂的主题文化游、历史文化怀古游、文学艺术寻踪游、水利水工科考、漕运文化体验、农耕文化休闲、运河文化博物馆游、运河古镇休闲游、运河纤夫文化探奇、名人文化朝圣、宗教文化体验等研学研修项目,重点打造东方圣地、圣山仙境、和谐渔家、养心净土、崇文尚武、文明寻根、乡愁记忆等研学研修特色品牌。着力提升竹竿巷古韵商业区、宣阜巷文化创意区等历史文化街区档次,规划布局运河之星、济安台文化街区等节点项目,建设任城文化艺术中心。

——文化休闲。建设中心城区运河风情休闲旅游集聚区,在济宁经济开发区、高新区打造城市休闲旅游区。依托济宁老城南门区域的济宁博物馆、东大寺、古运河、太白楼、竹竿巷、玉堂酱园等载体,打造运河主题休闲商业街区。整合运河遗风、竹竿巷百姓人家、玉堂酱园三百年老字号、潘家大楼民国风貌、太白楼吟诗对白等文化资源,推动"运河记忆"主题街区建设,将南池书院等运河旅游景区打造成首批研学旅游示范基地,充分展示运河城市、运河商贸、运河宗教文化、运河民俗文化。

——生态旅游。围绕古运河区域发展定位,高标准规划建设任城区老运河和越河贯通区域,营造亲水空间,增加水上游览项目。依托微山湖等大运河主干水系,重点开发生态民俗、生态餐饮、生态游乐等亲水、乐水、居水旅游产品。联动整合孟楼湿地、微山岛、太白湖景区、南阳古镇等沿线旅游资源,集聚旅游发展要素,打造环湖旅游精品项目,形成环微山湖生态休闲旅游经济带。依托现有湿地资源,建设湿地文化公园、湿地科普长廊,发展湿地文化体验。完善度假酒店、康养度假会所、摄影基地等度假设施,发展高端康养休闲度假。

——节庆赛事。组织筹办国际运河旅游发展论坛,举办世界运河名城专家论坛、古运河花船巡游、运河博览会赏月晚会、专场文艺晚会和形式多样的民间艺术表演。围绕京杭大运河休闲旅游节,举办运河文化旅游博览会、运河文化艺术节等子节庆活动。举办微山湖荷花节和湿地节。构建沿运河体育旅游产业带,打造大运河休闲运动公园,发展自行车比赛及骑游、跑步及徒步运动。联动运河沿岸景点,推动运河码头建设,开发垂钓、水上自行车等户外体育健身活动,发展运河游船运动休闲项目,适度开发热气球、滑翔、跳伞、航模、水上飞机等高端空中运动产品。

3. 跨界融合产业集群

——文化＋康养。综合利用山水资源、人文资源、生态资源、旅游资源、渔湖产品、食品保健品和中药材种植生产流通等资源要素，打造文化医养结合示范带。以微山湖生态经济区为主载体，推动生态科技研发、生态旅游、健康养生、休闲休育、绿色餐饮等绿色服务业的集聚发展。以鱼台滨湖生态新城为载体，着力发展高端医疗、健康科研、健康管理、商务养生、异地养老、休闲旅游、休闲体育等健康服务，创建国家级健康服务基地。结合任城区等采煤塌陷地综合治理项目建设一批医养结合服务综合体，开发休闲、养生、旅游、娱乐、康体等多种产品，联动太白湖生态新城建设度假养生和休闲疗养小镇，打造集健康、养老、养生于一体的示范区。

——文化＋农业。围绕休闲体验、会展节庆、农耕文化等主题，拓展整合运河沿线农业休闲、体验、教育、文化传承等功能。建设一批具有历史、地域特点的特色旅游村镇和乡村旅游示范村，有序发展新型乡村旅游休闲产品。鼓励文化资源丰富、自然环境优美的乡镇、村居，因地制宜发展创意民宿业、农耕体验、休闲养生等新业态。充分挖掘农耕文化、乡土文化，将创意元素融入农业示范基地的规划设计中，推动农业示范基地景区化建设。推广一批适合精深加工、休闲采摘的作物新品种，实现产业园区变生态景区、农业庄园变生态公园。加大科技、人文等元素植入，发展农田艺术景观、阳台农艺等创意农业。

——文化＋商贸。着力推动任城区、太白湖新区等运河沿线城市综合体的功能转型，在巩固提升大型城市综合体购物功能的基础上，着力增加休闲、娱乐、文化、健身等社交功能，促进城市购物商圈向文化休闲商圈的转型。积极引导城区规模小、层次低的专业市场逐步向西部专业市场集聚区迁移，大力发展文化批发零售市场，建成鲁南地区商贸流通发展的引领地，塑造济宁专业市场发展的新形象。持续打造一批电子商务产业园、电子商务示范街、特色产品展示馆等电商载体，依托好品济宁、梁山出版电商平台，重点提升济宁工艺品、印刷品、农特产品线上销售的规范化、品牌化水平，加快济宁文化产品走出去步伐。

（三）推动产城人文一体发展

1. 建设运河特色文化小镇

依托南阳镇打造运河风情小镇。发挥南阳岛的离岛优势，以“运河四大名镇”为切入点，以微山湖优势生态环境为依托，以运河水乡民俗为主题，通过“修旧如旧”方式再现运河商埠历史繁荣，合理导入休闲度假、养生养老、亚健康恢复等高端健康养生业态，培育“中国运河第一古镇”和“运河民俗文化古镇”品牌。依托微山岛镇“天人合一家园”“中华100大生态亲水美景”生态品牌优势，以渔乡民俗风情体验产品为核心，以生态湿地、万亩荷园为载体，打造浪漫渔家小镇，大力发展水上生态文化休闲项目，完善微山岛旅游产品体系，培育“红色渔乡，度假绿岛”小镇品牌。依托省级特色小镇创建基础，支持微山县欢城镇充分挖掘微湖文化、运河文化、冯驩文化、渔家民俗文化等文化内涵，打造提升东大农业园、二级坝湿地公园、下辛庄枕水人家、土楼荷塘等特色旅游景点。不断推进“互联网+微山湖渔湖产品”平台建设。鼓励鱼台县张黄镇以转型发展、生态循环为主线，实施园区、矿区、镇区、社区、湖区、景区“六区同建”战略，加快湖区生态湿地旅游开发进度，大力发展湖区湿地旅游，结合境内闵子祠、鲁隐公观鱼台、超化寺、樊迟墓、樊子祠、孝贤文化大院等名胜古迹，打造“五里三贤”旅游精品线路。

2. 推动沿线乡村文化振兴

全面贯彻落实乡村振兴战略，鼓励运河沿岸乡镇、农村充分挖掘特色文化资源，发展乡村特色文化产业，促进文化产业与农业观光、乡村旅游、特色民宿等相关产业深度融合。依托运河遗址、非遗、名人故居、青山绿水等特色乡土资源，分类打造一批休闲村、养生村、美食村、艺术村等特色村落，开发具有地方特色的精品民俗活动、农事体验、名人观瞻等文化体验项目。建设一批具有历史、地域、民族特点的特色旅游村镇和乡村旅游示范村，支持文化创意和设计服务企业、创意工作室等为乡村集体经济组织、企业、农户开展多种形式的创意设计，提升乡村土特产品附加值和品牌知名度，加快推进创意农产品开发，提升微山湖特产等“济宁 · 礼飨”品牌农产品的文化品位，提高农产品的美誉度和附加值。

(四)加强区域文化合作交流

1. 推动儒运文化一体传承发展

通过搭建平台、畅通渠道、创新模式，以更加宽广的视角，大力开展运河与儒家文化的交流合作，丰富儒家文化的哲学思想、人文精神、道德理念，推进运河文化创造性转化、创新性发展，促进运河文化与儒家文化互融互通。打造儒意运河，深入挖掘运河历史文化元素，推动运河治理、人文景观打造与儒家文化注入的有机结合，将孔孟思想、礼乐文化等丰富的人文元素融入其中，展现独具儒家特色的山水风情。

推动睿湖商务区等运河重点建设区域与曲阜国学文化体验区、九龙山—尼山片区的国学文化生态度假区、邹县古城区的儒家文化传承创新体验区、孟子湖新区的国学文化教育产业新区等片区加强合作交流，协同开展运河文化复兴工程、新兴文化培育工程、特色风貌展示工程，重点发展文化旅游、教育培训、健康养生、会展节庆、文化创意产业。构建蓝绿交织、文化共融、疏密有度、水城共融的城市空间，建成引领风尚、服务社会、推动发展和促进文明交流互鉴的文化高地，建设全国文化经济融合发展示范区、全国道德礼仪首善之区、国家记忆工程先行区。

2. 拓展文化对外交流宣介平台

紧密结合世界文化遗产保护、管理、利用趋势，借鉴德州、临清、聊城、台儿庄等沿线城市的运河文化传承发展经验，通过积极参与京杭大运河文化艺术节、举办世界运河名城专家论坛等文化活动，加强与世界运河城市的交流与合作，密切与运河沿线城市间的人文交流。加强与枣庄、徐州、聊城等运河上下游城市在生态联防联治、道路互联互通、承接产业转移、社会事业等方面的深度合作，通过互联互通，优势互补，资源共享，推动建立跨地区、跨部门的大运河文化带建设联动机制，创建一批运河文化重点项目。

以更加开放的胸襟、更加包容的心态，开拓多层次对外文化交流格局，助力“运河之都”品牌打造。实施运河文化遗产“走出去、引进来”战略，深入挖掘济宁运河文化内涵，打造系列运河文物精品展。创新运河文化遗产宣传推广平台，强化与各级各类媒体的沟通协作，进一步提升济宁运河文化的知名度。建设运河文化研究院，组织和推动学习、研究、传播运河文化活动。积极搭建对内对外宣传平台，宣介运河城市文化传承发展、资源保护利用的重要性、紧迫性及其对策，进一步促进运河城市间经济可持续发展和经济社会协调发展。

（五）协同推进生态文明建设

1. 保护修复运河生态系统

实施运河沿线景观环境整治工程，加大大运河遗产环境和景观保护力度。加快河道故道修复工作，实施航道提升工程，加快沿线河道、闸桥改造和配套设施建设，实现黄河以南全程通航。改造提升运河沿岸现有道路标准,建设运河遗产小道。严格执行运河两岸新建建筑高度、体量、形制、色彩控制的具体技术指标要求,保护大运河环境景观免受新建筑影响。

加强大运河遗产缓冲区生态管理,在深入开展大运河周边环境景观影响评估的基础上,适当调整确有必要扩大的缓冲区范围,将大运河两侧重要的视线廊道和区域纳入缓冲区管理。参照国家文物局出台的关于大运河遗产缓冲区管理以及环境景观保护相关文件,结合当地实际情况和管理需求,制定相关遗产区、缓冲区管理和环境景观保护的实施细则。

以治理城市病为导向,瞄准长远、系统治理,将开展水体修复、塌陷地修复、绿地修复、文化建设、公共设施完善、市政设施补齐、棚改安居、市容提升、交通出行改善、违建治理等10大专项行动。近期以城区五河地区(老运河、越河、任城河、小府河、小洸河等)为整治重点,开展河道治理,完善绿地系统,实施棚户区改造、中小学校建设、交通疏解等行动,补齐老城区基础和公共服务设施短板。

2.提升运河沿岸文化风貌

加快大运河历史文化长廊(济宁段)人文自然景观带建设。依托大运河和古运河两条蓝色生态廊道,挖掘济宁丰厚的运河文化资源和丰富的城市水岸肌理,优化生活空间、生产空间和生态空间布局,对最具济宁历史风貌的河道、水系、建筑业态、商业运作模式、水上客运体系进行继承创新。按照《济宁大运河沿线景观规划方案》,有序塑造《诗经》"风、雅、颂"韵味的沿线景观,形成"运河之风、生态大雅、文明之颂"的特色景观。中段塑造为城市段"风篇",落地"水园""云园""月园""静园""花园""雨园"等体现济宁运河文化的特色园,体现不同的文化主题;南段以"雅篇"为主题,依借北湖凸显自然生态和郊野景观特色;北段以"颂篇"为主题,以生态景观与田野景观为主导,并在凤凰台西侧设计体现始祖文化特色的"影园"。

分段实施大运河景观风貌提升工程,重点推进任城区大运河西岸生态景观、东岸灯光亮化提升工程,沿宣阜巷、运河南岸街向两端延伸,逐步形成从东大寺到济安台的运河文化风光带,再现古运河桨声灯影、商家聚集的繁华景象。统筹太白湖景区基础设施建设与景观提升,建设运河文化公园,突出对城市文脉的保护。合理规划运河古道沿线用地，推进运河文化、生态景观、现代商业的一体融合，建设集文化体验、旅游购物、特色餐饮、主题酒店、休闲娱乐等功能为一体的老运河文化产业带。推进郭庄港客运码头建设，规划建设码头游客集散中心、雨水花园广场等项目，打造西部城区水上旅游客运中心。加快大运河西岸滨河景观及道路建设，打造展示北方果林景观特色的生态景观带。建设提升大运河东岸滨河景观系统，完善现有景观工程硬化铺装、苗木种植、景观小品及配套设施建设。

二、保障措施

（一）强化组织领导与体制创新

成立大运河文化经济带建设领导小组，指导和统筹协调大运河文化经济带建设工作。各相关部门要发挥协调和配合作用，结合实际制定规划实施年度方案。建立大运河文化经济带建设工作联席会议制度，定期对重大事项和问题进行会商，强化综合协调、协同联动，抓好各项任务的落实。建立大运河文化经济带建设绩效考核和督导体系，明确沿线县区推动大运河文化带建设的主体责任，根据各区县现有基础，将大运河文化经济带建设实施情况纳入政府年度目标责任考核范围。

加强遗产保护、内涵挖掘、生态整治、经济发展、设施建设等领域的体制机制创新，探索实行总体规划、统筹协调、整体保护、分段管理、有序开发的管理运行模式、流域管理与行政区域管理相结合的大运河文化带建设综合管理体制，健全运河流域、行政区域和部门的协商协调平台。结合优秀传统文化传承创新工程，完善文化遗产保护传承体系，推动运河沿线各县区建立大运河遗产保护志愿者制度。建立流域上下游横向生态保护补偿机制，加强河道水系治理管护及生态环境修复。

（二）加强法制建设与政策保障

深入贯彻落实国家、省市出台的大运河遗产保护管理办法及关于水域、航道管理的相关法律法规，开展大运河济宁段保护立法工作，明确大运河济宁段保护范围、缓冲地带，合理确定土地利用的强度，优化产业布局，重点推进水环境保护、水污染防治。按照大运河相关法律法规和各级保护规划，巩固和完善大运河监测预警和档案体系，加强监测平台管理和遗产巡视巡查，及时发现并消除威胁遗产本体的各类安全隐患。涉及遗产安全的重大事项,应及时通过国家监测平台实行备案。相关遗产保护修缮及遗产区、缓冲区内的建设活动,应依法编制相应工程方案并履行报批程序。

贯彻国家、省、市近年来出台的相关专项政策,确保财政、税收、土地、投融资等各项优惠政策按规定落实到位。将大运河文化经济带重大项目纳入济宁投资优选项目目录,优先安排省内文化产业宣传推广重点活动。支持运河沿线区域创新投融资方式,建立可持续性产业引导资金投入机制。对运河沿线市场潜力大、带动作用强、经济效益好的相关产业,在资金扶持、用地保障、审批程序等方面给予重点扶持。出台支持社会力量参与大运河文化经济带建设的政策措施,鼓励公民、法人和其他组织通过捐赠等方式,设立大运河遗产保护基金,支持大运河遗产保护工作。市、县级人民政府及文物行政部门,对在大运河遗产保护中作出突出贡献的组织和个人应积极给予奖励。

(三)完善生态补偿与投入机制

构建激励与约束并重的生态补偿制度体系,推动沿线开发地区、受益地区与生态保护地区进行横向生态补偿,建立下游对上游水资源、水环境保护的补偿和上游对下游超标排污或环境责任事故赔偿的双向责任机制,注重奖惩结合,强化资金分配与生态保护成效挂钩。按照主体功能区规划要求,建立生态环境硬约束机制,明确各地区环境容量,制定负面清单。依托韩庄复线船闸工程、京杭运河济宁至台儿庄(济宁段)航道"三改二"工程、京杭运河湖西航道(济宁段)改造工程、梁济运河梁山至邓楼船闸段航道复航工程、微山二线船闸、南旺运河港、京杭运河湖西航道上级湖航道等建设,提高生态补偿综合效益。

不断加大对运河沿岸及重点水源区域的保护支持,探索建立大运河生态保护及治理方面专项转移支付资金整合机制,引导各责任部门协调政策目标、明确任务职责、统筹管理办法、规范绩效考核,共同增加对运河文化经济带生态保护的投入。积极探索多元化、市场化的补偿机制,鼓励和支持通过设立绿色基金、政府和社会资本合作模式、融资贴息等方式,引导社会资本加大运河流域综合治理和绿色产业投入。充分发挥重大交通设施的联通作用,按照产业互补、生态共建、发展共享的原则,积极创设平台,强化产业项目对接,争取国家生态补偿机制试点,推进绿色发展。

(四)加强宣传引导与氛围营造

积极搭建对内对外宣传平台,充分发挥广播、电视、报纸、网络等媒体的宣传作用,利用新媒体全过程、多角度、深层次地宣传近期建设重大活动、重大事件，全面解读济宁建设大运河文化经济带的意义、战略定位和重点任务，普及生态环保和法律法规知识。结合“文化和自然遗产日”“国际博物馆日”及山东文化创意产业博览会等宣传活动，扩大大运河文化遗产知识和保护理念等方面的宣传，提升社会各界参与大运河保护管理的意识和文化自觉。积极推进反映大运河济宁段历史文化的专题博物馆筹建工作，同时开设大运河（济宁段）文化遗产系列专题展馆，运用现代科技多维度展示宣传运河文化。

整合南旺运河遗风、竹竿巷百姓人家、宣阜巷非遗街、玉堂酱园三百年老字号、潘家大楼民国风貌、太白楼吟诗对白、南阳千年古镇、古南池风景区、微山湖运河故道、太白湖运河古道、世遗运河开河古镇等“运河记忆”主题街区载体资源，结合外围运河文化村落、运河小镇，通过文化旅游消费市场渠道，营造良好的运河文化传承氛围。引导运河沿线政府主管部门建立大运河遗产所在地标识系统，并严格按照《世界遗产公约操作指南》相关规定，正确使用世界遗产标志，向公众提供真实、完整的大运河遗产信息，在全社会营造关心、支持大运河文化带建设，及自觉爱护运河环境、保护运河生态的良好氛围。

第三篇

文化产业新旧动能转换发展调研报告

第一章

济南新旧动能转换先行区文化产业调研报告

党的十九大作出了中国特色社会主义进入新时代的重大判断，在这样一个新时代背景下，2018 年初，国务院批复了山东新旧动能转换综合试验区建设总体方案。作为党的十九大以后国务院批复的首个区域性全国战略，为山东高质量发展带来了重大历史机遇，开展新旧动能转换重大工程已经成为山东省"第一工程"。建设新旧动能转换综合试验区，是在改革开放 40 周年的关键节点上，党中央交给山东省的重大政治责任和必须完成的重大政治任务，也是山东省会济南发展的重大历史机遇。2018～2022 年是济南市全面贯彻党中央"四个全面"战略布局、强力推进新旧动能转换、加快推进省会现代化建设的重要时期。近年来，蓬勃发展的文化产业也成为推动济南经济发展、推动新旧动能转换的重要领域。如何结合济南经济社会发展实际需要，进行先行区文化产业的顶层设计，推动未来济南文化产业的转型升级和跨越发展，是我们亟待破解的重大命题。

2018 年 9 月上旬，课题组针对《济南新旧动能转换先行区文化产业专项规划》开始拟定工作计划，收集相关资料，制定调研方案；9 月 14 日～17 日，课题组赴先行区现场，走访调研，了解区情；9 月 18 日，赴管委会座谈，听取主要领导对规划任务的基本要求，并进行初步沟通；9 月 21 日，召开济南市新旧动能转换文化产业发展座谈会，研讨先行区文化产业发展思路及具体规划框架;9月至10月中旬,编制规划初稿,邀请高校学者、政府部门领导、文化企业家等进行内部论证;10月17日,初稿汇报,听取管委会领导及瑞典SWECO专家意见,对接清华同衡历史文化专项规划;10月29日,第二轮汇报,听取管委会领导意见和建议。

11月18日,邀请省市相关部门主管领导、专家学者、文化企业家,召开规划中期成果内审会,此次内审会在山东大学中心校区体育馆新闻中心会议室顺利举行。内审会由山东大学文化产业研究院主办,山东大学文化产业动能转换与生态系统山东省文化科技重点实验室具体承办。参加内审会的专家有中国社科院历史所教授于化民、农工党山东省委会秘书长付军、山东省委宣传部文改办主任刘皓、山东省文化和旅游厅文化产业处处长王涛、济南文旅集团副总经理张广宇、济南明府城管理中心副主任王虎、济南新旧动能转换先行区管委会建设局工程师吕明娟等。参加内审会的规划课题组成员有山东大学文化产业研究院院长王育济、山东大学体育学院副院长石振国、山东艺术学院艺术管理系主任唐月民,山东大学文化产业研究院规划团队项目负责人、文化产业山东省文化科技重点实验室(山东大学)主任眢胜锋,文化产业山东省文化科技重点实验室(山东大学)副主任张宪亮,规划主管周朋飞,以及规划团队李军、刘冠鹏、章军杰、王斐、李娇等。

内审会由山东大学文化产业研究院院长王育济教授主持。眢胜锋主任代表规划课题组,结合PPT及规划文本详细汇报了《济南新旧动能转换先行区文化产业专项规划》的编制理念及具体内容。评审咨询专家听取了规划编制单位关于规划成果的汇报,经专家组认真审阅并深入讨论,一致认为该《规划》基础资料翔实、框架结构合理、内容要素齐全,是一项具有较高水平的规划成果,并建议规划编制组充分吸收专家意见,立足济南和先行区资源禀赋、产业基础,充分借鉴外地先进经验,对业态优势培育、核心竞争力打造、企业扶持引导、政策体系构建等方面进一步修改完善。

11月22日,中期稿汇报,听取管委会及市、区相关主管部门、SWECO专家意见;11月28日,协同SWECO专家团队,对接文化设施等其他专项规划;12月12日,修改稿汇报,听取管委会领导意见和建议;12月18日,参加新一轮工作营,深化与其他专项规划对接;2019年1月8日,参加专家评审会,汇报并听取专家意见;1月16日,根据专家意见,进一步修改完善,提交终稿。

针对此次济南新旧动能转换先行区文化产业展开的一系列调研论证，昝胜锋博士带领的山东大学文化产业规划研究团队对山东新旧动能转换重大工程工作进行了高起点谋划，坚持“顶天”“立地”相结合，坚持交叉融合，强化资源整合，开展协同攻关，做好服务山东新旧动能转换重大工程的大文章。现摘录调研报告中的部分成果内容与读者共享。

第一节　基础分析

一、规划背景与范围

（一）规划背景

——文化需求。习近平总书记在十九大报告中指出，要坚定文化自信，推动社会主义文化繁荣兴盛。文化建设将为先行区提供精神动力和智力支持，满足人民美好生活新需要，提升文化自信和软实力。

——时代使命。在国内外经济形势持续发生深刻变化的背景下，新旧动能转换成为构建现代化经济体系的战略选择。山东应以更大力度推动新旧动能转换，为巩固全国经济稳中向好势头提供重要支撑。

——国家战略。2018 年，国务院国函〔2018〕1 号批复《山东新旧动能转换综合试验区建设总体方案》，要求作为山东新旧动能转换主引擎之一的济南市，高水平规划建设新旧动能转换先行区。

——产业契机。我国已进入推动文化产业成为国民经济重要支柱性产业的决定性阶段。文化产业亟待通过新旧动能转换，实现传统文化的传承创新、产业结构的迭代升级，文化供给的改革优化。

（二）规划范围

覆盖济南新旧动能转换先行区全境，以规划控制区为规划重点，即先行区辖区的黄河以北区域，涉及济南市天桥区和济阳县，包括先行区直管区及济阳县的济北、济阳、回河街道及天桥区的桑梓店街道，总面积约733平方公里。依托外围规划研究区，推动文化与相关产业的区域协同发展。

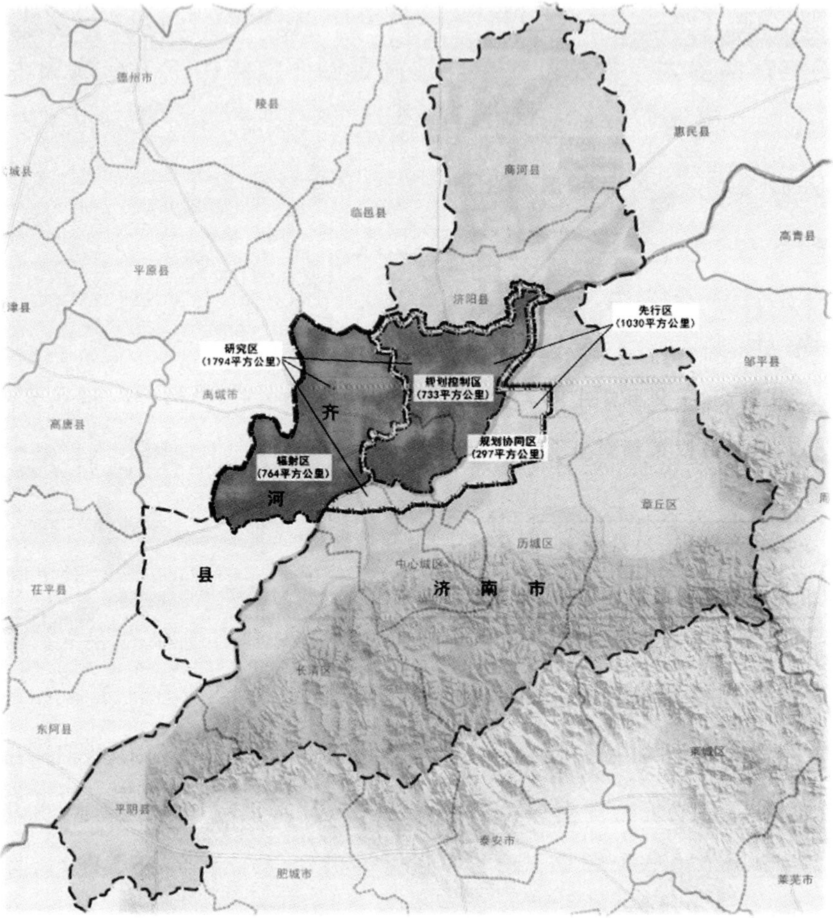

图3-1-1　济南新旧动能转换先行区地区总览

二、产业趋势与实践

(一)产业趋势

1.全球文化产业发展趋势

——全球文化产业进入的新一轮"蓄能"周期。2000～2012年，全球文化产业上市公司数量从3587家增加到历史峰值4074家后，增长速度明显减缓，产业基本处于平稳发展态势，属于典型的蓄能型阶段特征。在当前新一轮科技革命浪潮日渐汹涌之际，全球文化产业即将进入新一轮快速发展阶段。

——文化产业泛数字化行业结构加快演化更替。全球文化产业在上市公司数量此消彼长的同时，也推动了细分行业结构的更替演化。以大数据、云计算、物联网、人工智能等为支撑的数字创意产业成为文化产业新形态之一。此外，网络文化产业、广告、休闲娱乐三大行业成为“后起之秀”。

——文化原生内容走向IP创意开发的新阶段。伴随国际文化的交融与冲突，本土原生文化构成了国家文化自信中更基本、更深层、更持久的力量，正形成具备国际象征意义并经得起时间冲刷的本土IP。作为文化生产体系的源头活水，文化IP成为产品落地、创意生态、生活美学等各领域的推助器。

——文化传播交互方式深度影响生产供给渠道。当前世界文化产业强国普遍重视数字化、智能化、网络化趋势。VR、AR、AI等技术在深度影响文化传播交互方式的同时，也大幅拓展了文化供给渠道，兼具创意生产与市场供给渠道的企业集团引领着文化生产和传播的质量与水平。

2.国内文化产业发展趋势

——文化治理体系与文化产业管理同步优化。伴随国家文化体制改革的深入，围绕文化管理机制、社会利益协调和表达长效机制的文化治理体系逐步完善，多主体参与文化治理的理念趋于明朗。根据产业业态创新趋势，调整出台《文化及相关产业分类(2018)》，文化产业管理趋于精细化。

——文化领域供给侧改革逐步向纵深推进。当前我国存在文化供给结构性过剩与有效供给不足并存，文化产品(服务)与日益增长的文化新需求不适应、不匹配等问题，亟需围绕优化供给、投资拉动、深化改革、补齐短板、降本增效、转型升级等重点任务，提高文化供给质量。

——文化产业战略新蓝海正有序轮动。当前我国文化产业发展正面临转型升级和提质增效的战略机调期，伴随科技进步和市场发展，文化产业新蓝海正在有序轮动，“跨界融合”“科技引领”“版权衍生”“沉浸体验”等驱动着产业链的内外联动和迭代升级，也推动新型商业模式和文化业态的不断演进。

——文化消费新模式拉动效应逐步释放。中国文化消费综合指数由2013年的73.7增至2017年的81.6，呈现持续增长态势，文化消费水平和满意度指数也稳步上升。以互联网为代表的新媒体、新技术正对文化消费价值取向、内容和方式产生重大影响,加速推动生产与消费结合、互动的文化消费新趋势。

(二)落地实践

1. 雄安新区

——将标志性历史遗存的保护与城市公共空间的建设有机结合,保护传统村镇,传承与展示水乡生产习俗和民俗文化活动。

——围绕创新链构建服务链,发展创意设计、高端影视等产业业态,打造国际文化交流重要基地。

——搭建国际一流的科技创新平台。按照国家科技创新基地的总体部署,努力打造全球创新资源聚集地。

——与起步区分工协作,按功能定位承接北京非首都功能疏解,布局高端文化产业板块,优先落地支撑科技创新和产业发展的基础设施。

——在数字网络环境下,高标准布局建设博物馆、图书馆、美术馆、剧院等,在街道、社区建设综合文化站和文化服务中心。

——举办多层次多领域学术交流活动,搭建国际科技合作交流平台。

2. 北京朝阳国家文化产业创新实验区

——允许外商投资者独资设立演出经纪机构,依托文化产品保税中心为企业提供文化产品全流程保税服务。设立国家文创实验区发展引导资金,与北京股权交易中心签订战略合作协议,共建"文创四板"。

——完善文化产业管理体制和文化生产经营机制,打造文创企业服务平台、文创产业信用体系平台,激发文化产业发展活力,积极培育壮大文化市场主体。

——充分利用实验区内高校、名企资源,打造"两核",吸引知名企业落地;推动各类老旧厂房资源实现"凤凰涅槃",将区内分布广且各具特色的老旧厂房资源改造为一批专业文创园区、创业空间。

——国家文创实验区积极推动各项文化产业政策率先落地,围绕文化产业重点领域加大改革创新并取得阶段性成果,已成为首都"全国文化中心"建设的新名片和引领文化产业创新发展的试验田,引领着全国文化产业的创新发展。

3.武汉东湖国家全面创新改革试验区

——设立文化科技产业发展专项资金。支持资质认定和版权登记、原创内容生产、技术创新、重点项目引入。支持作为第一出品方的文化科技企业开展优质原创内容生产。

——支持文化科技关键核心技术领域的产品研发。依托大学生、科研人员等优质创业要素,着力培育创新创业生态。突出企业创新主体地位,深化科技成果使用、处置和收益管理改革,支持示范区企业加大研发投入,提高自主创新能力。

——推进体制机制创新。鼓励科技成果转移转化,开展股权激励、科技金融改革等创新试点工作。全面清理高新区产业政策,形成创新创业、产业发展、科技金融、人才支撑、知识产权、对外开放等六大类产业政策体系。

——基本形成创意设计、直播电竞、文漫影游、新媒体、在线教育与出版、VR/AR竞相发展的格局,斗鱼直播、盛天网络、宁美国度、传神语联网、文网亿联、福禄网络、湾流科技等互联网文化企业快速成长为行业领头羊,武汉东湖成为我国互联网文化产业最为集中的区域之一。

4.珠三角金融改革创新综合试验区

——加快构建多层次资本市场体系,开展文化金融一体化合作。加强区域内金融资源的整合,提升广州、深圳区域金融中心辐射带动能力。

——创新文化金融服务组织形式,鼓励银行机构建立专门服务文化产业的专营机构。鼓励社会资本成立专业文化保险公司,支持文化企业投资设立金融机构,支持小额贷款公司开发文化信贷产品。

——扩大适合文化企业的信贷产品规模,拓宽文化企业贷款抵、质押物范围。加强对文化企业的融资担保,建立完善多层次、多领域、差别化的融资担保体系。

——基本建立包括产业金融在内的多层次资本市场体系,在推进金融体制机制创新、完善绿色金融发展生态等方面取得了积极成效。广州、深圳区域金融中心有效发挥辐射带动作用,金融高新区初步建成辐射亚太的现代金融产业后援基地,股交中心"华侨板"运营中心挂牌企业477家。

5.晋中文化生态保护试验区

——实施标准创建工程,制定了《山西省非物质文化遗产保存工作规范和技术标准》,创建一批国家级非物质文化遗产生产性保护示范基地、非遗综合传习中心、非遗项目传习所、非遗项目传承基地和展示馆。

——以传统手工为代表的非遗项目在产业化发展与生产性保护中取得长足发展,涌现出一批集生产销售、展览收藏、研发培训、旅游观赏、文化传播于一体的非遗产业化项目。

——引入市场化机制,通过多种方式将文化生态保护与文旅产业全面融合,深入推进文化传承、节庆习俗、特色职业教育、接待和观光 4 大类文化旅游项目建设。

——试验区按照总体规划的建设内容和步骤,基本完成一期建设任务。生产性保护的星火已呈燎原之势,非遗文化和旅游的有机融合,形成了新的景点和亮点,同时也为非遗的传播开拓了更广阔的空间。

6. 中国(上海)自由贸易试验区

——实施负面清单准入管理。制定了严格的外商投资项目和设立投资企业准入措施,设置文化产业及相关产业负面清单和限制条款。

——适度放开区内相关文化产业准入,允许成立外资经营的演出经纪机构、演出场所单位,允许外资企业在自贸区内从事游戏设备的生产和销售,通过文化部门审核的游戏游艺设备将允许在国内市场销售。

——作为首个国家对外文化贸易基地,搭建具备物流仓储、展览展示、交易洽购、金融保险、评估鉴定、版权运营管理等功能的文化保税服务平台。

——上海自贸试验区在商事登记、外资准入、贸易便利化和金融创新等领域,取得了显著的创新实效,其全面深化改革和扩大开放的新路径为全国自贸区建设提供了可借鉴的经验和模式。

7. 深圳

——大力实施设计提升行动,吸引大量创意、设计、文化机构入驻,充分调动各行业、各领域力量,着力打造国际创新设计之都。

——学习借鉴国际先进理念,坚持国际一流标准,依托“艺博会”“设计互联”等活动平台主动对接国际市场,不断优化产业布局,抢占产业价值链高地,着力提升深圳时尚创意产业的国际竞争力。

——坚持质量引领，深入实施“深圳品牌”战略，着力提升“深圳设计周”“深圳环球设计大奖”等活动的国际知名度，打造更具时代引领性的深圳设计品牌。

——作为国内第一个被联合国教科文组织认定的“设计之都”，深圳将设计作为引领经济社会发展的创新力量和尖端生产力。据统计，深圳目前约有1.2万家设计机构和近20万专业设计人员，设计产业每年产值约230亿元，带动工业产值数千亿元，平面设计、工业设计、室内设计、服装设计等专业服务占全国较大市场份额。

8.杭州

——围绕“医、康、养、健、药”五大方向推动多维发展。五大方向作为一个互为支撑、彼此促进的有机整体，通过联动发展实现产业间的“化学反应”，满足广大市民对健康服务的全方位、多层次需求。

——坚持“集散结合、以集为主，覆盖城乡、分工合理”的布局原则，依托各区、县(市)的资源禀赋，以主城区为核心，统筹全市健康产业发展，加快形成“一核、两带”的健康产业发展新格局。

——整合政策资源，聚焦国际化医疗资源、智慧化健康服务、专业化健康金融、高端化健康生产、品牌化体育产业等五大重点领域，实现突破发展。

——依托优质医疗资源集聚优势，杭州在智慧医疗、健康养老、社会办医方面成效显著，培育形成省级桐庐健康小镇，市级富阳富春药谷小镇、下沙东部医药港小镇，上城高端医疗服务集聚区等特色产业功能区，打造了下城健康服务产业园、萧山智慧健康谷等一批特色产业载体。

(三)经验总结

1.体制机制改革与政策创新

构建大部门制、扁平化的文化产业管理体制，设立文化产业办公室、文化建设办公室等机构。推进投资项目审批制度改革。以解决文化市场主体发展难题为宗旨，在存量政策基础上，创新增量政策体系，完善公共服务体系，实施精准服务。

2.产业准入标准与清单制定

设立产业准入门槛，针对新增固定资产投资项目、新设立或新迁入法人单位、产业活动单位、社群组织一律执行正面清单。确保产业发展符合区域产业定位，限制或禁止承接一般性文化制造业、中低端产业，实施企业、项目末位淘汰制度。

3. 高端要素导入与平台搭建

依托政策洼地效应，大力引进高校、协会、机构、团队等优质主体及各类创新载体。谋划举办国际及国内高端论坛，构筑对内对外发声渠道与交流平台，吸引国家对外开放平台和国际组织入驻。依托高端要素资源，搭建产业公共平台，形成内生动力。

4. 产业融合发展与体系构建

设立引导产业融合发展的专业化管理及运营机构。聚焦文化金融、文化科技领域，创新产业融合服务组织形式。申报创建国家级产业融合示范项目，形成头部示范和集聚效应。适应产业融合发展趋势，合理创新产业管制政策，打破部门分割桎梏。

5. 文化生态保护与传承创新

确立文化生态整体性保护的政策框架，防止人为割裂非遗传承与相应环境的联系。将保护社区文化纳入整体性保护的工作范畴，推动非遗在社区文化生活中的延续和发展。将非遗保护与乡村振兴、文化旅游产业、脱贫扶贫有机结合。

6. 文化对外合作与市场拓展

提高文化保税贸易和便利化服务水平，创新设立文化产品国际交易中心，依托开发区和自贸区规划建设一批特色文化服务出口基地。提高综合配套服务保障水平。依托国家级、省级重大文化活动平台，加强国际文化展示与推介。

(四)主攻方向

1. 产业智慧化

实施数字化、网络化、智能化的理念更新与技术嵌入，提高文化制造、文化服务智慧化水平，打造智慧经济增长点。

依托龙头文化企业加快产业改造提升步伐，实现生产自动化、装备智能化、管理现代化和服务供给网络化，全面提升文化产业核心竞争力。

2. 智慧产业化

加速新知识、新技术、新创意向文化生产力的高效转化，依托新生产要素和新生产方式培育创意经济增长的新动能。

打造创意知识产权成果库，引领构建创意 IP 产业化标准体系，联动政企学研高端资源，打造文化创意成果转化平台。

3.跨界融合化

统筹文化事业与文化产业一体发展，整合利用设施资源、平台资源。深化文化产业与一二三产融合，重点推进与旅游、科技、金融、装备制造、现代农业、商贸流通等的融合发展，促进内容创新、业态创新、模式创新。结合产城融合、军民融合战略，拓展文化经济发展新空间。

4.品牌高端化

聚焦标准化示范引领能力与品牌经济贡献率两大指标，找准品牌培育与新旧动能转换的契合点。提升文化产品质量、效益、诚信度、美誉度、关联度，加快形成一批拥有核心竞争力、高附加值和自主知识产权的知名文化品牌。

三、发展基础与优势

(一)发展优势

1.文化资源禀赋

先行区内坐拥黄河、小清河、大寺河、徒骇河、鹊山水库等水系资源，黄河的“悬河”特色显著。鹊山、华山、药山等山地资源及众多林地、湿地资源富集。区内现存汉画像石墓、龙山文化遗址、百年黄河铁路桥、卢氏旧居等众多历史遗迹和黑陶制作工艺、黄河泥塑、鼓子秧歌、钩绣技艺等非物质文化遗产。

表 3-1-1　　济南新旧动能转换先行区重点文化资源

先行区重点文化资源	
全国文保单位	济南泺口黄河铁路大桥
省级文保单位	扁鹊墓、玉皇冢遗址、卢氏旧居、清真寺
市级文保单位	洪岭寺遗址、汉画像石墓、张沟遗址、刘恩生故宅、邝冢遗址、张尔岐墓
传说类非遗	张尔岐的传说
民间舞蹈类非遗	高跷、舞龙
传统手工艺类非遗	龙山黑陶、德兰柳编、鲁嫂钩绣制作技艺；泺口醋酿造技艺

2. 产业发展基地

先行区规划控制区内已形成以文化休闲娱乐、印刷包装、工艺加工制作、文化设备生产为主体的产业体系。拥有中教产业、亚林台球及中南高科·中德(济南)产业园、沃尔富斯番茄文化产业园等一批文化企业和产业园区项目。

3. 区位交通条件

先行区区位优势显著,北接京津冀,南通长三角,处于京沪经济走廊的中心位置。交通网络成熟,东临遥墙国际机场,距离周边高铁站 20 分钟车程。境内及周边分布 4 条高速公路、2 条高速铁路,规划建设济南北站。

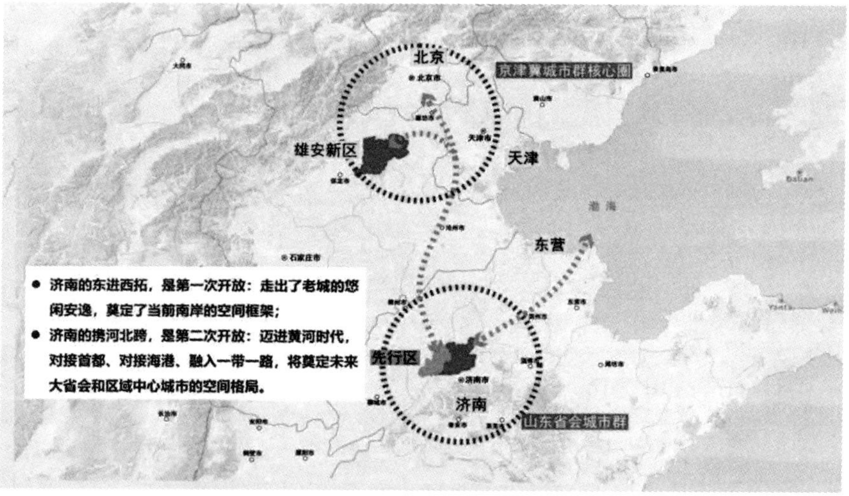

图 3-1-2 济南新旧动能转换先行区区位交通

(二)存在问题

1. 基础设施网络亟待健全

先行区基础设施建设滞后,与中心城区间的交通体系不畅通,医疗、教育、文化、体育等生活服务设施不健全。公共文化服务基础设施及文化产业园、综合体、集聚区等各类产业设施尚待布局落地,制约着先行区文化产业招商落地。

2. 产业生态系统亟待完善

先行区文化产业缺少战略新兴类领军企业,产业平台体系尚属空白,影响对高端创新资源的聚集与链接利用,限制当前文化创新链与产业链的协同升级,在短时期内难以形成创新内驱力，环境友好、优化耦合、协调发展的文化及相关产业生态系统尚待构建。

3. 文化创新土壤有待培育

先行区内缺少高科技领军企业、高等院校等高层次创新主体，科技、教育、人才等创新资源短缺，导致文化创新土壤较为贫瘠，创新要素的聚集尚有困难，加快文化创新发展的社会氛围有待引导。

4. 政策引领有待突破创新

先行区文化产业传统体制机制中的职能越位、缺位、不到位等问题，亟待通过先行先试权限实施一体突破，文化科技融合、文化生态保护、产业业态及项目招引等方面的专项政策体系有待健全。

（三）发展挑战

1. 文化创新发展中的根脉永续与价值坚守

先行区拥有丰厚的历史文化底蕴，在漫长的历史发展过程中形成了稳定的文化根脉体系，是先行区文化产业发展的深厚土壤。只有立足传统文脉，坚持社会主义核心价值观的方向引领，实现传统文化的创造性转换，才能为文化创新发展提供永续动力。

2. 产业价值体系中的双业协同与双效统一

文化产业具备意识形态和一般商品两类属性，文化价值的实现有赖于文化事业与文化产业的渗透、融合。文化产业发展需把社会效益放在首位，通过健全双效评价考核机制，实现社会效益与经济效益的双效统一。

3. 区域竞合格局中的协同发展与错位竞争

先行区地处省会城市群、雄安新区、京津冀、环渤海区域格局中，在区域协同机遇中也存在产业竞争威胁。实施区域协调发展战略，寻求错位发展，构建开放性竞争格局，将是先行区文化产业跃升的关键所在。

4. 全球价值链参与的产业分工与优势培育

全球价值链中的产业分工愈加明确，先行区应紧抓新一轮科技革命的机遇，根据国际文化产业趋势，积极融入全球产业分工合作。在文化产品、服务同质化严重的市场形势下，通过提高自主创新能力，培育区域特色优势，融入文化产业全球价值链。

表 3-1-2　　济南新旧动能转换先行区文化产业SWOT分析

优势	具有优良的生态基底,黄河、大寺河、水库、湿地及周围自然环境良好。
	既定的商贸、智慧物流产业等项目布局与文化产业存在天然耦合性。
	产业发展空间广阔,土地平坦,建设用地充裕,便于整体规划。
	历史遗存丰富,民间记忆保留完整,有丰富的民俗活动。
	城市阳台与黄河毗邻,更容易体现文化底蕴和对外开放的姿态。
	政府主导的公建项目,具有先行先试特权,制度约束小。
	黄河示范段文化资源富集、典型,适于作为黄河文化生态保护核心区。
	省市级文化设施疏解意向确定。
劣势	医教文体等公共服务设施短缺、覆盖面小,且质量不高。
	乡村建筑、基础设施面貌较为脏乱,人口分散。
	可利用设施少,公共配套服务设施不易统筹设置,90%需要重建。
	启动区域文化产业基础薄弱,亟需文化内涵填充提升。
	历史遗存规模小,布局分散。
	近期成型的项目分散,缺少联系。
	黄河南北两岸人民心理认同有待增强。
	公共文化设施启动运营阶段成本高,综合效益需待产业成熟后得以实现。
机遇	党的十九大提出坚定文化自信,实施中华优秀传统文化传承发展工程。
	新一轮科技革命和产业变革孕育"四新"经济"弯道超车"机会。
	国家重大战略的实施,有助于营造高端新兴产业发展的良好环境。
	黄河文化所具备的区域影响力、国际影响力。
	产业承载潜力大,是济南新智造、新服务等高端新兴产业发展的理想地。
	济南打造会展名城、国际内陆港标杆,对会展、文化贸易的发展意义重大。
	全国尚未有黄河主题文化生态保护区,主题具有唯一性。
	济南中心城区人口需要疏解,市民文化和休闲生活进入新的升级节点。
	中职教育的集约办学趋势与高校的迁入。

续表

威胁	各个专项规划之间有可能出现空间落位冲突的问题。
	济南缺乏更精致、更前卫的地域文化表达形式。
	先行区与黄河南岸更具代表性的泉、湖、古城资源如何统筹利用。
	文化企业招引与设施平台搭建的时序控制。
	文化产业平台如何与“四新”“四化”平台实现资源共享。
	文化金融合作定位与市区CBD、汉峪金谷形成同质竞争。
	先行区大规模村落拆迁易导致地方记忆中断。
	当前刻意仿古、千城一面的风貌塑造趋势。

（四）重点任务

1. 接续文脉，实现人文赋能

通过推动泉城、黄河、齐鲁、中华优秀传统文化的创造性转化和创新性发展，实现优秀传统文化与现代文化精神、新兴文化业态有机结合，增强文化自信、厚植文化底蕴、树立精神标识。

2. 构建体系，实现生态闭环

激发文化产业多向、交互、融合效能，构建先行区“无中生有、有中生优”的文化产业体系；以协同产业动能转换为目标，汇聚高端、优质文化创新要素，构建文化产业创新生态系统。

3. 先行先试，实现双制创新

围绕创新先行、绿色先行、改革开放先行和新智造、新科技、新服务、新消费发展导向，发挥文化产业引领、赋能、协同作用，强化政策创新、主体培育、产品供给等环节的机制保障。

第二节　战略路径

一、指导思想

全面贯彻党的十九大精神，以习近平新时代中国特色社会主义思想为指导，牢固树立新发展理念，紧紧围绕全省新旧动能转换战略部署和全市“打造四个中心，建设现代泉城”的中心任务，聚焦先行区“四新”产业、“四先”平台顶层设计，以文化供给侧结构性改革为主线，以知识、技术、信息、数据等新生产要素为支撑，以产业智慧化、智慧产业化、跨界融合化、品牌高端化为主攻方向，构建现代文化产业体系和文化市场体系，培育创新型、引领型、标杆型的文化新业态、消费新模式，加速文化产业向产业链两端延伸、价值链高端攀升，为全面提高省会文化产业首位度，打造绿色、智慧、现代、宜居的全国新旧动能转换先行区、山东省会城市群黄河北岸中心、全省高端高效新兴产业集聚地、国际一流的现代绿色智慧新城提供强大的文化精神支撑和创新动力支持。

二、基本原则

(一)坚持高点定位、超前谋划

基于国家新旧动能转换先行先试的战略重任，围绕省、市文化产业新旧动能转换战略需求，树立高起点、高标准、高效能发展意识，推动先行区在文化产业升级、双制创新、要素引聚三大领域发挥引领、赋能、协同三大作用。聚焦全球文化产业前沿趋势，遵循弹性规划原则，适度超前布局产业生态、空间格局，探索新时代区域文化保护传承模式和文化实体经济高效永续、融合发展之路。

(二)坚持改革先行、集成创新

充分利用先行区先行先试的改革权、试验权、先行权，探索文化供给侧改革、文化+、文化投融资、文化消费、产城融合等多领域的试点示范和标准创建。推动文化公共服务、文化产业、文化生态保护等政策的集成创新，建立适应文化事业与产业交互共生需求的政策体系，强化文化对外协同开放的全要素资源保障，完善有法可依、有章可循的文化生态保护制度体系。

（三）坚持三位一体、跨界融合

践行产、城、河三位一体融合发展战略，将产业功能、创意人群、城市功能、生态功能相结合，实现文化及相关产业全周期成长体系与先行区空间布局、生态管控相融共生。基于“四新”产业生态和“4343”产业体系，放大文化产业融合倍增效应，提升新智造、新科技产业文化附加值，引领现代文化制造、文创服务产业迭代升级，激活文旅商市场消费潜力，赋予济南“四大区域性中心”新内涵。

（四）坚持区域联动、协同发展

依托区域经济交汇处的新动能节点定位，利用洼地效应吸引全省“两区一圈一带”优质要素资源，打造山东文化产业转型升级新引擎，形成创意在省会、转化在地市的协同发展格局。打通并拓宽南北向、东西向高端要素引聚通道，加快融入环渤海、京津冀、雄安新区等区域竞合格局。积极服务国家“一带一路”文化发展行动计划，大力拓展视听新媒体、数字技术、信息服务等文化服务贸易市场。

三、发展定位

（一）文化定位

1.济南迈向黄河时代的文化寻根地

深入阐发黄河（济南段）治河文化、渡口文化、红色文化、民俗文化、工程文化渊源，建设黄河文化生态保护实验区、黄河国家湿地公园，打造国际知名的黄河文化遗产精品廊道、流动的城市文化公园，构建黄河优秀传统文化传承发展体系，助力济南实现从“大明湖时代”迈向“黄河时代”的历史性跨越。

2.国家级黄河文化生态保护试验区

以“见人见物见生活”为创建宗旨，对黄河沿岸（济南段）历史文化积淀丰厚、存续状态良好，具有重要价值和鲜明特色的以非遗为核心的文化生态实施整体性保护。通过划定保护范围与重点区域、明确保护对象与保护内容、制定保护方式与保护措施、出台创建周期与实施计划，维持黄河文化生态平衡，全面阐发黄河文化精神内涵，彰显黄河文化独特魅力。

(二)产业定位

1.省会城市群创意经济潜力增长极

在核心带动、圈层推进、效应扩散的省会城市群发展格局中,围绕增强省会综合实力、服务功能和辐射带动能力的首要任务,通过创新先行、绿色先行、智慧先行、改开先行,培育以创新、创意、创作、创造为动力的创意经济新生态,树立并强化先行区创意经济“核中之核”的重要地位和功能属性。

2.环渤海开放型文化经济新高地

按照形成全方位、宽领域、高层次的开放要求,优先融入山东半岛、京津冀、辽东半岛的环渤海地区发展格局,在开放型文化经济发展上率先发力,聚焦文化内容原创、生产方式、供给渠道、传播手段等核心领域,引进新技术、做大新产业、发展新业态、拓展新模式,实现高层对接、高效融合、高端发展。

3.国家文化产业动能转换样板示范区

围绕文化产业产业生态、金融服务、市场体系、保障体系、体制机制等五大重点领域,探索具有示范意义和推广价值的组织架构、政策体系、平台系统、引导机制的改革创新路径,带动和促进各种资源优化组合、高效配置、动能转换,打造全国文化产业新旧动能转换的改革探索区、政策先行区、融合示范区。

4.国家级文化科技融合示范基地

聚焦文化资源数字化、数字内容生产、数字技术服务、新媒体融合等文化科技新兴价值链,依托先行区集聚类、单体类优质文化产业载体,引导其在技术研发与集成应用、标准制定、技术转移、产业联盟等领域,创新性解决文化和科技融合“最后一公里”问题,在国内形成示范性的标杆效应。

5.国家文化融合发展创新示范区

围绕先行区“新智造、新科技、新服务、新消费”产业发展方向,依托文化创新创意力量,引导资源端、产品端、技术端、市场端的产业融合,提高文化资源的创新开发水平、新兴产品(服务)的文化内涵、丰富产品市场营销环节的创意手段,提升先行区现代产业体系的文化附加值。

四、发展战略

（一）文创赋能战略

在先行区产城河融合发展格局中，以文创资源、文创要素为基底，以文创企业、文创组织为主导，以文创空间、文创平台为载体，以文创产品、文创品牌为纽带，实施文创赋能行动计划，推动文化资源的创造性转化利用，加快相关产品与服务迭代升级，优化配置居住、产业、服务等各类功能空间，塑造并优化城市精神风貌。

（二）标准引领战略

依托先行先试的政策优势，围绕创意设计、服务外包、新媒体、数字内容、网络文化、产权交易、文化运营、文化制造、文化贸易等重点领域，制定一批以文化创新技术为核心且具有标杆效应的技术标准与服务标准。鼓励区内企业参与国际国内的文化产业标准制定和推广，形成一批有技术主导权的国际、国家行业标准。

（三）载体带动战略

在科学合理的业态体系和空间布局基础上，搭建文化产业发展的公共平台、政策支撑体系，建设引进示范型、引领型产业项目、文化企业，统筹实施黄河文化生态保护、城市启动区域建设和乡村文化振兴等重点任务，实现各区域产业载体的特色化、错位化，构建优势突出、协同发展的产业生态系统。

五、空间布局

根据组团发展、错位协同、有序集聚、三态共生的布局原则，充分衔接先行区国土空间、生态空间、城乡空间及三次产业空间布局体系，结合文化产业空间布局原则和发展规律，确定先行区文化产业空间布局为：培育“文创＋科创”新动能引领核，构建“一轴＋一带”线状要素串联格局，统筹“两团＋两翼”动能转换梯度协同，强化“小镇＋田园”动能转换外围支撑，开拓科学合理、分工明确、特色突出、集聚效应凸显、产城高度协同的文化产业空间格局。

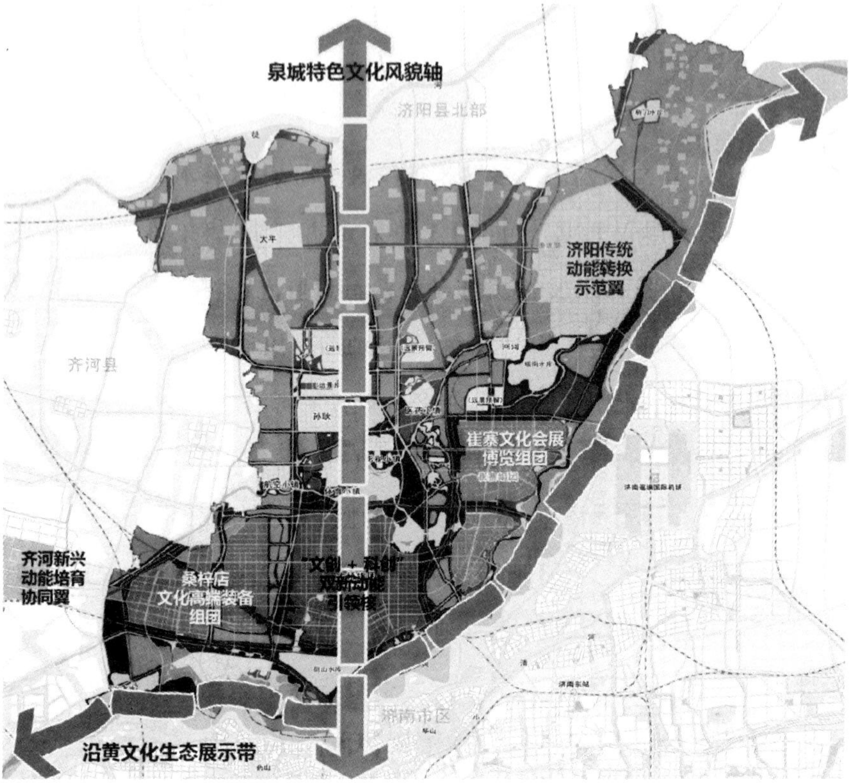

图 3-1-3　济南新旧动能转换先行区空间布局

(一)培育"文创+科创"新动能引领核

依托先行区中心区和引爆区所在地的大桥组团,打造文创文博中心、文化科创中心,构建文化地标、文化总部、创意设计、智慧文博、数字内容、新媒体、网络信息服务七大功能板块,结合文化产业公共服务平台与文化科技创新平台,培育先行区文化产业新动能引领核,打造文化产业中枢功能区、高端产业资源与优质市场要素集聚高地。

1. 文创文博中心

依托中心区创新资源,在文化地标、文化总部、创意设计及智慧文博等领域,集聚一批品牌辨识度高、行业领导力强的文化企业集团,树立先行区城市核心吸引物和文化地标群。

——文化地标板块。集聚省市级公共文化服务设施,加快省图书馆、省青少年宫、省方志馆、市博物馆、市规划展览馆、市档案馆、市史志馆、市电视台等重大设施疏解进程,结合南北两侧区级公共文化设施,共同打造先行区文化地标群落。

——文化总部板块。依托引爆区总部与商务中心，出台文化总部经济扶持引导办法，保留“一事一议”政策空间，积极鼓励国内外龙头文创企业、重大文化项目将全国总部、区域总部设在此地，打造国内知名的文化企业总部经济区。

——创意设计板块。依托创业大街、创客空间、孵化器、加速器等载体，引进国内外知名建筑设计、工业设计、时装设计、动漫设计、广告创意、品牌策划与营销类企业。建设“全球创意城市网络”联合文创学院，常态化开展国际文创人才合作与交流。

——智慧文博板块。提高省市公共文化设施的展览展示、公共服务的数字化水平，打造齐鲁文化艺术基础资源信息数据库。配套建设艺术、工艺、文化界大师工作室，辅助开展文化艺术资源数字化应用的前瞻性研究。

2.文化科创中心

依托引爆区科技研发中心，围绕数字内容、新媒体、网络信息服务等重点领域，努力突破一批具有较强技术关联性和产业带动性的文化关键技术，形成一批具有自主知识产权的文化科技专利成果。

——数字内容板块。引进国内外知名数字技术服务提供商，打造数字内容研发实验室，开展数字影音、动漫游戏、网络文学等数字文化内容生产。建设数字经济港，拓展文化资源数字化转换及开发利用、知识分享与众包中介平台等热点领域。打造数字服务外包基地，开拓文化艺术、专业设计、影视领域的数字化服务贸易市场。

——新媒体板块。积极融入济南加快媒体融合及创建新媒体之都筹备格局中，大力引进国内外知名媒体运营商、新媒体标杆企业，引导社会资本参与新媒体产业开发。创建国家级新媒体产业基地，构建“数字技术＋网络技术＋通信技术”集成化技术平台，争取成为中国新媒体发展年会永久举办地。

——网络信息服务板块。围绕信息技术、网络技术的文化应用领域，引进第三方专业机构，聚焦互联网演出、娱乐应用、音视频服务市场，打造集成化的行业信息服务联盟。大力开展区块链技术下的文化内容生产及消费的创新应用，拓展基于开源代码的个性化软件服务开发、5G＋增值电信文化服务、公共“文化云”服务市场。

（二）构建“一轴＋一带”线状要素串联格局

以先行区线状分布的文化、生态资源为逻辑基础，以互联互通的城市工程和产业载体设施为支撑,严格保护遗址遗迹、合理控制建筑风貌、统筹引导产业形态,构建泉城特色文化风貌轴。通过分段优化空间功能、布局文化展示节点,打造沿黄文化生态展示带,开拓纵横交错的文态、生态、业态线状串联格局。

1.泉城特色文化风貌轴

继承并延续泰山—千佛山—明府城—大明湖的城市轴线,基于文化遗产、建筑风貌、产业形态三大维度,加强黄河南北两岸、新老城市的空间呼应,确保轴线落位的先行区展现出源远流长、薪火相传、继往开来的城市文化脉络。

——严格保护遗址遗迹。加快推进轴线周边扁鹊墓、玉皇冢、红岭寺、邝塚、张沟、张尔岐等文物保护单位“四有”工作,实施鹊华博物馆等一批有示范引领作用的重大文物保护利用项目。以重要文化遗产地、重大保护工程和重点文化遗产活动为依托,精心打造文物活化利用品牌,拓展文物旅游、文博展览、文创产品研发市场,强化区域内文化遗产之间的相互联系。

——合理控制建筑风貌。优化城市与鹊山、华山的景观廊道,确保轴线南北形成良好的衬景和通视。文化中心、科创中心、济南北站以及行政中心等地标建筑应以传承创新型风貌为主;临近自然生态的建筑选择传统本土风貌,与周边生态形成景观呼应;特色产业建筑则视功能属性选择中西合璧、创新未来型风貌,保持黄河南北两岸、新老城市的空间呼应。

——统筹引导产业形态。轴线区域以文化、科技、旅游为核心产业,依托城、园、镇三类六种产业载体,构建多级共享的服务新体系,打造国际文化合作交流基地、高端科技创新展示窗口、精品休闲旅游目的地,开拓生产空间集约高效、生活空间宜居适度、生态空间山清水秀的空间新格局,打造身心体验、思想升华、心灵净化、境界提升的精神文化走廊。

2.沿黄文化生态展示带

加强黄河两岸城区及上下游城市的合作,在黄河文化生态保护实验区创建框架内,通过分段优化空间功能、布局文化展示节点,构建中央文化生态开放空间和流动着的历史文化展示廊道。

——分段优化空间功能。创建黄河国家湿地公园,充分利用该区域丰富的植物及生态资源、黄河流域的文化遗产及两岸的农田和村落，打造黄河文化生态保护核心区。结合黄河示范段建设，在黄河十九弯处建设黄河体育公园、鹊华博物馆、华山体育休闲园，打造省会济南面向全国乃至全世界的“齐鲁客厅”。结合崔寨组团建设，规划落地黄河文化博物馆、黄河学院、黄河创意街、会展中心等创意和展示空间。

——布局文化展示节点。保护并合理利用黄河大桥群文化资源，改造黄河大桥，调整部分浮桥功能，完善旅游服务、文化展示设施，将历史文化工程与休闲、旅游等活动有机结合。将泺口和邢家渡打造为黄河渡口文化展示节点，恢复通航能力，通过慢行系统与沿河文化旅游节点相连通。结合生态修复工程，有序布局冯唐创意村、亲水乐园、生态农业园、草药园、体育公园、房车营地等文化体验项目。

(三)引导“两团＋两翼”动能转换梯度协同

1. 崔寨文化会展博览组团

——高标准建设运营国际博览城。充分发挥崔寨组团的区位交通优势，加强与空港、高铁联动，高标准建设国际博览城。以国际会展中心和国际会议中心为核心载体，引进国际国内知名会展机构及合作伙伴，打造“世界一流、中国第一”的全球首座“会展＋产业”融合发展的经济园区，加快形成 APEC、G20 国际峰会同等级会务承接能力。联动大桥中心区，积极协办世界园艺博览会、黄河高峰论坛。

——强化相关产业配套支撑。依托引爆区科创中心，打造智慧会展平台，实现会展智能应用、智慧管理、智慧营销、智慧布展和智慧服务。依托国际博览城建设，配套建设科创先行谷，加快落地绿地科创总部、中科科技园、云谷产业园、跨境贸易中心、齐鲁国宾馆。引导创新产业园区、中国氢谷导入创业孵化、产学研创新项目。围绕滨河沿岸打造体育公园、生态农业园，联动园博园开发文化休闲项目。

2. 桑梓店文化高端装备组团

——建设文化装备制造成果转化基地，构建文化装备制造科研载体群。以推进文化创意与装备制造深度融合为主线，积极引进高校、科研院所、国家实验室、企业研发总部等高端创新资源，聚焦演艺装备、娱乐装备、展览装备、数字技术、机器人、3D 打印装备等领域，打造国家重点文化装备实验室，落地文化装备制造云服务平台。

——制定服务“中国制造 2025”战略的文化装备技术标准及应用规范。引进大数据、物联网、AI及智能终端提供商，研发面向消费升级的中高端移动通信终端、可穿戴设备、智能影音及虚拟现实、增强现实等前沿文化科技装备设备，鼓励企业开展基于应用场景的"装备＋服务"定制化模式，开展前沿性技术标准与应用规范研究，打造国内领先的文化装备制造高地。

3. 济阳传统动能转换示范翼

——推动传统文化业态链实现整体跃升。充分利用济阳撤县设区的综合发展机遇，全面融入全市文化产业空间、行业、政策体系。依托先行区"四新"产业、"四先"平台，带动济阳印刷包装、工艺加工、文化设备生产等传统业态链实现整体跃升，优先扶持雕塑设计、黑陶制作、柳编工艺、家具制作、老粗布加工等文化企业转型升级。

——依托临空优势引聚高端要素资源。积极对接临空经济，集聚优质市场要素，大力发展总部经济、文化商务等现代都市业态。整合温泉、农业、文化遗址等资源，在精品旅游项目、精品线路打造上实现新突破。依托济北智造小镇、少海汇智慧住居等重点项目，实施食品饮料加工、智能制造"文创提质"工程，积极融入先行区智能制造产业链。

4. 齐河新兴动能培育协同翼

——探索建立文化及相关产业生态共建机制。加强先行区与齐河的规划对接，促进区域产业联动，引导齐河齐鲁科技小镇、中谷创新产业园、绿色包装印刷产业园、高端装备制造产业园等新动能产业载体与先行区探索建立产业生态共建机制，在产业分工、市场定位环节实现功能互补，实现区域文化产业一体化发展。

——联合推进文化生态保护及精品旅游发展。加快推动全国旅游标准化示范县和全省全域旅游示范县创建进程，实施泉城海洋极地世界、泉城欧乐堡梦幻世界等重大项目提升工程，全力打造具有核心吸引力的全域旅游目的地。联动黄河国家湿地公园与齐河黄河国际生态城，统筹推进黄河资源的联动保护利用，联合打造区域性黄河文化生态保护、生态旅游示范区。

(四)强化"小镇＋田园"动能转换外围支撑

1. 文旅特色小镇

——影视主题小镇。积极融入济南特色影视产业发展格局中，按照在省内与青岛错位发展原则，以电视剧产业孵化、创新为特色，引入山东影视集团等合作伙伴及产业链上优秀企业、团队，构建影视制作、影视科技、影视教育、影视服务和影视娱乐等“1＋N”产业生态。引领构建济南影视IP资源库、IP孵化平台，通过生产拍摄、后期制作、设备供应租赁、发行交易等各市场主体的有序集聚，逐步打造国内知名的电视剧产业资源聚合平台。加大税收、财政补贴、投融资、精品创作扶持力度，为入驻的影视企业、组织、第三方机构提供全方位服务。

——运动休闲小镇。聚焦运动休闲、体育健康核心主题，根据先行区产业规划格局，协同济南国际医学中心，构建具有滨水特色的体育竞赛表演、体育健身休闲、体育培训与教育、中医药养生等特色产业体系，拓展露营自驾、旅游度假、徒步骑行、康体养生市场。依托沿黄生态资源优势，策划承办黄河国际马拉松赛事，大力培育黄河公路自行车赛、黄河生态五项挑战赛、全地形车赛事、场地汽车越野赛等专业赛事。联动航空小镇建设，开发航空表演、飞行体验、热气球观光项目。推进自驾车房车营地、运动船艇码头、航空飞行营地等特色载体设施建设，适时创建国家级体育旅游示范基地。

2.田园综合体

——以“三三”为原则，明确创建要求。以大寺河生态廊道以北为重点区域，以农村生产生活生态“三生同步”、一二三产业“三产融合”、农业文化旅游“三位一体”为目标，打造若干集循环农业、创意农业、农事体验于一体的田园综合体。

——以资源为导向，实施分类打造。选择基础条件较优、生态环境友好的整村片区，依托省农科院实验基地等科研平台，分类整合瓜果、蔬菜、新型水稻、食用菌等特色农产品资源，都市农庄等创意载体资源及外围卢氏旧居等文化资源。

——以平台为架构，提高创建成效。加强田园综合体区域内“田园＋农村”基础设施建设；打造涉农产业体系发展平台，构建农事体验、休闲度假、科普教育、文化观光、民俗体验等多元产品体系。

第三节　对策建议

一、业态体系

(一)文化创意产业集群培育计划

1. 历史经典

历史经典产业是传承区域传统文化的重要载体。在文化复兴、绿色发展和消费升级的新形势下,历史经典产业正处于传承和创新的关键时期。先行区应延续传统历史经典产业优势,发挥"创意+"产业驱动作用,促进传统工艺、印刷包装转型升级,推动历史经典产业创新发展。

——加强传统工艺创新研发。鼓励先行区内雕塑、黑陶、家具、柳编、老粗布等传统生产企业,在坚持传统艺术格调的基础上,更新艺术形式及生产技术,适时依托先行区"四新"平台提高创新研发能力。依托非遗博览馆、鹊华博物馆、市博物馆等特色博物馆群,设立传统工艺工作站,保护传承和创新发展传统工艺。

——加快印刷包装转型升级。鼓励先行区印刷包装企业加强绿色印刷包装专项技术研发,积极申报绿色产品认证。组织实施绿色材料、清洁生产等技术改造项目,加强节能环保技术、工艺、装备的推广应用。加速推进出版印刷业与食品工业、智慧物流、智能制造的产业融合,构建"出版+印刷+包装+设计"的产业生态圈。

——推进"创意+"融合进程。持续推动传统工艺与创意设计的融合发展,加强与全市创意设计企业、工业设计机构等的合作,强化创意设计在雕塑、黑陶、家具、柳编等产品创新、品牌建设和科技成果转化等方面的作用,推动传统制造业向智能型、环保型、服务型转变。加大城市阳台文化创意内容导入力度,研发一批文创品牌产品。

表 3-1-3　　历史经典产业招引及培育目标(参考)

名称	总部	简介
国家传统工艺工作站	—	以当地传统工艺项目为重点,致力于提高传统工艺发展水平,促进传统工艺走进现代生活的国家级平台。在开展研习培训、示范引导、帮助当地培养队伍、增强传统工艺发展后劲等方面形成了可推广的经验。
山东工艺美术学院产学研基地	济南	全国32所独立设置的公办艺术院校中唯一一所工艺美术学院,为首批山东特色名校工程建设单位。依托雄厚的创意人才基础,学院现已布局多处产学研基地,在推动创意设计双创领域积累了丰富经验。
国家工艺美术创新远程教育平台	—	致力于普及工艺美术行业知识和技术,提升偏远地区工美从业者综合审美与艺术素养水平,以科学发展观推动工艺美术行业发展,提高工艺美术行业科技进步、创新驱动能力和人员素质。
工艺中国	—	致力于打造中国最全面的工艺百科全书平台,进行系统的工艺美术资料搜集、整理、宣传、保护与传承,将工艺美术事业和“非遗”事业进行线上全新的呈现,打造工艺美术行业的“线上航母”。
国家陶瓷检测重点实验室	—	由设在广东、山东、湖南、河北和江西出入境检验检疫局的5家陶瓷检测重点实验室为基础,经国家质检总局授权成立的。
济南曲堤雕塑文化产业园	济阳	以现有雕塑企业为基础,聚焦城市景观、文化石、民俗雕塑等产品,正努力打造全国较大的景观产品展销基地。
济阳县建华雕塑工艺品加工厂	济阳	经营范围涵盖雕塑工艺品设计、加工、营销。
济阳县龙阳黑陶商行	济阳	集黑陶(黑陶文化)研究、黑陶工艺品制作开发于一体的现代黑陶经营企业,是山东省人民政府新闻办公室对外传播纪念品定点生产厂家。
济阳县太阳雨工艺品专业合作社	济阳	组织收购成员利用农副产品秸秆制造工艺品,依法统一收购销售运输成员加工的工艺品,提供加工新技术,交流和信息咨询服务。
济南鑫达印刷包装有限公司	济阳	成立于2006年,公司经营范围包括包装、装潢、印刷及纸类产品的分切加工和销售等。
济南远达彩印包装有限公司	济阳	成立于2000年,是一家专业从事彩色印刷和包装的综合性企业。

2.创意设计

创意设计产业作为我国文化产业中最重要的增长极之一,在工业化、信息化、城镇化背景下,已成为提升国家文化软实力和产业竞争力的重要抓手。《文化部“十三五”时期文化产业发展规划》指出,要全面提升创意设计业发展水平,充分发挥创意设计对国民经济相关产业的支撑作用。

——树立核心门类竞争优势。聚焦工业设计、建筑设计、时尚设计、多媒体艺术设计、广告设计等重点领域,以大数据为新动力,围绕个性化定制需求层面,拓展服务设计、集成设计、流程设计等新领域。重点引进一批国内知名设计集团,充分发挥创意设计在先行区产业升级中的引领和支撑作用。

——开拓集成创新设计模式。借助开源、开放、共创、共享的互联网技术,搭建创意设计集成创新平台,围绕现代生活方式的变化,集聚各类设计要素,引导建筑空间、应用动漫等领域实现项目集成设计,运用信息技术手段和各种新兴媒体,创新设计表现形式、拓展设计应用渠道。

——加速创意设计跨界融合。提高创意设计对先行区智能制造、商贸服务、创意农业在生产服务、流程优化、品牌建设等环节的支持能力,推动创意设计与数字产品、文博衍生品、城市空间设计和景观风貌设计相结合。鼓励创意设计企业间的跨地区、跨行业、跨所有制融合,组建创意设计产业联盟。

表 3-1-4　　　　创意设计业招引目标(参考)

名称	总部	简介
易兰国际	北京	国际化综合性工程设计机构,主要从事城市规划、建筑设计、旅游规划及景观设计等专业服务,凭借开阔的国际视野、高水平的技术能力以及多国项目的操作经验,得到国内外专业人士的推崇。
LKK 洛可可设计集团	北京	提供以设计为核心的系统解决方案,拥有 14 年设计经验,与用户共同打造 4000 多个成功上市产品设计案例,逐步发展为国际整合创新设计集团。
欧赛斯文化创意有限公司	上海	致力于深掘品牌价值潜力,通过专业的设计语言传达品牌诉求,帮助客户洞悉市场机遇,发展品牌资产。经营范围涵盖动漫产品创意设计,文化活动策划,动漫设计、制作,文化产品、玩具、卡通产品、动漫衍生品等。

续表

名称	总部	简介
木马工业设计公司	上海	创立于2002年，中国十佳设计公司，上海设计创新示范企业；致力于为客户提供从产品原型定义、概念设计、结构设计到供应链整合和品牌建构的全面解决方案。
CCDI悉地国际	深圳	在城市建设和开发领域提供综合、专业服务的大型城市和建筑设计咨询机构。
华企创意设计有限公司	深圳	致力于企业形象服务的整合，立足高端形象策划服务，专注打造一支高技术、高效率、高素质的专业技术团队，为广大客户提供专业、全面、便捷的一站式线上、线下形象策划、设计服务。
奥雅设计集团	香港	致力于为中国城市化的发展提供包含用地分析、经济策划、城市规划、建筑设计、景观设计和生态技术咨询等服务和全程化、一体化、专业化的解决方案，是国内规模最大的，综合实力最强的规划设计公司之一。
叶智荣设计有限公司	香港	以“ALANYIP”作为品牌发行了一系列时尚产品，并把“CHINA DESIGN BY ALANYIP”压印在产品上从而推动中国原创，为香港产品设计奠定了国际地位。
大业设计	广州	中国最顶尖工业设计公司之一，已连续两届荣膺中国十佳工业设计公司及省级工业设计中心。
山东新之航传媒集团有限公司	济南	成立于2001年，是一家专业综合传媒策划运营商，坚持为中高端客户提供品牌推广及传播服务，形成了运营五个高端媒体、四个创意制作团队和五个整合传播运营团队的综合业务体系。

3. 数字内容

数字内容产业是当前文化产业中最具活力的业态之一。我国是全球最大的数字内容生产、发行与消费市场之一，基于环节相关性、市场集中度、盈利能力和发展前景四方面因素评估，数字内容产业的各主要细分领域具备极高的投资价值与招商价值。

——构建新型优质数字文化服务体系。实施数字内容创新发展工程，推动优秀文化资源数字化保护利用。鼓励对艺术品、文物、非物质文化遗产等文化资源进行数字化转化和开发，依托先行区特色文化资源，开发具有鲜明文化特色的数字文化产品，实现优秀传统文化资源的创造性转化和创新性发展。

——推动传统文化数字业态转型升级。运用信息技术手段和各种新兴媒体,创新动漫、游戏、音乐、影视剧等表现形式、拓展传播渠道,发展基于互联网和移动智能终端的动漫传播运营。融入传统媒体与新兴媒体融合发展格局,引聚全市广电、报业传媒资源,落地一批新媒体产业项目。

——培育集智创新的数字服务新业态。实施网络内容建设工程,丰富网络文化产业内容和形式,推动优秀文化产品网络传播。鼓励生产传播健康向上的优秀网络原创作品,提高网络音乐、网络文学、网络表演、网络剧(节)目等网络文化产品的原创能力和文化品位。支持用市场化方式发展知识分享平台。

表 3-1-5　　数字内容产业招引目标(参考)

名称	总部	简介
完美世界控股集团	北京	全球领先的文化娱乐产业集团,涉足影视、游戏、院线、动画、文学、媒体、教育等业务板块。
北京暴风网际科技有限公司	北京	基于在互联网视频服务领域多年的技术和业务积累,先后进入了VR、TV、影业、体育等行业。
万达影视传媒有限公司	北京	主营广播电视节目制作、电影发行、项目投资、投资管理、组织文化艺术交流活动等各类文化传媒业务。
阿里巴巴文化娱乐集团	北京	包括阿里影业、合一集团(优酷土豆)、阿里音乐、阿里体育、UC、阿里游戏、阿里文学、阿里数字娱乐事业部。
北京水晶石数字科技股份有限公司	北京	在国内率先利用CG技术完成建筑制图,以三维的视觉效果与极富创意的形式,从环境、形象、材质、光影等方面完美地将建筑设计表现出来,成为业界的一大突破。
北京四维图新科技股份有限公司	北京	中国领先的数字地图内容、车联网及动态交通信息服务智能解决方案提供商。
北京多米在线科技股份有限公司	北京	是一家数字音乐服务提供商,目前产品覆盖手机、PC、PAD、互联网HIFI音响、智能电视等多类终端。
北京光线传媒有限公司	北京	以电视节目制作为核心业务的传媒娱乐机构,兼营广告、发行、大型活动、电视包等多项娱乐与传媒业务。
阅文集团	上海	是引领行业的正版数字阅读平台和文学IP培育平台,阅文集团旗下拥有中文数字阅读强大的内容品牌矩阵。

续表

名称	总部	简介
山东影视传媒集团	济南	中国最早和最有影响力的影视剧生产机构之一，树立了“山影出品，必属精品”的市场口碑。
咪咕数字传媒有限公司	杭州	隶属中国移动咪咕文化科技集团公司，主要从事手机阅读、手机报平台与产品的开发业务。
华强方特（深圳）动漫有限公司	深圳	是深圳华强方特文化科技集团股份有限公司旗下的一家集影视制作、动漫创作于一体的专业影视制作公司。
广东奥飞动漫文化股份有限公司	汕头	奥飞股份旗下以三维动画制作、漫画制作、动画形象设计、版权代理等为核心业务的动漫文化传播公司。

4.服务外包

在大数据、物联网、移动互联、云计算等技术创新和应用推广的大背景下，服务外包跨界融合发展趋势明朗、特征鲜明。《国际服务外包产业发展“十三五”规划》提出，2020年企业承接离岸服务外包合同执行金额超过1000亿美元，其中文化服务外包占比较大，产业发展空间广阔。

——提高创意设计外包能力。鼓励跨国公司在先行区设立研发中心，承接国际研发业务。鼓励企业整合创意设计、策划咨询等环节，提供行业紧需的专业化创意设计服务。鼓励制造企业将产品研发及工业设计业务外包给专业服务提供商，支持拥有自主知识产权的研发设计成果产业化。

——拓宽软件服务外包市场。依托济南电子信息产业的发展优势及中国软件名城创建契机，鼓励企业依靠核心技术，拓展软件外包业务。重点开发文化传媒、游戏娱乐、电子商务、电信管理等领域的大型行业应用软件；开展机器人、3D打印设备等先进装备制造领域的嵌入式软件系统研发服务。

——发展知识流程外包服务。积极发展大数据分析服务、工业设计服务、城市技术服务、管理咨询服务、文化科技研发服务等知识流程外包，重点推进大数据研究、整合和管理，信息技术解决方案，文化资源管理和信息服务，设计、动画制作和模拟，远程教育和出版等知识流程外包业务拓展。

表 3-1-6　　服务外包业招引目标(参考)

名称	总部	简介
海辉软件(国际)集团	北京	海辉作为中国唯一一家入围美国及欧洲、日本及韩国市场前五名的 IT 外包服务提供商,已经获得国家“双软”以及高新技术企业认证,是国家科技部 50 强软件出口企业之一。
沃盛咨询(深圳)有限公司	深圳	从事国际贸易、转口贸易、区内贸易。通过国内有进出口经营权的企业代理与非保税区企业从事贸易业务、计算机软件开发、产品设计、企业形象设计、商业管理和连锁供应活动,并提供相关业务的咨询。
讯和信息技术有限公司	济南	涉及计算机应用软件开发、系统集成、软件外包服务等领域,入选中国服务外包百家成长型企业名单。
浪潮集团有限公司	济南	是中国本土综合实力强大的大型 IT 企业之一,国内领先的云计算领导厂商,先进的信息科技产品与解决方案服务商,为全球八十多个国家和地区提供 IT 产品和服务。
南京中图数码科技有限公司	南京	计算机工程辅助设计、三维设计;软件开发、销售及系统集成、工程技术咨询等相关配套服务。
青岛飓风文化传媒有限公司	青岛	专注于为欧美和日韩等国提供动漫 2D 转 3D 服务外包。
维杰思科技(杭州)有限公司	杭州	公司主要面向日本、中国及东南亚地区,为世界 500 强流通零售企业提供解决方案和 asp 服务、开发/销售与提案流通行业标准化软件产品,设立了具备高品质开发能力的开发基地。
浙江华麦网络技术有限公司	杭州	作为国内电子商务与文化创意、国际贸易、会展等多行业相融合的新兴业态企业代表,拥有前沿的技术、内容服务平台、创新的运营方式及国际化市场。
杭州时光坐标数字技术有限公司	杭州	拥有旗下时光制作等三大品牌机构的集团化影视传媒公司,是全国动漫设计领域服务外包品牌企业。
浙大网新科技股份有限公司	杭州	聚焦云计算、大数据、人工智能等新一代信息技术,为其提供全价值链的增值服务。
东软集团股份有限公司	沈阳	立足软件技术核心领域,现已成为中国最大的离岸软件外包提供商和全球优秀的 IT 解决方案、服务提供商。
湖南天阅文化服务外包有限公司	益阳	于 2012 年成立,公司致力于进行全民阅读推广,致力于成为最权威的阅读推广机构,提供品牌形象策划、企业文化咨询等专业文化服务外包项目。

（二）文化旅游产业集群提质计划

1. 文博研修

科教文博游已成为推动旅游市场转型的重要产品形态之一。研学旅游、国学教育、数字考古、文博产品市场逐步走热。《中国研学旅行发展报告》指出，未来3～5年研学旅行市场总体规模将超千亿元。

——构建高端研学研修旅游网络。积极推动资源共享和区域合作，依托先行区自然和文化遗产资源、工程资源和逐步完善的大型文博场馆、会展场馆、知名院校、科研机构等，遴选建设一批研学旅行基地，打造一批示范性研学旅行精品线路，逐步形成布局合理、互联互通的高端研学旅行网络。

——拓展高端文化体验旅游市场。保护开发一批与旅游开发、生产经营、展示利用等有效结合的非遗保护传承项目，探索非物质文化遗产活态保护的方式和途径。合理利用古遗址、传统村落资源，开发一批特色鲜明的乡村文化旅游产品，打造一批有历史记忆、地域特点、民俗特色的旅游名镇名村。

——开发特色文博文创产品。依托疏解至先行区的文博、方志、展览类文化设施，以IP授权方式，推动文化文物单位、文化创意设计机构、高等院校、职业学校等开展合作，开发适应现代生活需求的文博创意产品，开发具有地域特色、民族风情、文化品位的旅游商品和纪念品。

表3-1-7　文博研修业招引目标(参考)

名称	总部	简介
全国研学旅行教育联盟	北京	联合全国40余家科研单位、学校、机构，是全国性研学旅行专业指导机构。
北京世纪明德教育科技股份有限公司	北京	新三板创新层挂牌企业，拥有包括国内营、国际营、亲子营、教师培训、教育论坛等在内的500余种社会实践及素质教育全产品体系。
新东方国际游学营	北京	依托全球高端研学教育资源，打造超过40个国家的一百多条海外游学线路。为中国青少年、小学生、成人提供寓教于乐的暑假夏令营、冬令营游学服务。

续表

名　称	总部	简　介
保利文化集团股份有限公司	北京	保利文化以“渠道为先、内容强势”为战略导向，不断扩充剧院院线、艺术品购销网络和电影院线等“渠道”规模，强化与之匹配的演出剧目、艺术品经营和影视制作等“内容”生产，是国有中央企业中唯一的专业文化产业企业集团。
北京故宫文化产品开发有限公司	北京	是北京故宫博物院为加大文化产品开发力度而成立的专门从事文化产品研究，开发和项目运作的机构。
北京帝测科技股份有限公司	北京	经营范围涵盖文化遗址保护服务，“文化遗产数字化复原与活化系统”获评“全国十佳文博技术产品”。
学知修远教育集团	武汉	作为国内游学行业标杆企业，专注为未成年人提供教育型旅行服务，打造了以研究研发和修学导师为核心的服务体系。
山东黄河文化研究院	济南	业务主管单位是山东省文学艺术界联合会，作为从事非营利性社会服务活动的社会组织，致力于研究和弘扬黄河文化。
苏州市博欣艺术品有限公司	苏州	成立于2009年，隶属于苏州市文化经济发展总公司，主要业务为设计、生产、销售文化创意产品和艺术品，运营苏州博物馆馆内艺术品商店及馆外艺术品专柜。
上海博物馆艺术品公司	上海	隶属于上海博物馆，依托馆藏文物，设计、开发具有博物馆特色的文化商品，专营中国古代文物复仿制品、博物馆纪念品、文物图录书刊等，是国内博物馆文化创意产业的先行者。
力方文旅	上海	业务涵盖视觉科技、展馆工程、文博旅游等专业领域，为各类展馆、文博旅游提供专业的创意策划、规划设计、展览展示、视觉科技、光电创意、文化演艺、工程实施、文旅投运等一体化服务。

2. 节庆会展

现代节庆活动的影响力和轰动效应能够提高城市知名度，带动城市品位升级，塑造城市良好形象。当前，我国会展业规模化、集中化、市场化、标准化和国际化的趋势日益显著，正进入新的发展时期。

——构建文化节庆品牌体系。依托园博园，高水平承办世界园艺博览会。吸引中国非物质文化遗产博览会、山东省文化产业博览会、中国新媒体发展年会等知名展会落址先行区。争取成为儒商大会永久会址，搭建儒商文化展示、推介、交易、贸易平台。结合地方传统文化艺术资源，创新举办传统民俗节庆活动，打造特色节庆之都。

——打造高端文化论坛平台。高标准打造黄河高峰论坛，通过定期举办具有国际影响力的高端会议、论坛，彰显济南的黄河文化、黄河精神和黄河品牌。积极融入"一带一路"、京津冀范围内的文化节、博览会、艺术节、体育竞赛等国内外文化活动；策划举办新媒体、影视剧、创意设计等产业合作论坛，扩大产业双招双引渠道。

——提高节庆会展智慧水平。以国际博览城建设为契机，加快会展行业信息化、智能化发展进程。综合运用互联网、云计算、大数据和可视化等先进技术，推动会展数据的筛选、运用与展示，推动会展服务创新、管理创新、市场创新和商业模式创新，实现区域会展信息的共享与互联互通，助力济南会展名城建设。

表 3-1-8　　节庆会展业招引目标(参考)

名称	总　部	简　介
儒商大会	—	大会致力于合力铸就新时代儒商精神，打造产业资源对接平台，构建永不落幕的招商引资招才机制。
中国非物质文化遗产博览会	—	搭建全面展示国内非物质文化遗产保护传承成果和引领非物质文化遗产保护工作方向的会展平台。(已永久落户济南)
中国新媒体发展年会	—	搭建全国性的高层次新媒体交流平台，致力于打造全国媒体融合发展风向标。(已永久落户济南)
世界园艺博览会	—	作为最高级别的专业性国际博览会，能给举办地带来巨大的国际影响和综合效益。
山东(济南)国际文化产业博览交易会	—	深入挖掘和展示齐鲁优秀文化，打造内容丰富、形式新颖、特色鲜明、功能完善的文化交流展示和交易合作平台、集中展示省市文化创意产业发展成果的展览平台，培育全国知名的文化展会品牌。
德国汉诺威展览公司	汉诺威	成立于1947年，作为世界领先的展览公司之一，拥有世界最大的展览场馆——汉诺威展览中心，其在全球拥有790位员工，70个海外分公司和办事处。
国家会展中心(上海)有限责任公司	上海	公司根据商务部和上海市共建国家会展项目框架协议，负责国家会展项目投资建设和运营开发等工作。

续表

名　称	总部	简　介
杭州泓翰文化创意有限公司	杭州	一家具有国际水准的创意型文化传播性服务供应商,服务内容包括政、企界中高端会议、创意设计展厅制作、舞美造型、新闻发布、品牌推广、媒介传播、演艺经纪等。
浙江米奥兰特商务会展股份有限公司	杭州	以境外自主办展为基础,从"一带一路"新兴市场买家需求出发,结合互联网展会平台,主营数十个海外品牌展会。
广东鸿威国际会展集团有限公司	广州	主要以国际会展业为龙头业务,集展示工程、影视广告、会议论坛、活动策划,游艇、通用航空产业服务等于一体的综合性国际会展集团公司。
山水盛典文化产业有限公司	北京	由中国山水实景演出创始人梅帅元先生发起设立,公司主要从事国内旅游演出项目策划、设计及制作,景区文化旅游策划和规划,以及文化旅游项目运营管理服务。
华夏文旅集团	威海	涵盖文化旅游、旅游演艺、主题公园、旅游景区、旅游产品开发、投资运营管理等全链条的文化旅游产业集群,是中国独具创新性的文化旅游品牌。

3. 生态康养

生态康养作为一种绿色消费方式,覆盖面广、产业链长,涉及健康、养老、医疗、旅游、体育、文化、科技信息、绿色农业等多领域、多方面,是现代服务业的重要组成部分,也是战略性新兴产业和新的经济增长点。

——打造水生态精品旅游品牌。依托黄河沿线自然风光与周边水库、湿地、森林、滩涂、沙地等生态资源,以黄河国家湿地公园为核心,完善黄河观光、滩涂休闲等生态旅游产品,打造融绿色生态、文化体验、亲水休闲、时尚都市、旅游商贸于一体的城市中心滨河旅游走廊。

——构建生态康养产品体系。全面对接济南国际医疗康养名城建设战略,加大康养市场开发力度,依托黄河湿地、森林、山地等生态资源,构建森林养生、湿地养生、温泉养生等特色产业体系,丰富户外康体休闲产品。打造"15 分钟康养服务圈",打造完善的生态医疗康养体系。

——创新开发中医文化产业项目。结合全市中医振兴工程,联动济南国际医学科学中心,大力弘扬扁鹊文化,唱响"扁鹊故里、泉城中医"品牌。建设医药小镇、中医药文化产业园、中医药文化街等各具特色的产业项目。筹办国际中医药交流博览会，多途径扩大“扁鹊”中医品牌影响力。

表 3-19 生态康养业招引目标(参考)

名　称	总部	简　介
山东省文化旅游发展集团有限公司	济南	由省国资委主导，致力于整合山东省省属文化旅游优质资源，努力打造为国内一流的文化旅游集团。
山东地矿集团	济南	为省管一级国有全资企业，主营业务涵盖特色康养地产、地矿文化产业等八大产业集群，现已在先行区筹建功能齐全、运转高效、产业集中的黄河新动能产业基地。
济南文旅发展集团有限公司	济南	是市委、市政府成立的市属六大投融资平台之一，主要负责全市文化、旅游、体育产业资源整合，文旅项目投融资、建设与运营和城市文化旅游品牌对外推广等。
山东银座旅游集团	济南	是整合鲁商集团优势资源组建成立的酒店旅游产业集团，连续多年蝉联中国旅游集团20强。
山东康养集团	济南	山东省医养结合产业智慧养老社区综合服务平台的引领者和践行者，以线上、线下相结合的养老服务运营模式，在全省多个宜居城市布局社区康养中心和UCC快捷诊室项目。
山东嘉华文化国际旅行社有限公司	济南	先后荣获全国十强旅行社、山东首批AAAAA旅行社等荣誉，业务范围涉及出境旅游、国内旅游、会议会展、文化交流及考察、航空票务服务等领域。
华侨城旅游集团	深圳	旅游产业是华侨城最为核心的优势产业。旗下产品雄踞全球主题公园四强，已在全国托管及顾问管理优质景区共计28家，致力于成为“中国全域旅游示范者”。
万达主题娱乐公司	北京	中国领先的主题乐园管理运营企业，在中国管理着6个超大型文化旅游项目，内容包括大型室外主题乐园、电影乐园、水乐园、海洋乐园、滑雪场、大型舞台秀等。
艳阳(中国)度假连锁集团	上海	中国度假养生产业专业运营商，主要从事候鸟式养老、养生度假、度假村连锁加盟、旅游地产开发和度假网站运营等业务。
南京秦野文化传播有限公司	南京	专注于中医药文化开发建设事业，是全国中医文化建设知名品牌单位，拥有上百家中医文化题材建设成功系统案例。
九华健康公社	池州	2017中国生态养老十大品牌，旗下拥有健身气功养生、四季养生、宗教禅修、传统中医等特色产品。

4.运动休闲

发展运动休闲产业是丰富旅游产品体系、拓展旅游消费空间、促进旅游业转型升级的重要路径,是盘活体育资源、实现全民健身和全民健康深度融合、推动体育产业提质增效的必然选择,对于培育经济发展新动能、拓展经济发展新空间具有十分重要的意义。

——开发高端运动休闲产品。依托水陆空运动资源,开发面向中高端消费市场的山地户外、水上运动、汽摩竞速、航空运动等高端运动休闲产品。推动体育与文化、旅游、健康、养老、农业、水利、林业、通用航空等产业的融合发展,开发一批复合型、特色化运动康养产品,培育一批以体育运动为特色的体育旅游精品项目。

——培育赛事活动旅游市场。以黄河国际马拉松赛事为引领,培育引进自行车赛、生态挑战赛等专业赛事。结合先行区各功能组团建设,大力发展足球、篮球、乒乓球等市场化程度高的职业体育赛事和滑雪、马拉松、自行车、山地户外、武术等市场基础好的群众性体育赛事活动,支持发展具有地方特色、民族风情特色的传统体育活动。

——大力发展健身休闲服务。鼓励开发以移动互联网、大数据、云计算技术为支撑的健身休闲服务,推动运动休闲项目向服务导向转变,提升场馆预定、健身指导、运动分析、体质监测、交流互动、赛事参与等综合服务水平。积极推动健身休闲在线平台企业发展壮大,整合上下游企业资源,形成运动休闲产业新生态圈。

表 3-1-10　　运动休闲业招引目标(参考)

名　称	总部	简　介
中体产业集团	天津	国家体育总局控股的上市公司,业务领域涉及复合型城市体育地产开发、体育场馆和设施的运营管理与内容提供、体育竞赛的运营管理、体育中介服务、健身俱乐部连锁运营、体育彩票设备供应及服务等。
中视体育	北京	是中国国际电视总公司的全资子公司。作为中央电视台唯一的体育赛事商业运营机构,业务范围涵盖体育赛事组织运营与商务开发、赛事及节目版权交易、电视节目研发与制作等。
智美体育集团	北京	中国第一家整体上市的体育文化产业运营商,国内颇具影响力的马拉松产业运营商,从事赛事运营、赛事转播、体育旅游、运动康复等业务,已构建“赛事＋内容＋场馆＋服务”的一体化产业平台。

续表

名　称	总部	简　介
北京体育文化产业集团	北京	专注体育及文化产业的投资与发展，整合投资开发、建设运营等全产业链平台，拥有行业技术优势、运营优势、内容优势、投融资优势、政府资源以及国际化的产业资源。
智美体育控股集团	北京	在“体育＋”战略引领下，已形成赛事运营、体育营销、赛事转播、场馆运营全产业链运营模式，初步完成从赛事运营到健康大消费的产业升级。
奥美之路健康科技股份有限公司	北京	致力于健康产业和运动人体科学领域的研究，为体育科研和教育机构、健康产业管理机构提供整体解决方案。
万达体育	广州	旗下拥有瑞士盈方体育传媒、美国世界铁人公司等企业，形成了体育赛事举办、运动员经纪、赛事营销、赛事转播的体育产业链。目前万达运营着冰雪、足球、铁人三项等二十多项体育运动，是世界较大的体育公司。
莱茵达体育发展股份有限公司	杭州	“国家体育产业示范单位”，在全球范围内布局体育空间、体育赛事、体育金融、体育教育、体育网络、体育传媒六大平台，致力于打造一个由若干企业集群组成的融合发展的体育产业生态圈。
英派斯健康发展有限公司	青岛	中国最大的健康产业集团之一，1991 年成立至今，已率先构筑了从健身器材开发、制造、经营，到健身服务、健身培训和健康管理的完整健康产业链。
大丰体育	余姚	国内知名的体育场馆整体集成方案解决商、全球领先的文体设施整体集成方案解决商。
中国・泰山体育产业集团	乐陵	集研发、生产、销售、服务于一体的世界上最大的综合性体育器材基地之一，是唯一经国家工商总局核准注册的大型国家级体育产业集团。
佳兆业文体集团	深圳	首创以文体综合服务体运营、文体互联、衍生经营为主线的四驱运营模式，打造中国文体活动互联平台。

（三）跨界融合产业集群支撑计划

1. 文化＋金融

文化金融作为一种新的产业形态发展迅速，目前我国文化金融市场规模约 5000 亿元，文化金融在支撑文化产业成为国民经济支柱性产业中发挥着重要作用，已成为助推文化产业持续快速健康发展的重要动力。

——实施文化金融集聚行动。以产业金融为发展重点,出台大力度的金融集聚发展扶持政策和招商办法。与CBD建立产业金融互惠合作机制,差异化引进国内文化金融机构和金融总部机构,带动其他金融机构创新文化金融服务组织形式,鼓励银行机构、保险机构建立专门服务文化产业的专营机构。

——引领文化金融产品创新。鼓励金融机构先行先试,开发适合先行区不同领域、不同阶段文化企业特点的金融服务产品,开发知识产权、应收账款、艺术品等质押融资产品,拓展文化企业贷款抵(质)押物的范围,联合采取投资企业股权、债券、资产支持计划等形式,为文化企业提供金融服务。

——优化文化金融信用环境。完善文化金融信用体系基本框架与运行机制,重点抓好企业信用体系建设和个人信用体系建设。搭建金融机构、征信机构与文化企业的交流平台,建立文化企业贷款风险预警系统,建立健全信用法规体系,完善信用信息采集和披露制度,健全失信惩戒机制和守信激励机制。

表3-1-11　　文化+金融招引目标(参考)

名　称	总部	简　介
中国文化产业发展集团有限公司	北京	是国资委系统面向文化产业进行投资运营的专业化平台。主要从事文化及相关产业投资等业务,旗下拥有一家上市公司,全资、控股企业33家。
中国文化产业投资基金	北京	由财政部、中银国际控股有限公司、中国国际电视总公司及深圳国际文化产业博览交易会有限公司等联合发起,总规模200亿元,首期募集41亿元。
国奥文化产业投资集团	北京	集团集投资、传媒、娱乐为一体,是以文化产业投资、文化产品创造为主体的文化全产业投资管理公司。
荣宝斋文化投资公司	北京	与北京银行、齐鲁银行等金融机构合作开展艺术品融资业务,目前开展近现代名家书画作品的融资业务。
山东省文化产业投资集团有限公司	济南	由山东大众报业(集团)有限公司和山东省国有资产投资控股有限公司联合发起设立,是全国领先的跨系统、跨行业、跨区域、跨所有制的大文化产业投融资平台。
山东省文化产业投资基金	济南	由山东省财政发起,通过股权、债权、债权股权结合等投资方式,支持山东省比较优势强、发展前景好、上市潜力大的文化产业项目。

续表

名　称	总部	简　介
山东省文化产权交易所	济南	由大众报业集团和山东产权交易中心出资设立的省级综合性文化产权交易平台。
山东省文化产业资本创投峰会	济南	由中共山东省委宣传部、大众报业集团主办，“新元智库|新元资本”与山东省文化产权交易所联合承办。
华人文化产业基金	上海	国家发展改革委备案审批，基金规模50亿元人民币，是第一个备案通过的文化产业私募股权基金。
芒果文创（上海）股权投资基金	上海	由中南重工、芒果传媒和易泽资本三方发起设立，投资方向主要为以大文化产业为核心的电影、电视剧、综艺节目、音乐、动漫、体育、移动互联网应用等文化创意类项目。
腾讯产业共赢基金	深圳	企业创业投资平台即CVC，致力于投资网络游戏、社交网络、无线互联网、电子商务以及新媒体等产业链上的优质初创企业。
中国建设银行文化创意特色银行	—	四大行中首家“文化银行”，最早设立于深圳，为文化企业开通专属绿色金融通道，做到“5个工作日放款，配备50人专业化团队，给予500亿元专属额度”。

2.文化＋科技

未来是我国文化科技发展的关键跃升期，发挥文化和科技深度融合所产生的创新作用、引领作用、转化作用和驱动作用，已经成为一种必然趋势。推动文化科技创新，将深刻影响文化产品创作生产方式、文化服务传播传承方式、精神文化生活方式，开辟文化产品供给力的新空间。

——加强文化核心技术攻关。依托先行区科技创新机构、企业、平台资源，以创建国家文化和科技融合示范基地为抓手，推进以信息技术、网络技术、新型显示技术为主的高新技术在文化领域的应用，加强数字技术、声光多媒体、多维显示的广泛应用，引领新兴媒体传播、网络内容生产和服务的新技术新业务的集成应用与集成创新。

——推动文化科技要素整合。依托高等院校、科研院所和文化企事业单位，建设若干文化科技重点实验室，开展文化科技重大关键技术研究、科技交流、成果转化和创新创业人才培养。建立专家咨询机制，统筹指导项目研发、推广、转化及应用，组织开展“文化艺术科学重点研究课题”“优秀传统文化研究专项课题”研究。

——强化文化科技融合保障。制定和完善先行区文化科技创新服务保障、技术研发、成果转化推广等方面的政策措施,创新文化科技投融资保障机制,加强文化领域科技基础设施建设。探索建立文化科技创新发展评价指标,客观评价文化科技发展速度、创新水平、科研潜力和效益,促进文化科技规范化发展。

表 3-1-12　　文化+科技招引目标(参考)

名　称	总部	简　介
艾漫数据	北京	是国内领先的娱乐大数据服务商,致力将高新技术与创意文化产业相结合,在自然语言处理、大数据挖掘等领域拥有多项自主知识产权和核心技术。
网智天元	北京	是中国新三板第一家大数据科技公司,其打造的“文化创意产业大数据公共服务平台”入选国家大数据发展重大工程。
分众传媒	上海	2005 年成为首家在美国纳斯达克上市的中国广告传媒股,2016 年成为成为中国市值最大的文化传媒股。自阿里集团入股后,正共同探索新零售大趋势下数字营销的模式创新。
风语筑	上海	中国展览展示行业龙头企业,首创“设计领衔·跨界总包”经营理念,以定制化设计为核心,利用数字化展示手段,重新定义主题文化展示领域。
阿里云	杭州	创立于 2009 年,是全球领先的云计算及人工智能科技公司。
聚好看科技股份有限公司	青岛	智能终端云平台及智能应用领域的技术研发与运营。利用云计算、大数据和视频发布的技术优势,为广电行业、在线教育、传媒行业提供视频云解决方案。
湖北盛天网络技术股份有限公司	武汉	湖北盛天网络技术股份有限公司是国内领先的场景化互联网用户运营平台,是国家重点软件企业。
科大讯飞	合肥	在语音合成、语音识别、口语评测、语言翻译、声纹识别、人脸识别、自然语言处理等智能语音与人工智能核心技术上代表国际先进水平。
山东公共文化服务云平台	济南	运用“互联网+公共文化”服务模式,打造全方位覆盖、多终端访问、多通道发布的公共文化云平台。
齐鲁优秀传统文化服务云平台	济南	作为山东首个传统文化服务云平台,运用先进的云计算技术来实现市民即时、便捷地获取优秀传统文化资源,提供亲民、人性化的服务。

续表

名　称	总部	简　介
浪潮数据资源与交易平台	济南	通过天元数据网以及天元数据库，为A创客、B创客创新创业提供数据和技术支持。
山东省互联网传媒集团	济南	以大众传媒股份有限公司为主体，通过整合收购齐鲁晚报网、鲁中网、山东财经网、鲁南网，收购半岛网股权而形成的省级大型企业集团。

3.文化＋智造

在新一代科技革命的背景下，以信息技术与制造业深度融合主导的文化智能制造业成为参与全球价值链的重要发力点。预计2020年，我国智能制造产值有望超过3万亿元，年复合增长率约20％，文化智造业作为其中重要一环，发展前景广阔。

——大力推进文化智能制造研发。引导高端装备制造企业深度开展基于新技术、新工艺、新装备、新材料、新需求的设计应用，构建完善的文化装备研发、设计、制造、安装、租赁、销售产业链。适应沉浸体验、智能交互、软硬件结合等发展趋势，鼓励研发具有自主知识产权的可穿戴设备、智能硬件、沉浸式体验平台、应用软件及辅助工具。

——强化文化装备技术应用引领。创建文化部工程技术研究中心，加强文化技术标准、内容和技术装备的协同创新，促进文化装备技术研发和升级改造。加快新型灯光、音响、机械、视效、特效、智能展示等研发应用，提升艺术展演展陈数字化、智能化、网络化水平。支持文物和艺术品展陈、保护及修复设备的产业化及应用示范。

——实施创意设计品牌提升战略。引导制造企业在产品前端设计阶段，以创意手段植入先行区特色文化元素，提升产品外形、结构、功能、材料、工艺等方面的创意设计水平。鼓励传统制造业企业加大品牌文化建设力度，建立企业核心文化标识体系，赋予制造业企业文化内核、文化属性、文化精神和文化价值。

表 3-1-13　　文化+智造招引目标(参考)

名　称	总部	简　介
歌尔声学股份有限公司	潍坊	成立于2001年,国家高新技术企业,主要从事声光电、传感器、微显示光机模组等精密零组件,以及虚拟/增强现实、智能音频、智能穿戴、智能家居等智能硬件的研发、制造和品牌营销。
浙江大丰实业有限公司	余姚	国家重点高新技术企业,拥有400余项专利,具有舞台机械甲级设计资质、建筑智能化甲级设计资质、装饰装修设计甲级设计资质。大丰已发展成一家全球领先的文体设施系统"整体""集成"商。
瑞丰宝丽科技有限公司	北京	专注于AR(增强现实)产品研发和技术商业化应用的互联网科技公司。公司致力于为企业提供高品质的跨平台AR技术,前沿的AR应用整体解决方案,包括AR创意策划、AR内容制作等一站式服务。
北京赢康科技股份有限公司	北京	赢康股份作为业内视音频综合服务商,致力于为智能会控、文化旅游、视景仿真等领域提供以视音频为核心的整体解决方案,包括创意设计、内容制作、系统设计、软硬件开发等。
同辉佳视信息技术股份有限公司	北京	国内知名的智慧显示综合解决方案服务商,提供大屏幕显示系统、智慧互动教学系统、多媒体音视频集成系统解决方案。
中科创达	北京	具有国际影响力的提供Android核心技术和整体解决方案的供应商。
深圳市奋达科技股份有限公司	深圳	中国音频技术、电声产品、健康电器产品领域的领先者,被商务部认定为"国家级高新技术企业"。
锐丰音响科技股份有限公司	广州	专注灯光音响领域的集研发、制造、销售、工程、创意为一体的全产业链的集团化企业,其BONBONLAND品牌已成为地区文旅大IP。
青岛尤尼科技有限公司	青岛	以研制各种3D打印机和3D打印材料为使命并为各行各业提供"3D打印技术应用"的行业解决方案,2011年获"文化创意协会"会员单位。
秋平模型三维科技股份有限公司	重庆	中国3D打印优秀企业,产品和服务已累计进入和服务近1万家企业。
永昌志合教育科技集团有限公司	泰安	是国内教育系统集成、信息化装备服务的主要提供商和综合性信息化服务企业。
上海乐相科技有限公司	上海	致力于虚拟现实终端的研发、虚拟现实内容平台建设,旗下拥有大朋VR品牌及泛娱乐VR内容聚合平台。

4.文化+农业

2016年国务院办公厅《关于推进农村一二三产业融合发展的指导意见》提出，推进农业与旅游、教育、文化、健康养老等产业深度融合。当前，推动以创意农业、休闲农业为代表的文化+农业融合发展，对实施乡村振兴战略具有重要意义。

——提高文化+农业综合效益。实施"互联网+现代农业"行动，积极运用大数据、云计算等技术，推进现代信息技术应用于农业生产、经营、管理和服务。大力发展农产品电子商务，完善配送及综合服务网络。鼓励发展农业生产租赁业务，积极探索农产品个性化定制服务、会展农业、农业众筹等新型农业业态。

——分区域打造休闲农业板块。根据先行区各区域特色、农业资源、人文底蕴，建设若干集生产、养殖、观光、休闲、餐饮于一体的市民农园、都市农庄项目，有序布局黄河农情休闲旅游产业带、现代生态农业产业带、采摘体验农业产业带、精品果蔬观光带、花卉养殖观光产业带，形成各具特色的创意农业发展区域。

——打造创意农业产品体系。以先行区特色瓜果、蔬菜、食用菌等农业资源为基础，依托现代农业生产技术和营销手段，加快培育乡村土特产品品牌，注册一批地理标志产品。推动科技、人文等元素融入农业，培育果木盆景、蔬菜盆景、艺术造型瓜果、农作物干花等创意设计文化艺术型农产品，发展农田艺术景观、阳台农艺等创意农业。

表3-1-14　　文化+农业招引目标(参考)

名　称	总部	简　介
农业部创意农业重点实验室	北京	以创意农业为重点，全方位开展农业科技攻关研究与技术集成示范合作，促进科技成果转化与推广应用。
中农富通园艺有限公司	北京	农业产业化重点龙头企业和国家高新技术企业，已形成农业科研、规划、设计等一条龙服务。
中农四方农业规划设计研究院	北京	中国最早开始探索、实践农业嘉年华的顶级专业机构，构筑了农业嘉年华研发、策划、规划、设计、建设、推广、运营、投资的全产业链条。
亨美利嘉山水居农家乐文化有限公司	北京	全国休闲农业与乡村旅游星级示范企业。

续表

名　称	总部	简　介
北京农物集科技有限公司	北京	立足于中国农特市场,以“知识+服务”为核心业务体系,为农特品牌营销打造“一站式服务窗口”,致力于成为中国品牌农业领域最专业、最具影响力的品牌服务平台。
山东乐彩生态农业科技有限公司	济南	致力于中国农业全产业链一站式、集团化的服务运营机构,与中国农业大学、山东农业大学、山东农科院等科研院校建立紧密合作,面向政府机构及企业提供国际一站式、全程式实操型农业产业 EPC 服务。
高戈伍度创意农业服务有限责任公司	重庆	针对乡村旅游项目、田园综合体项目、特色小镇、全域旅游项目,共享农庄项目,提供从项目定位策划、总体规划、产品内容设计、品牌营销、运营规划在内的全程解决方案。
杨凌创意农业服务有限公司	陕西	主要经营现代农业研发、规划设计与技术咨询服务;现代农业标准化研究与技术咨询服务;农业旅游观光服务;蔬菜及农产品种苗繁育、标准化生产及技术服务,制作经营与技术服务等。
汇集源农业科技股份有限公司	武汉	公司致力于发展新型农业、创意农业、健康农业概念,改变以往农业资源的输出方式及渠道。整合区域内农业资源,构建网络电商平台,以点破面带动区域农业产业发展,强化农业基础地位。
景天创意农业科技有限公司	温州	主营创意农业,积极推广“公司+基地+农户”模式,是当地现代农业发展企业的佼佼者。
慧云信息技术有限公司	南宁	是国内领先的智慧农业解决方案提供商,旨在将“物联网、人工智能、大数据”技术与农业生产经营相结合,为农业生产者提供覆盖建设阶段、生产阶段、销售阶段的全产业链“智慧农业”整体解决方案。

二、重点突破

(一)构建文化产业公共平台体系

1.产业公共服务平台

——文化产业基础服务平台。管理服务平台,为先行区文化公司注册、资质审批、财税服务、社保人社、法律咨询提供便捷的管理服务;信息服务平台,搭建行业联盟、组织,建设信息发布中心网站、移动 APP、文化企业大数据系统等信息化服务体系;人才招引平台，依托先行区人才引进需求及政策依据，集约发布招聘信息，推动项目信息、人才信息的高效流通。

——文化产业增值服务平台。投融资服务平台，以引入金融机构、创投机构，发展与担保、保险等增信第三方合作及组建投融资平台公司等方式，拓宽园区、企业、项目融资渠道；产学研合作平台，发挥高等院校、研究机构、专业服务机构的决策咨询作用，探索与园区、企业等多方合作模式，形成一批跨领域合作成果；文化版权交易平台，联合区域内业态相近、链条互补的园区，构建文化创意版权交易圈，提高文创成果转化率。

2. 文化科技创新平台

——战略型行业技术创新中心组群。依托先行区科创中心，打造一批网络视听、数字出版、动漫游戏、影视制作、创意设计专业技术创新平台，提升和扩大技术研发能级和应用范围。完善数字内容创作生产全流程的技术支撑服务体系，提升数字内容制作的支持服务能力。

——国家级文化科技实验室组群。按照国家、省市发展的战略布局，围绕新兴文化科技业态关键技术与核心环节，引进、创建一批省级以上文化科技重点实验室，转化推广文化科技创新成果，树立文化领域新旧动能转换实验新标杆。

——6.0 版文化孵化器＋加速器组群。以“产业链＋社群组织＋平台经济＋品牌生态”为基础，持续落地一批由众创空间、孵化实验室、技术交换中心、加速器等组成的创业基地，打造从创业到成长的一体化文化创业创新群落。

——“全球创意城市网络”联合文创学院。联合全球创意城市，重点围绕工艺与民间艺术、设计、电影、文学、媒体艺术和音乐等创意领域，打造联合文创学院，开展国际间文创人才培训、交流，常态化组织国际性时尚创意活动。

（二）创建国家级黄河文化生态保护实验区

1. 明确保护对象与保护内容

——区域内各级非遗代表性项目。对高跷、舞龙等传统表演艺术类项目，注重对其剧（节）目及其资料的挖掘和整理，优化艺术创作模式，鼓励剧目创新。对龙山黑陶、柳编、钩绣等传统技艺类项目，注重对其技艺传承及原材料、作品的保护，鼓励探索生产性保护方式。对“张尔岐的传说”等民间文学类项目，注重对其故事、文化的考据与创新，依托影视、动漫等现代演绎形式引导其产品化、产业化。对潜在的民俗类项目,注重在新建社区及保留村落的宣传、教育和活动组织,促进群体传承。

——区域内各级非遗代表性传承人。持续推动各级非遗名录项目代表性传承人的认定和命名。对区域内非遗传承人的级别、现存数量及传承状况进行数据统计,建立完善的非遗传承人名录。统筹资金、政策、场所等资源,严格按照国家、省市标准落实各类补贴、奖励扶持政策,支持传承人开展授徒传承、教学、交流等活动。进一步加大对高龄及无固定经济来源的代表性传承人生活补贴力度,支持通过文字、影像手段,及时记录高龄传承人的从艺经历、技艺水平。

——区域内文化遗产及人文生态环境。严格保护黄河文化生态保护实验区内济南泺口黄河铁路大桥的全国文保项目,保护以扁鹊墓、玉皇冢遗址、洪岭寺遗址、汉画像石墓、张沟遗址、邝冢遗址、张尔岐墓为代表的历史遗址遗迹,保护以卢氏旧居、清真寺、刘恩生故宅为代表的建筑群。贯彻乡村振兴战略与山东省文化遗产片区保护战略,深化对历史文化名城、名镇、名村保护力度,协同推进对区域内生态系统、自然景观、地质遗迹的保护工作。

2.制定保护方式与保护措施

——加大非遗项目抢救性保护力度。建立完善的非遗常态化普查制度,对实验区内的各项文化资源及非遗项目的种类、数量、现状、传承人等展开全面调查记录。完善非遗名录体系与管理制度,在现有名录基础上,扩大国家级、省级项目及代表性传承人的数量,争取更多项目纳入国家非遗保护利用建设项目库。完善充实非遗保护数据库。基于非遗数字资源录入、数字资源加工,启动非遗知识产权的保护登记工作。打造数字虚拟展示平台。建设综合性非物质文化遗产展示场所,根据先行区实际打造非物质文化遗产专题馆,根据传习需要设立各级非遗传习所或传习点。

——拓宽非遗项目生产性保护渠道。挖掘区域内传统工艺项目资源,持续弘扬传承工匠精神,培养一批能工巧匠,培育一批知名品牌,推动传统工艺振兴。依托传统工艺、传统美术项目的生产性保护,组织贫困人口参加传统工艺相关技能培训建档立卡,带动就业,精准助力区域内贫困群众脱贫增收。创建一批国家级、省级非遗生产性示范基地,鼓励高校、设计企业等设立非遗保护开发工作室,开发现代空间软装产品、休闲娱乐产品和创意文具产品，拓展非遗产品在现代生活中的应用范围。依托区域内独具特色的文化生态资源，开展文化观光游、文化体验游、文化休闲游等多种形式的旅游活动。

——完善非遗项目活态化传承机制。实施非遗"五进工程"，将非物质文化遗产保护知识纳入区内高校、职业院校、中小学教育体系，构建"平台＋课程＋活动＋实践"的非遗课程体系。以政府购买公共文化服务方式，加大非遗研究成果、创新成果宣传力度，依托新媒体渠道及文创产品等载体，改善非遗仅在小众群体传播和认知的问题。鼓励将具有地域、民族特色的传统文化元素或符号运用在当地城乡规划和设施建设中。围绕主干道路、重要节点，策划落地集科普性、体验性、参与性、互动性为一体的系列景观小品、展示廊道。深入挖掘、阐释非物质文化遗产蕴含的优秀思想观念、人文精神、道德规范，培育文明乡风、良好家风、淳朴民风，提升乡村文明水平，助力乡村振兴。

（三）打造乡村文化振兴的齐鲁示范样板

1.传承发展乡村优秀传统文化

加强先行区内传统村落及传统建筑的维修、保护和利用，划定乡村建设的历史文化保护线。实施历史文化展示工程、"乡村记忆"工程，做好历史文化展示场所的改造、充实、提升工作。深入阐发优秀传统农耕文化、治河文化蕴含的思想观念、人文精神，传承乡村民俗文化，建立数字影像馆，挖掘和保护民间传统谚语、地方戏种、农耕文化、优秀习俗。创作生产一批反映先行区乡村风貌、农民生产生活的网络文学、网络音乐、网络剧、微电影等乡村文艺作品。筛选一批优秀文艺作品，在出版、展示、推介等方面给予资金扶持。

2.构建完善乡村文化产业体系

实施乡村传统工艺振兴计划，依托乡镇文化站、社区文化中心、农村文化大院，培育有地域特色的传统工艺品牌，开发民间艺术、民俗表演项目。推动黄河民俗民间文化产业与休闲农业、乡村旅游、民俗活动的深度融合。梳理挖掘地域文化、乡土文化，利用传统节日组织开展花会、灯会、庙会等民俗活动，打造节会品牌。科学策划、组织开展节事活动，打造乡村文化名片。实施休闲农业和乡村旅游精品工程，引导利用古遗址、古村落、古街发展文化旅游项目，创新开发节庆赛事、民俗文化、名人文化资源，打造一批艺术村、养生村、休闲村。

三、保障措施

(一)创新体制机制与政策体系

1.健全组织领导机制

按照“大部制、扁平化、聘用制”要求,创新建立由省市政府大力支持、先行区管委会具体实施,相关部门密切配合的先行区文化产业发展领导体制和工作机制。以社会事业部、产业发展部、投资促进部为主要职责部门,发挥镇、街道主管部门协同配合作用。建立文化产业发展联席会议制度,定期研究解决和协调处理产业发展规划、计划实施、政策创新、平台建设及重大项目推进等工作。利用政府购买服务方式建立文化产业服务中心,依托第三方专业机构做好企业、项目沟通协调与服务。

2.明确目标考核制度

健全规划实施监管和督导考核制度,将文化产业发展纳入先行区经济社会发展总体规划,制定年度文化产业重点任务推进计划,定期开展规划实施评估。完善文化产业发展目标责任考核体系和激励机制,将文化招商引资、品牌创新建设、主体培育等内容纳入评价指标。落实责任主体与部门职能,配套出台绩效考评实施办法,确保实现规划的各项重点目标。

3.强化产业政策贯彻落实

贯彻国家、省、市近年来出台的文化产业及新旧动能转换的一系列政策,确保财政、税收、工商、土地、科技等各项优惠政策按规定落实到位。加大政策资源统筹力度,对市场潜力大、带动作用强、经济效益好的文化产业重点项目,在用地保障、审批程序、基础设施配套等方面给予重点扶持。

4.加强重点领域政策创新

在项目招商、平台搭建、文化保护、产业引导、产业集聚等重点领域,推动政策集成化创新。有序出台《关于在新旧动能转换中做大做强文化产业的意见》《先行区文化产业业态指导目录》《先行区文化企业、产业项目引进标准及管理办法》《先行区文化科技融合发展行动计划》《先行区公共服务平台建设与应用实施办法》《国家级黄河文化生态保护试验区创建总体规划》《先行区管委会向社会力量购买公共文化服务指导性目录》《先行区文化产业发展专项资金管理办法》《先行区文化产业园区认定及动态管理办法》等增量政策。

（二）加强规划衔接与实施保障

1. 加强规划标准对接

加强与国家、省市文化产业相关意见、专项规划的对接。确保先行区乡村振兴、文化设施、文物保护、产业规划等相关专项规划的相互衔接，确保各专项规划在总体要求上指向一致，空间配置上相互协调。结合先行区实际，按照从高标准，实施统一的负面清单制度，推进招商引资、平台搭建、政策创新等各领域的先行先试工作。加强与主城区的产业协同与联动，积极引导战略型和潜力型文化企业、园区落地先行区，鼓励主城区文创组织、机构与先行区建立合作关系。

2. 科学实施规划任务

根据先行区建设周期与产业培育计划，加快编制重点领域子规划。实施规划任务分解，将规划任务分解到相关部门、片区，确定牵头部门和工作职责。实施规划绩效评估，加强对文化产业新旧动能转换各项指标的统计监测，完善统计指标体系，做好绩效评估工作。强化规划刚性约束，本规划经批准后须严格执行，不得随意修改、违规变更，确保一张蓝图干到底。

3. 加强项目招引标准管控

构建先行区文化及相关产业项目引进标准体系，建立引入清单制度，以具有显著的社会与经济效益、突出的行业引领和示范效应为引进标准，瞄准全球文化产业龙头企业和国内外知名企业开展重点攻关。规范项目引入流程，建立动态管理机制，着力引进一批产业带动力大、集聚效应强、科技含量高的骨干项目，并实施动态管理与定期考核。项目引进后须严格遵循先行区开发理念及运营规范，经营活动符合先行区规划的空间布局、承载能力、文化风貌要求。

（三）提升服务效能与营商环境

1. 确保项目推进质量速度

建立重大文化产业投资项目协调推进、建设管理全流程服务体系，优化项目选址、规划建设审批流程，重点抓好项目用地报批，做好用地指标和空间保障，对重点项目引进实施“一事一议”“一企一策”政策。加强沟通交流工作,根据相关项目建设目标要求,制定项目实施方案和行动计划。发挥国有文化企业集团引领示范作用和国内外产业运营机构专业作用,高质量搭建产业平台及生态体系,为产业发展提供内生动力。

2.优化营商服务环境

优化审查管理程序,建立多规合一、多证合一、一门受理、一章审批、一次收费、一步到位的“六个一”审批体系,推行重大项目“承诺制”,实施“仅跑一次”改革。做好项目落地后的综合保障工作,为文创企业和项目提供精准、便利、透明、高效的“一站式”服务。建立招商引资重点线索通报制度,加强与全省新旧动能转化工程、京津冀协同发展战略的重大项目对接,提升信息准备、推介考察和优质资源链接效率。

3.加强文化市场监管

推进文化市场信用体系建设,开展文化市场经营主体分级分类管理,构建守信激励、失信惩戒和协同监管机制。强化知识产权保护意识,引进国家级版权监测中心平台及版权创新基地。发挥行业协会在文化市场信用体系建设中的作用,积极培育法律咨询、财务咨询、人才培训、风险投资、代理服务等专业中介服务机构。

第二章

济宁市新旧动能转换文化产业调研报告

2018 年 4 月 3 日，济宁市文广新局印发《关于在全市范围内开展文化产业发展情况调研活动的预备通知》(济文广新函〔2018〕9 号)，要求各县市区对各地文化产业综合情况调查，并形成调研汇报材料。2018 年 4 月中旬，济宁市文广新局联合泺尚有道规划院，组成专题调研组，结合“大学习 · 大调研 · 大改进”活动，先后赴汶上县、任城区、曲阜市等地开展调研，根据调研情况形成《关于济宁市文化领域新旧动能转换文化产业转型升级的调研报告》。

根据济宁市重大办要求，4 月份成立文化产业推进专班及由泺尚有道首席特聘专家、山东大学文化产业规划研究团队昝胜锋博士任组长的专班专家团队和规划起草组。5 月初，起草组在济宁市进一步实地调研，并形成规划初稿。6 月下旬，形成规划征求意见稿发至县市区文广新局、市直有关部门征求意见，各单位根据各自职责，提出了中肯的修改意见。7 月中旬召开了小范围专家内部评审会，就规划重点项目进一步听取专家意见，由泺尚有道文化创意产业规划设计院专家团队对其进一步修改。7 月下旬，规划稿进行通讯评审，山东大学文化产业研究院院长王育济教授、上海交通大学中华文化传承研究院执行院长李康化教授等专家给予规划高度评价，并提出中肯建议。

7月27日，就此次课题内容召开了专家评审会。山东省济宁市文化广电新闻出版局副局长徐伟，山东省济宁市文广新局文化产业科科长李新，山东艺术学院文化产业系主任唐月民，曲阜师范大学孔子文化研究院伦理所所长郑治文，山东理工职业学院商学院院长陈国民，市发改委服务业办公室主任韩传橹，市规划局副局长、全国知名专家刘海涛，市文物局副局长、文物专家杨义堂，济宁市群众艺术馆馆长纪文杰等有关领导专家参加了此次专家评审会。泺尚有道文化创意产业规划设计院院长周朋飞，泺尚有道首席特聘专家、山东大学文化产业规划研究团队昝胜锋博士等代表规划团队出席本次会议。济宁市文化广电新闻出版局副局长徐伟主持评审会议，并介绍了规划基本情况，昝胜锋博士就《济宁市新旧动能转换文化产业专项规划》做了详细汇报。

本规划切合济宁市新旧动能转换文化产业发展实际，发展目标明确，具有一定的战略前瞻性和可操作性。现摘录调研报告中的部分成果与读者共享。

第一节　发展基础

一、资源富集夯实动能转换基础

(一)丰富的儒家文化资源提供不竭动力

济宁市历史悠久，有着深厚的文化底蕴和文化积淀，作为孔、孟、颜、曾、子思“五大圣人”的故里，是儒家文化的诞生地、运河文化的汇集地、水浒文化的发祥地、梁祝文化的兴起地、佛教文化的体验地、红色文化的传承地。全市现有世界级文化遗产2处，国家级、省级、市级重点文物保护单位分别为36处、247处、314处，列入国家级、省级、市级非遗名录项目分别为17项、61项和286项。

(二)文化建设夯实传统动能发展基础

全市县级文化馆全部达到国家二级馆以上标准，152个镇街全部建成综合文化站，并达到国家三级以上标准，先后建成23个民俗博物馆、37个传承基地、传习所，覆盖城乡的公共文化服务体系更加完善。文艺精品创作数量和质量处于全省前列，戏剧创作生产获省文艺精品工程奖“十连冠”。“市民大舞台”“百姓大舞台”等文化惠民工程被文化部评为第二批公共文化服务体系示范项目。依托孔子文化节等载体，精心策划包装并大力宣传“运河之都，文化济宁”城市形象，文化软实力和影响力持续提升。“文化强市”“首善之区”建设迈出坚实步伐，曲阜中华优秀传统文化传承发展示范区取得重大进展。

（三）城市发展奠定新旧动能转换优势

济宁国家高新技术产业开发区作为新兴产业的聚集区、科技成果的转化区，是促进文化产业技术进步和增强自主创新能力的重要载体。济宁地处苏鲁豫皖四省交界地，位于京津冀和长三角两大经济圈的黄金分割点上。“水陆铁空”四位一体的交通集于一地，京沪高铁开启了济宁与北京、上海等大都市崭新的同城时代，济宁机场开通了至广州、沈阳、成都等10余条航线。

表 3-2-1　　济宁市重点文化遗产一览表

类别		名称
物质文化遗产	世界级文化遗产	“三孔”（孔府、孔庙、孔林）、中国大运河（济宁段）。
	国家级文保单位	曲阜孔庙及孔府、孔林、中国大运河（济宁段）、崇觉寺铁塔、曲阜鲁国故城、嘉祥武氏墓群石刻、铁山、岗山摩崖石刻、孟府及孟庙、颜庙、汉鲁王墓、慈孝兼完坊、微山县伏羲庙等。
非物质文化遗产	国家级非遗项目	祭孔大典、鲁西南鼓吹乐、梁祝传说、嘉祥石雕、邹城平派鼓吹乐、鲁班传说、楷木雕刻、四平调、麒麟传说、山东梆子、鲁锦织造技艺、端公腔、孔府菜烹饪技艺、山东落子、曲阜琉璃瓦制作技艺、孟母教子传说、二仙膏古法制作技艺。
	省级非遗项目	梁祝传说、麒麟传说、鲁班传说、孟母教子传说、孔子诞生的传说、柳下惠传说、闵子骞传说、颜子传说、水浒传说、鲁西南鼓吹乐、邹城平派鼓吹乐、箫韶乐舞、泗水《大辫子甩三甩》、嘉祥石雕、楷木雕刻、山东梆子、四平调、阴阳板、火虎、尚寨竹马、梅花桩狮子舞、端公腔、山东渔鼓、山东落子、山头花鼓、梅花拳、子午门、文圣拳、梁山武术、济宁面塑、鲁锦织造技艺、柘砚制作技艺等。

二、产业实力拓展动能转换空间

(一)产业综合产能持续扩大

2013 年～2016 年,全市文化产业增加值从 135.18 亿元增至 177.47 亿元,年均增速 9.5%,占 GDP 比重 4.08%。文化产业经营单位从近 1 万家增至 2.1 万家,从业人员增至 16 万人,文化企业 9000 多家。其中,“三上”文化产业单位达到 453 家,比 2013 年增加 310 家,增长 216.78%,总量居全省第 2 位,仅次于青岛市。全市文化产品对外进出口总额达 5257 美元,比上年增长 34.4%。其中出口额达 5147 万美元,比上年增长 32.2%,全市 3 家企业进入山东省重点文化产品和服务出口名单。

(二)产业结构动能不断优化

全市现有文化产业涉及国家 120 个行业分类中的 97 个行业,覆盖率为 80.8%,文化制造业、文化批发和零售业、文化服务业占比分别为 26.12%、23.44%、50.45%,初步形成了门类较为齐全的文化产业结构。依托孔子研究院、孔子国学院、政德教育基地等载体平台,大力发展传统文化培训教育,创新开发国学、礼仪、政德等培训服务项目,取得良好的社会和经济效益。以数字文化产业为发力点,拓展文化旅游、印刷出版等传统优势产业新动能,运用影视动漫、创意设计等表现手段不断将文化资源保护利用深度融入旅游、农业等产业。区域结构发展趋于均衡,全市 11 个县市区中 7 个县区文化产业增加值占 GDP 比重超过 4%,泗水县、曲阜市占比超过 5%,分别达到 6.34%、5.46%。

表 3-2-2　　2016 年济宁市及各县市区文化产业增加值

县市区	增加值(亿元)	占 GDP 比重(%)	提升幅度	位次
济宁市	177.47	4.08	0.32	—
任城区	21.10	3.83	0.33	6
兖州区	31.39	4.76	0.78	1
微山县	17.26	4.21	0.21	11
鱼台县	6.82	4.02	0.30	8
金乡县	8.69	4.22	0.37	4
嘉祥县	11.63	4.31	0.32	7

续表

县市区	增加值(亿元)	占 GDP 比重(%)	提升幅度	位次
汶上县	10.48	3.96	0.34	5
泗水县	10.85	6.34	0.18	12
梁山县	9.68	3.65	0.24	10
曲阜市	22.58	5.46	0.38	3
邹城市	19.45	2.24	0.41	2
高新区	6.90	1.41	0.28	9

(三)载体项目建设稳步推进

全市现有国家级文化产业示范园区(基地)3处,省级文化产业示范园区(基地)14处,市级文化产业示范基地110处。拥有国家级、省级科技企业孵化器15家、众创空间49家,省级文化创意集市创建单位2家。全市在建文化产业项目98个,总投资额达755亿元,其中尼山圣境、鲁国故城考古遗址公园等项目投资过100亿元。目前,尼山圣境一期、"三孔"彩绘、孔子博物馆、嘉祥石雕文化产业园、济州古城、1917工业遗址广场等一批重大文化项目正在扎实推进,文化与旅游、科技、金融等相关产业融合载体建设进程不断加快。文化市场重点领域的专项治理深入推进,统一开放、竞争有序的文化市场体系逐步建立。

表 3-2-3　　济宁市省级以上文化产业园区(基地)名单

分　类	名　称
国家级文化产业示范园区	曲阜国家级文化产业示范园
国家级文化产业示范基地	嘉祥石雕文化产业园、山东省儒源文化集团有限公司
省级文化产业示范园区	济宁文化创意产业园、梁山县文化产业园、邹鲁文化生态保护试验区
省级文化产业示范基地	山东美猴文化创意集团有限公司、曲阜市三孔文化旅游服务有限责任公司、济宁宏文文化产业有限公司、山东德行天下文化传媒有限公司、曲阜明故城文化产业园、羊山古镇国际军事旅游度假区、嘉祥京鲁益久织造有限公司、山东汶上宝相寺旅游发展有限公司、济宁电影有限公司、济宁高新软件园服务有限公司、邹城圣城文化旅游开发有限公司
山东省30强重点文化企业	山东金榜苑文化传媒有限公司、山东天成书业有限公司、山东新坐标书业有限公司

三、存在问题亟待动能转换破解

总体而言,全市文化产业整体竞争力较弱。具体表现在:一是文化产业总量规模偏小。文化产业增加值占 GDP 比重仅为 4.08%,低于全省 4.17%的平均水平,距离达到国民经济支柱性产业地位标准(5%)还有较大差距。二是文化资源挖掘开发利用层次低、力度不足,引领性产业项目匮乏,丰富的文化资源传统动能尚未转化为产业优势。三是创新驱动发展不足,新兴业态发展滞后,文化服务业占比低,基于高科技和创意设计的新动能、新业态、新模式相对薄弱。四是龙头骨干企业偏少,文化企业整体实力不强,文化领军型人才匮乏,产业成长要素体系不完整。五是消费升级催生的文化需求动力不足,文化市场体系活力有待激发,相关政策尚未得到有效落实。

四、机遇助力动能转换目标实现

党的十九大明确提出,坚定文化自信,推动文化事业和文化产业发展,建设社会主义文化强国。习近平总书记视察济宁时发表重要讲话,赋予济宁弘扬优秀传统文化的光荣使命。曲阜优秀传统文化传承发展示范区列入《中华人民共和国国民经济和社会发展第十三个五年规划纲要》,济宁文化建设深度融入国家文化发展战略,为济宁文化改革发展提供了重大历史机遇和强大发展动力。

2018 年 1 月,国务院正式批复设立山东新旧动能转换综合试验区。山东新旧动能转换综合试验区是党的十九大后获批的首个区域性国家发展战略,也是中国第一个以新旧动能转换为主题的区域发展战略。全省加快推进新旧动能转换重大工程,为济宁利用自身传统文化资源,进行文化领域的改革创新,加快文化产业新旧动能转换提供了方向引领。

第二节　总体要求

一、指导思想

以习近平新时代中国特色社会主义思想为指导,深入贯彻落实党的十九大精神和习近平总书记视察济宁重要讲话精神，加快实施新旧动能转换重大工程，推动文化产业成为全市新旧动能转换的新引擎和突破口。积极对接国家、山东省文化发展战略，以供给侧结构性改革为主线，坚持创造性转化、创新性发展，积极探索文化产业新旧动能转换的路径模式，推动文化产业转型升级、提质增效，为全面开创“文化济宁”建设新格局作出重要贡献。

二、基本原则

（一）坚持双效统一、价值引领

坚持把社会效益放在首位，实现社会效益和经济效益相统一。以社会主义核心价值观为引领，加强文化产业的政策引导、规划引导、资源统筹和公共服务。利用市场调节机制，不断丰富文化产品和服务供给，满足人民群众日益增长的美好生活新需要。

（二）坚持传承文脉、融合发展

充分发挥济宁文脉底蕴深厚和文化资源集聚优势，激发优秀传统文化创造性转化和创新性发展活力。持续推动文化与相关产业深度融合，增强文化产业渗透力、辐射力和带动力。推动文化产业与金融的对接融合，强化金融支撑。

（三）坚持创新驱动、聚力突破

聚焦文化创意产业未来趋势、高端领域、关键环节，着力培育骨干文化企业和新兴文化业态，加快特色文化产业集聚区建设。推动文化产业结构升级、业态创新、链条优化，依靠创新驱动形成产业发展新优势。

（四）坚持区域统筹、协同联动

推动区域间文化产业合理分布和上下游产业联动，引导科技、资本、人才等资源的合理配置，打造市场互通、优势互补、分工协作的产业发展新格局。积极引导文化企业协同合作，突显地域优势和文化底蕴。

三、目标任务

到 2022 年，全市文化产业结构进一步优化，融合发展不断深入，市场主体进一步做优做强，初步建立起结构合理、特色鲜明、政策体系较为健全的现代文化产业体系，文化产品和服务更加丰富多彩,文化产品市场和要素市场更加健全,文化产业整体实力进入全省先进行列,由文化大市转变成文化产业强市。

到2020年,全市文化产业增加值占GDP比重达到5%以上,文化产业成为国民经济支柱性产业,年均增速达到15%;到2022年,文化产业增加值占GDP比重达到6%左右。形成一批具有较强竞争力的文化产业集聚(园)区、特色文化企业、文化产品品牌,培育形成一批新的增长点、增长极和增长带。

四、新旧动能转换战略

紧密结合全市十大产业专班计划,充分发挥济宁文化资源与产业基础优势,依托创意创新培育发展"新动力",依托产业融合催生经济"新生态",依托文化品牌塑造济宁"新形象"。

(一)创意创新培育新动力

济宁处于新旧动能转换的重要历史节点,亟需放大文化创意、文化科技、文化资本驱动的"发动机"效应。以文化创意驱动产业再造,提高创意设计水平,适应现代消费市场需求,改造提升印刷出版、文化旅游、教育培训等传统优势业态。以文化科技提升发展质量,加强文化相关技术研究应用,支持动漫设计、广告设计、网络文化等新兴业态发展,强化企业创新主体地位,加强创新孵化平台建设,推动产业技术进步、效率提升和模式变革。做大做强文化电子商务,提升金融服务文化实体经济能力。

(二)产业融合催生新生态

济宁新兴产业、新型业态尚未形成有效支撑,亟需以文化产业为引领,构建新旧动能转换的经济新生态。培育文化产业与相关产业融合发展的产业集群,支持鼓励通过混合兼并、战略重组等形式,组建大型文化企业集团。加快改造提升传统产业,推动传统优势农业向体验农业、创意农业转变。助力发展现代高端服务业,推动文化产业与农业、工业、服务业等产业融合发展,增加相关产业文化含量,延伸产业文化附加值,拓展文化增值消费。

(三)文化品牌塑造新形象

济宁历史文化底蕴深厚,具有良好的文化品牌塑造基础。依托儒家文化、运河文化等历史文化遗产和微山湖等红色文化遗产，打造反映济宁文化定位、文化价值的城市文化品牌系统。以品牌的辐射性提升济宁文化向心力，不断弘扬传统文化品牌，面向未来需求创造新的文化品牌，使地域特色文化成为文化产业发展的源泉与不竭动力。以品牌的集聚力驱动产业能级提升，汇聚各种配套产业、优质企业、专业人才，聚力提升文化济宁的知名度和影响力。

第三节　对策建议

一、业态体系

（一）提升传统产业业态，改造形成新动能

1. 文化休闲业

完善文化休闲业态布局。整合城市公共文化服务设施、文化综合体、特色小镇等资源，鼓励支持歌舞娱乐、互联网上网服务营业场所转型升级、规范发展，培育一批集娱乐、休闲、文化、旅游、商业体验于一体的文化休闲聚落。加快推进文化旅游融合发展进程，提升全市历史文化街区、古镇古街、旅游度假区的文化吸引力，开发建设系列化主题文化街区和非物质文化遗产体验传播基地，保护性开发一批老民居、老会馆、老茶馆、老厂房，积极引进一批文旅、文商、文体新业态。

丰富文化休闲产品供给。持续丰富以公共文化服务为基础，社会力量广泛参与的文化休闲产品体系。提高“创意济宁”文化产品设计大赛、“孔孟之乡·运河之都”文化旅游活动、“运河记忆”历史文化展览展示等活动举办层次，扩大“未来畅想”数字文化推广活动、“国学体验”培训活动、“书香济宁”全民阅读系列活动、“聚焦济宁”书画摄影展系列活动、“中国梦校园情”文化素养提升等活动的宣传推广力度。

2. 国学培训业

夯实核心优势领域。深入研究儒家传统教育思想精华，挖掘阐发其核心要义和时代价值，以儒家优秀传统文化熏修党性、滋养品格、陶冶情操、砥砺德行，通过优化教学模式设置,打造精品专题课程,开发多种学制和教学手段,形成主题明确、层次清晰、内容丰富、效果显著的国学教育培训体系。不断推进干部政德教育、企业国学教育、青少年传统文化培训、教师师德培训四大基地建设,打造以儒家文化为核心的国学教育第一城。

创新教育培训模式。加强各类培训教育项目的顶层设计和整体谋划,明确建设理念、目标和路径。创新现场教学模式,在"三孔""四孟"、尼山圣源书院、颜庙等场所,因地制宜开展儒家德行、治国、礼仪、孝道等教育,开展静修教学、礼乐教学、参与体验式教学,增强教育的仪式感和震撼力。加快国学小镇、孔子家园等项目的落地建设力度,引入专业培训机构和教学研发、生产制作、营销服务类机构,开发系列教材、图书、影视作品、舞台剧等文艺作品,丰富国学培训产品与服务体系。

3.印刷发行业

加快印刷数字化转型升级。加快推动出版印刷行业技术升级和结构调整,引导印刷企业加强技术装备、原辅材料和系统解决方案的科技研发与产业化应用。顺应基础教育领域电子教材发展趋势,积极利用以互联网为平台的数字出版资源,进一步凸显教辅教材出版优势。鼓励行业龙头企业加强数字印刷技术在按需出版、按需印刷等领域的创新、应用与普及,形成涵盖数字图书、网络出版、电子出版、有声阅读等的数字出版产业链。依托梁山出版印刷产业园等重点载体,打造若干主业突出、核心竞争力强的数字出版印刷集聚区。

拓展版权资源与营销渠道。鼓励行业龙头企业在聚焦印刷主业的基础上,深度开发上游优质版权资源。主动适应大众化、休闲娱乐图书以及数字出版需求的快速增长,积极布局细分市场,围绕热点进行创作出版。鼓励企业紧随"互联网+"的发展趋势,推动出版内容资源向高端化、数字化、网络化和信息化方向发展。加强版权登记和保护工作,积极创建国家、省版权示范基地和版权保护示范基地。加大政府购买服务支持力度,构建优质出版内容资源库和传播平台,拓展线上销售渠道。

4.工艺美术业

实施传统工艺振兴计划。加大对全市传统工艺门类的研究和保护力度,有序开展制陶、制砚、织绣、雕刻等传统工艺美术品种、技艺的整理工作。坚守工匠精神,做好传统工艺内涵与精神的梳理及传承,坚持经典艺术、工艺的审美追求。以邹鲁文化生态保护区为核心，探索并推广传统技艺、传统美术类非遗项目的保护传承经验。鼓励和支持文化创意企业、高校深入传统工艺项目所在地，设立工作站、实验室、研发中心，在坚持传统艺术格调的基础上，创新艺术形式及生产技术，将科研理论成果与现有资源有机结合。

加强创意研发与品牌包装。引导楷木雕、石雕、儒陶、鲁锦、面塑、琉璃瓦制作、澄泥砚、砭石等传统工艺与互联网、现代生活、文化创意相结合，提高产品文化、创意、技术含量，主动适应现代审美和生活场景。推动特色文化产品的规模化生产，研制开发“三孔”“两孟”等具有明显地域特色文化符号的文创产品，形成集开发、研制、生产、销售于一体的产业链。提高济宁艺术品行业层次，不断健全和规范书画、古董、玉石、民间工艺品的收藏、交易、拍卖等链条，打造区域性文化艺术品生产和流通集散地。

5. 节庆会展业

打造重大文化会展平台。依托孔子文化会展中心、济宁文化中心等场馆，举办系列工艺美术、书画、文创、动漫游戏、非物质文化遗产等专业展会。坚持开门办节，集中各方智慧，拓展提升曲阜国际孔子文化节、尼山世界文明论坛、世界儒学大会、孟子故里（邹城）母亲文化节等高端节会平台，积极申请举办运河文化旅游发展论坛等会务活动，共同打造多元文化交流、经贸合作、各方共赢的平台，有序构建涵盖文化交流、文化演艺、文化产品展销、文化招商“四位一体”的常态化会展活动体系。

培育特色品牌节庆活动。围绕大运河文化资源，积极申办、举办国际运河文化旅游论坛、运河文化旅游博览会、运河文化艺术节等节庆活动。围绕中国（曲阜）国际孔子文化节，组织孔孟文化艺术巡演、孔子文化游学会、孔子文化民间艺术节等儒家文化系列节庆活动。围绕中国（梁山）水浒文化旅游节，策划举办大型文艺演出、“梁山武文化”精品展等水浒文化系列节庆活动。常态化举办微山湖荷花艺术节、微山县旅游推介会等系列活动。

（二）发展新兴产业业态，培育形成新动能

1. 创意设计业

树立核心门类竞争优势。积极推动文化创意、广告设计、艺术设计、咨询服务等业态发展，加快工业设计、环境艺术、服装设计、建筑设计等设计门类发展，培育“济宁设计”品牌。充分发挥创意设计对产业转型升级的驱动作用，提升创意设计服务实体经济能力，着力在传统制造业、战略性新兴产业、现代服务业等重点领域开展创新设计示范,支持一批具有引领带动效应的设计与产业对接项目。推广孔府印阁“互联网＋”生产经营模式,鼓励各类文化文物单位开展文化创意设计和产品开发,提高文化资源开发利用效率。

创新创意设计服务模式。依托济宁高新区文化创意园、济宁中德文化创意产业园、微山湖国际文化创意产业园等文化创意园区,在完善技术、人才、信息、交流平台和配套设施的基础上,适应当前个性消费和定制服务需求,融入国内外创意设计集成创新平台,积极探索“创意设计＋生产外包＋内容服务”的商业模式。引导建筑空间、应用动漫等领域实现项目集成设计,运用信息技术手段和各种新兴媒体,创新设计表现形式、拓展设计应用渠道。

2.动漫游戏业

提升动漫游戏原创能力。鼓励山东美猴创意集团、山东豆神动漫有限公司、山东漫尚动漫有限公司等企业,以济宁地域文化为题材,开发特色文化主题动漫影视、动漫游戏等产品,形成一批具有济宁特色的动漫原创IP。依托中兴通讯、甲骨文等重点科技企业,强化信息软件技术对动漫游戏开发、应用的技术支撑,开拓网络休闲游戏、手机游戏和家庭视频游戏市场。

拓宽应用动漫服务范围。鼓励发展动漫影视制作、动漫软件平台开发、动漫游戏内容及衍生品开发等领域。推动动漫与虚拟仿真技术在建筑设计、工业制造、文化体验等领域中的集成应用。拓展动漫会展服务领域,支持一批拉动消费效果好、群众参与度高的动漫会展活动。促进动漫与文创产品相结合,依托动漫技术推动儒家文化、大运河文化等典型文化遗产的创造性转化和创新性表达。

3.现代传媒业

加快媒体融合发展进程。支持济宁广播电视台、济宁日报社加强传统传播方式和新媒体方式的融合发展,实施网络整合,推动“三网融合”、资源共享,构建从内容、应用到终端的产业体系,打造综合性现代化新型传媒集团。推进传统媒体向全媒体、多元媒体转变,积极适应网络台、手机台、两微一端等新兴媒体平台传播特点与互动优势,着力生产创作精准短小、鲜活快捷、吸引力强、形式多样、特色鲜明的内容信息。

提高新媒体产业集聚水平。整合集聚东方圣城网、济宁日报、济宁新闻网、鲁网济宁站及掌上济宁、爱济宁、济宁微盟、济宁人、济宁圈等济宁市新媒体产业资源，引进社会资本和创意智库，打造集新媒体技术研发、创意孵化和商业运作为一体的新媒体产业园区，重点建设新媒体影音体验中心、新媒体演艺中心、新媒体广告基地、新媒体版权交易中心，打造鲁西南新媒体产业高地。

4.演艺影视业

提升市场开发运作水平。聚焦孔孟文化、运河文化、始祖文化、佛教文化、梁祝文化、红色文化、水浒文化，推动演艺、影视、杂技等精品创作提质增量。利用市场化手段，持续提升大型山东梆子剧《孟母》、运河风情剧《我家就在岸上住》、大型音乐剧《金声玉振》、旅游演艺《菩提东行》、传统礼乐《邹鲁礼乐》、杂技剧《孔子》等济宁市特色演艺剧目的品牌效应和市场效益。发挥大型影视传媒企业集团带动引领作用，重点加强影视内容生产、策划包装、产品发行、衍生品开发等关键环节，鼓励制作、发行反映济宁历史、风土人情和现代风貌的微电影、网络剧、旅游3D电影。统筹编剧、导演资源，培育一批影视工作室、外景拍摄基地。

繁荣演艺影视消费市场。着力改善文化供给结构性过剩与有效供给不足并存的问题，激活创作、演出、营销端各主体市场活力，构建主体多元、竞争有序、高效运转的演艺影视产品服务市场。鼓励专业艺术院团和影视创作机构与重点旅游项目合作，创排特色鲜明、艺术水准高的旅游演艺活动。结合公益性文化惠民活动，加大演艺影视消费政策补贴力度，吸引社会资本投资剧目策划、创作和商业性演出活动，鼓励景区、酒店开发现代歌舞、综艺表演等演艺项目，支持地方戏曲、杂技、武术等进景区、进酒店、进旅游商业街区。

二、重点突破

（一）推动儒家文化“走出去”，奠定新旧动能转换开放新优势

积极融入国家对外开放战略格局，通过拓展文化交流平台与渠道，扩大对外文化贸易与合作，有效扩大济宁新旧动能转换中的开放型文化经济新优势。

1.拓展文化交流平台与渠道

全方位提升拓展对外文化交流平台，开拓多层次对外文化交流格局。助力全省“孔子故乡，中国山东”品牌打造，依托孔子研究院等研究机构和高等院校，建设世界儒学研

究中心,组织和推动海内外学习、研究、传播孔子儒学活动,创新尼山世界文明论坛、世界儒学大会举办方式,办好尼山书屋、海外尼山论坛、海外尼山讲堂、中韩儒学对话会等交流项目,不断扩大孔子文化品牌的世界影响力。加强与"一带一路"沿线国家文化交流与合作,发挥好孔子学院总部体验基地平台作用,参与实施"孔子走进东盟工程",利用"海上丝绸之路"沿途国家的孔子学院,实施孔子家乡山东特色文化产品展等一批文化交流合作项目。

2.扩大对外文化贸易与合作

对接全省文化贸易促进工程,制定文化贸易合作专项计划,建立济宁对外文化合作特色项目库。扩大柳编、节庆用品、工艺美术品等产品的出口,逐步培养自主品牌。积极开展境外文化产品展销和文化产业专题招商活动。加强对外文化贸易信息服务,协助文化企业了解和分析境外文化市场动态,支持文化企业加强与国外知名文化企业、文化贸易机构的联系合作,拓展境外营销网络和渠道,推动更多的文化产品和服务走出国门。支持文化企业争创省级和国家级文化出口重点企业,对依法认定的文化产品和服务出口基地给予一次性奖励。鼓励文化企业通过新建、收购等方式,在境外开展文化领域投资合作。

(二)实施"文化+"融合工程,开拓新旧动能转换跨界新格局

顺应现代产业融合发展趋势,加快衍生文化新产品、新模式、新业态,构建文化与相关产业全方位、深层次、宽领域的融合发展格局。

1.推动"文化+旅游"融合发展

实施文化兴旅战略,以文化丰富提升旅游内涵质量,以旅游扩大文化传播消费,促进文化与旅游资源整合、业态融合。大力发展参与式、体验式特色文化旅游,构建"东文西武、南水北佛、中古运河"的文化旅游发展格局,全力打造孔孟文化圣地之旅、始祖文化寻根之旅、运河之都体验之旅、水浒文学故地之旅、微山湖水乡休闲运动之旅、佛都文化禅修之旅。支持演艺进景区,重点打造《祭孔乐舞》《金声玉振》《菩提东行》《邹鲁礼乐》等精品驻场演艺剧目和非遗项目展演,丰富旅游内容,延长游客逗留时间,拉伸产业链条。培育文化康养品牌,推出"孔孟养生"体验课、孔府孟府食疗养生等产品,开展以药膳养生、保健按摩、中医知识修学等为主要内容的中医药健康文化旅游活动。围绕休闲体验、会展节庆、农耕文化等主题,拓展整合农业休闲、体验、教育、文化传承等功能。建设一批具

有历史、地域、民族特点的特色旅游村镇和乡村旅游示范村，有序发展新型乡村旅游休闲产品。加强旅游纪念品的创意和设计开发，研发制作具有浓郁地方文化特色的高品质旅游商品，增加旅游购物比重，拓展产业链条。

2．推动“文化＋农业”融合发展

全面贯彻落实乡村振兴战略，打造具有儒风特色的乡村振兴“济宁样板”。实施乡村文化产业精品工程，鼓励乡镇、农村充分挖掘特色文化资源，引导利用古民居、古遗址、古村落、古街区发展文化产业项目，重点培育圣地尼山小镇、上九记忆小镇、圣水峪国学小镇、南阳运河古镇、“红色渔乡度假绿岛”微山岛镇等一批特色突出的文化小镇。实施乡村传统工艺振兴计划，培育有地域特色的传统工艺产品，开发民间艺术、民俗表演项目，提升产品附加值和品牌知名度。积极拓展乡土特色题材的影视、出版等现代文化产业，提升发展文化创意、设计服务类新兴文化产业，重点在文化遗产、节庆赛事、修学研习、乡村儒学、养生文化、民俗文化、名人文化等方面进行创意开发。实施休闲农业和乡村旅游精品工程，打造邹城上九山古村落、上磨石民俗村，嘉祥县武翟山汉文化民俗村、青山休闲旅游和禅菊文化产业村，曲阜市纸坊桑皮纸专业村，微山县“枕水人家”下辛庄村、“微湖水街”渭河村，泗水县王家庄民俗村、宋家沟画家村等一批特色村，开发具有地方特色的精品民俗活动、农事体验、名人观瞻等文化体验项目。加快推进创意农产品开发，提升金乡大蒜、微山湖特产等“济宁·礼飨”品牌农产品的文化品位与附加值。依托文化创意创新理念，服务美丽乡村、乡村记忆及县以下历史文化展示工程，打造若干“乡村记忆”乡镇、博物馆、村落、民居。

3．推动“文化＋工业”融合发展

以推动“济宁制造”向“济宁创造”转变为导向，大力培育工业设计研发机构，着力发展先进装备制造业设计、包装与模型设计、纺织服装设计、运动器材设计等工业设计业，深度开展基于新技术、新工艺、新装备、新材料、新需求的设计应用研究，通过植入文化符号、理念、创意，提升产品外观、结构、功能，增加多样化产品供给，提高工业产品附加值。支持工业企业设计部门在条件成熟时分离出来成立专门创意设计公司，鼓励中国文化景观公司、灵动传媒、山东新思域设计艺术有限公司等发展。支持工业企业深度对接设计企业、高校、科研院所，结合工业设计大赛、应用创新竞赛等方式，促进创意设计专利成果在制造业领域的顺利转化。完善智能制造服务支撑体系,推动互联网、大数据、人工智能和制造业深度融合,加快信息通信、数据集成分析在智能制造领域的推广应用。

4.推动"文化+科技"融合发展

贯彻落实《"十三五"时期山东省文化科技发展规划》,重点推进优秀传统文化传承创新、文化艺术资源数字化保护与开发、新兴文化业态发展等领域的技术集成应用与创新。结合国家智慧城市、山东省信息技术产业基地建设,扩大信息技术、网络技术、新型显示技术等为主的高新技术在文化领域的应用,加快推进公共文化服务、文化消费领域的"文化云"平台建设。利用数字技术、声光多媒体、多维显示等高新技术,提升传统演艺、展览、休闲娱乐、公共文化服务场馆及大型文化传播活动等的表现形式和感染力。以创建国家级文化和科技融合示范基地为目标引领,培育一批特色鲜明、创新能力强的文化科技企业,引进一批国家级、省级文化科技重点实验室,引导支持骨干文化企业与科研单位组建技术创新战略联盟,建设一批文化科技创新平台和成果供需对接平台。依托甲骨文、大唐高鸿等创新型企业,引导带动移动互联应用、视听新媒体、3D打印和绿色印刷、数字出版等新兴文化科技行业发展。鼓励文创企业用好高新技术企业认定、研发费用加计扣除等政策,建立健全"孵化+科技"的创新培育体系,营造文化创意和科技创新融合发展的良好环境。

5.推动"文化+金融"融合发展

加大对文化产业创投引导力度,安排财政金融互动资金,通过激励奖补、风险分担、融资贴息等多种方式,引导带动金融资本加大对实体经济投入。支持有实力的企业、团体、个人依法发起组建各类文化产业投资基金和机构,鼓励符合条件的文化企业通过上市挂牌融资、股权融资、债券融资等方式发展壮大。完善文化资源评估体系,建立完善文化企业无形资产评估、登记体系以及交易、质押融资、信用评级、法律会计等服务体系。积极推行联合授信和银团贷款模式,制定实施《济宁银监分局关于辖内银行业支持文化产业发展的指导意见》,引导全市银行业创新产品模式,合理确定贷款利率及期限,建立完善专项授信评级和考核机制,加大对文化企业及产业园区的支持力度。督促银行业积极与行业主管部门沟通合作,加大文化企业贷款贴息力度,加大对文化产业企业及重点项目联合走访力度,深入了解融资需求、制定综合服务方案,提高支持对接精准度。建立中小微企业贷款风险补偿机制。

（三）引导和扩大文化消费，增强新旧动能转换消费驱动力

1. 加强文化产品精准供给

聚焦文化服务消费、文化产品消费、文化信息消费领域，不断创新文化消费业态，积极拓展线上线下互动的新兴消费，着力发展教育培训、艺术欣赏、体育健身、商贸会展、休闲旅游等与文化相关的增值型消费项目。广泛采取政府购买服务、消费补贴、以奖代补等措施，积极培育大众文化消费市场，加大政府买文化产品和服务的力度，加强对剧场及其运营管理的扶持力度，建立购买剧场演出服务制度，支持其开展低票价惠民演出服务。探索搭建政府大数据平台，准确、及时捕捉文化消费数据，增强居民文化消费的便利性。支持文化企业加强与大数据处理技术企业合作，对文化消费大数据实时分析，按需、有效生产。打造济宁文化电商平台，通过电商“平台＋商家”的O2O模式，推动济宁优秀文化产品走向市场。

2. 优化文化市场消费环境

完善文化消费载体设施，加快全市城乡公共文化基础设施和配套设施建设，逐步建成广覆盖、宽领域和立体化的公共文化基础设施网，为形成扩大文化消费长效机制提供硬件支撑。引导和鼓励休闲、餐饮商业网点及综合体等文化消费场所，开发以互动休闲为宗旨的文化消费组合产品，构建吃、玩、游、乐、购一体的文化消费服务体系。提升文化产品流通和供给效能，积极发展连锁经营、物流配送、电子商务等现代文化产品流通组织和流通方式。在全市城乡常态化开展文化惠民消费季活动，丰富文化消费业态，打造“儒学原乡 · 文化圣地”演出季等十大系列品牌活动。支持济宁演艺集团、山东儒源文化集团等文化企业根据城乡不同群体的需要提供个性化产品和服务进一步完善文化消费体制机制，逐步扩大政府购买文化产品和服务的范围，并以财政贴息、股权投资等补充手段促进文化消费发展。

三、保障措施

（一）加强组织领导

1. 完善组织领导机制

构建以市政府为责任主体的新旧动能转换领导推进机制，成立文化产业新旧动能转

换工作领导小组工作专班，各级党委和政府充分认识加快推进文化产业新旧动能转换的重要意义和战略价值，强化部门综合协调、地方协同联动。宣传部、文广新局、发改委、财政局、人社局等相关部门做好具体分析、指导，结合实际制定规划实施年度方案。

2. 建立绩效考核体系

建立文化产业新旧动能转换绩效考核和督导体系。市政府主要领导积极推动，与各县（市、区）政府签订目标责任书，将文化产业新旧动能转换实施情况纳入政府年度目标责任考核范围。建立济宁文化产业新旧动能转换工作联席会议制度，定期对重大事项和问题进行会商。完善现有文化产业统计调查制度，定期开展文化产业新旧动能转换情况的监测评估，保障工作有序推进。

（二）强化政策扶持

1. 完善产业保障体系

制定出台关于支持社会力量参与文化产业新旧动能转换的政策措施，完善细化文化体制改革、文化投融资等相关配套政策。政策保障优先支持文化产业转型升级类项目、文化与相关产业融合项目，并将其优先纳入济宁投资优选项目目录，优先安排省内文化产业宣传推广重点活动等。积极落实省市有关土地、税收、人才、投融资、小微企业、注册登记等支持文化产业发展的政策。

2. 确立发展促进机制

确立文化产业发展促进机制，积极支持有条件的文化企业（集团）开展资本运作、上市融资，争取国家、省相关专项资金的补贴，鼓励引导社会资本通过多种形式投资文化产业新旧动能转换。健全文化建设财政保障机制，各级财政逐年增加对文化产业的资金投入，在现有基础上增加文化产业新旧动能转换专项资金，对文化科技类、文化创意类、文化融合类等业态给予奖励或补贴。

（三）突出人才保障

1. 加强专业人才培养

加强市级文化产业智库建设，鼓励各县市区结合地区实际，建立文化产业专业智库，以高端内容创作、创意设计、经营管理、投资运营、数字文化、文化金融等人才为重点，为文化产业新旧动能转换提供强有力的人才支撑。围绕文化产业发展重点领域，加强对各类文化创新人才的培养和扶持，办好各类人才培训班、研修班。发挥高校院所、培训机构、文化企业、园区基地、众创空间、孵化器等平台优势，推进政产学研用合作培养文化人才。

2. 加速机构人才引进

支持高等院校、科研机构与文化产业园区（基地）、规模以上文化企业合作建设文化科技平台、产业人才培训基地、文化成果转化基地等。吸引国内外著名高校、科研机构到济宁设立分支机构。深入实施人才强市战略，建立创新灵活的人才培养、引进、使用政策，有计划、有步骤地引进高层次文化管理、创意策划、市场营销等专业人才。

（四）优化营商环境

1. 放宽文化市场准入

充分发挥政府和市场作用，鼓励社会团体、行业协会等社会主体参与文化产业新旧动能转换重大工程。认真落实“放管服”改革，优化服务流程，完善文化市场“一次办好”“只跑一次”“全程网办”等事项清单，实现“一窗式受理、一站式审批”，降低文化企业办事成本。按照“非禁即入”原则，实施负面清单管理，放宽文化市场准入。

2. 健全文化市场体系

利用物联网、大数据和人工智能手段，搭建文化产业公共服务平台，形成高效统一的信息共享平台、电子商务平台、消费服务平台。加强政府、企业和行业组织的信息交流，引导和扩大文化企业的文化产品服务供给。建立文化企业合作机制，实现资源对接共享。完善全市文化产业资本、人才、技术等要素市场，加强各县市区文化行业组织和中介机构建设。

（五）创新动能机制

1. 创新文化传承模式

推进优秀传统文化传承创新工程重点项目建设，建成并运营一批优秀传统文化项目重大载体，打造优秀传统文化传承发展平台，建设优秀传统文化传承发展示范基地。切实发挥政府在文化传承保护中的主导作用，有效运转曲阜优秀传统文化示范区、国家级文化产业园等管理机构，不断加强组织领导、加大资金投入、健全政策保障。

2. 构建动能转换路径

优化文化产品和服务供给，鼓励创作生产更多适应市场需要、满足现代消费需求的创意文化产品和服务，形成推动文化产业发展的新动能。推动高科技在传统文化传承与创新中的技术应用，创新传统文化展示保护方式，提高文化遗产保护与利用水平。利用大数据推动传统文化传承与传播，增强传统文化传播推广的系统性、趣味性和有效性。

第三章

贵州省文化扶贫调研报告

2018 年 5 月 25～26 日，农工党中央联络委、农工党贵州省委会“贵州文化发展与扶贫情况”调研组到贵州省毕节市大方县、安顺市开展文化扶贫调研工作，调研由联络委主任黄泰康带队，农工党贵州省委会专职副主委黄惠玲陪同安顺调研。联络委副主任王海平、委员祖晓刚、谢向英、俞建文、昝胜锋及联络委特邀专家刘鹃、唐小龙，贵州省委会调研处杨婷婷参加了此次调研。

调研组先后深入毕节市大方县、安顺市镇宁县，实地考察陇公村希望小学、生态黑茶企业、高荡村、马鞍山村等地，对博爱家园建设项目及当地文化旅游产业、文化扶贫工作情况进行详细了解，并分别在大方县、安顺市召开调研座谈会。调研组通过深入考察了解当地文化资源及扶贫工作情况，围绕民族文化、生态资源、特色优势产业等提出意见建议。黄泰康主任提出，要将创新理念融入到文化扶贫战略中，用创新举措构筑文化扶贫的长效机制，精准定位帮扶对象，以输入新的文化、知识和价值观念为基础，利用适用科技培育特色文化产业，将物质和政策输入转变为内生发展动力，助推扶贫工作取得实效。贵州有着良好的自然生态禀赋和丰富的民族文化资源，应充分发挥地区资源优势，牢牢把握发展和生态两条主线，依托特色资源大力促进文化旅游的深度融合发展，实施产业、人才带动脱贫步伐,有效整合资源,加快成果转化。要灵活运用文化资本,聚焦民族文化品牌,高起点全方位定位规划,着力打造特色文化品牌,以促进地方经济社会发展。考察组表示,将对相关市县申报休闲农业旅游示范县、申报某种产业主导特优示范区、文旅产品策划开发等工作给予支持。黄泰康主任提议,依托地域生态、文化和产业资源,创新策划建设世界身心健康示范基地,大力推进健康产业与其他产业融合发展。按照调研工作安排,联络委、贵州省委会很快形成专项提案和调研报告,提交相关部门推动扶贫攻坚工作实效,以下为调研报告部分。

第一节　现状分析

一、贵州文化扶贫发展现状

贵州,在全国贫困人口最多、贫困面最大、贫困程度最深,是全国扶贫开发的主战场,也是全国扶贫开发任务最重的省份。2015 年,全省有 493 万贫困人口,贫困人口数量排全国第 1 位,占全国 8.77%。全省共有 66 个贫困县、190 个贫困乡、9000 个贫困村。[①] 自习近平总书记在视察贵州时提出"特别要在精准扶贫、精准脱贫上下更大功夫",贵州省政府高度重视扶贫工作。在谋篇布局"十三五"全省文化发展时,贵州省文化系统提出未来五年"围绕以大文化助推大扶贫,着眼文化育民、文化励民、文化惠民、文化富民,实施十大文化工程,打造十大文化品牌"的总体工作思路,并将"文化扶贫"写进《关于建设多彩贵州民族特色文化强省的实施意见》的政府文件。在该工作思路的指导下,贵州省政府出台了一系列推进文化扶贫的政策,构筑精准扶贫强劲政策"组合拳",并在实践中取得明显成效。贵州省从 2012 年的 923 万贫困人口,减到了 2017 年底的大约 280 万人,减少了 670.8 万人。贫困发生率从 2012 年的 26.8 减少到了 2017 年末的 7.75。9000 个贫困村减少了 3800 个,减少比例达到了 42.22%。[②]

① 数据来源:贵州省统计局发布《贵州省贫困现状分析》。
② 数据来源:贵州省扶贫办。

本次调研前往的大方县是国家新阶段扶贫开发重点县、乌蒙山片区特困县，目前全县未出列贫困村106个，其中深度贫困村45个，贫困人口7.24万，贫困发生率7.94%。2018年大方县将作为贵州省16个县区之一、毕节试验区唯一一个脱贫摘帽县接受国家第三方评估验收。安顺市所辖的西秀区、平坝区、普宁县、镇宁自治县、关岭自治县和紫云自治县6个县(区)和安顺经济技术开发区、黄果树旅游区2个县级派出所，则都属于国家规划的滇桂黔石漠化集中连片特困地区。6个县(区)属于贫困县(片区县)。总体上，目前贵州省的脱贫攻坚任务仍十分艰巨，文化扶贫已进入决胜"十三五"啃硬骨头、攻城拔寨的冲刺期。

在文化扶贫脱贫方面，贵州有丰富的文化资源优势。第一，贵州的历史源远流长。贵州是中国古人类的发祥地和古文化的发源地之一，黔西观音洞文化遗址与北京周口店文化同为我国旧石器时代早期的典型代表。此外，这里还有80余处石器时代文化遗址、近200处岩画石刻及古生物化石"贵州龙"。在近代历史上，贵州有光荣的革命传统，保留有遵义会议会址等珍贵的红色资源。大方县则有1800年的历史，曾孕育流芳千古的彝族女政治家奢香，被贵州省政府命名为"历史文化名城"。安顺市是历史上著名的"反蒋协议"故事的发生地，红军长征时曾在此行程1000多公里，走过402个村寨，露宿8个昼夜。第二，贵州的民族文化多姿多彩。全省有48个民族，少数民族人口占人口总数的15.4%，民族风情浓郁，独特的民族文化烙印使贵州成为一个开发潜力巨大的天然文化博物馆。大方县境内居住有汉、彝、苗、白24个民族，少数民族人口占到总人口的33.2%。安顺市境内有42个少数民族，其中，少数民族文化元素浓郁的村寨有308个，特色民居和传统文化保存比较完整、基础设施比较完善、保护与发展价值较高的民族村寨有107个，如被誉为"千年布依古寨"的镇宁自治县高荡村和素有"东方第一染"的开发区三合苗寨。第三，贵州的旅游资源丰富多元。贵州又称"喀斯特王国"，多种喀斯特地形在不同地域的差异化组合，造就了神奇而迷人的风光。贵州有1000多处具有较高价值的旅游景点，尤其是世界级的生物圈保护地茂兰喀斯特森林生态系统，黄果树、龙宫等国家级风景名胜区，梵净山等国家级自然保护区等，独具特色，享有声誉。大方县是"奢香故里，古彝圣地，大情大景，方圆芳菲"。这里的国家级森林公园百里杜鹃风景区(国家5A级景区)被誉为"世界的花园，地球的彩带"；国家级地质公园九洞天被中外地质专家誉为

“岩溶地质的百科全书”;神秘的油杉河(国家3A级景区、国家森林公园)可谓“抬头张家界,低头九寨沟”。2016年大方县入选第三届中外避暑旅游口碑榜中国避暑休闲百佳县。安顺市有众多的乡村旅游点,通过积极打造乡村旅游示范点,2017年全市乡村旅游共计接待人数3009.28万人次,实现旅游收入213.82亿元。第四,贵州的矿产、生物资源得天独厚。全省已发现矿产(含亚矿种)128种,其中76种探明了资源储量,与能源的配位组合良好,具有十分优越的开发条件。全省有野生植物3800多种,野生动物1000多种,是全国重要的动植物种源地和中药材四大产区之一。① 大方县境内已探明的矿产资源有无烟煤、硫铁矿、高岭土、大理石、冰州石等19种,全县煤炭普查资源量112亿吨,上表资源量52.6亿吨,是全国200个重点产煤县之一。大方县还因盛产中草药天麻,所产天麻品质好、药效高,被称为“中国天麻之乡”。安顺市因高海拔、低纬度,少日照、多云雾,丰沛雨水、昼夜温差,富含有机物砾酸壤等地理条件,集成不可复制的优质茶原生地。利用茶产业优势,安顺市已成功打造中国农产品区域公共品牌“安顺瀑布茶”,2017年全市茶园种植面积达44万亩,投产茶园面积35万亩,全年茶叶总产量1.27万顿,茶叶总产值15.37亿元,综合产值22.51亿元。

贵州在发挥地区资源优势的基础上,积极探索文化传承创新与扶贫脱贫融合的道路,在以下几个方面做出了积极成效。(1)出台政策,强化战略谋划顶层设计。贵州结合全省大扶贫战略行动,相继出台《关于建设多彩贵州民族特色文化强省的实施意见》和《贵州省非物质文化遗产保护发展规划》,启动“文军扶贫”行动,下发《贵州省宣传文化系统助推脱贫攻坚行动方案》《文化产业扶贫“千村计划”实施方案》等一系列文件,不断完善文化产业发展的顶层设计,促进文化与扶贫深度融合。(2)整合文化资源,打造大文化产业链。安顺市通过积极统筹整合公共文化资源,开展形式多样的文化演出活动,加强传统文化的传承与保护,促进了文化产业的发展。具体措施如:实施公共文化基础建设工程、传统优秀文化传承保护工程、群众文化活动工程、文化产业促进工程、文化精品及文化品牌打造工程。(3)摸清文化家底,挖掘文化资源内涵。贵州充分挖掘省内独特的少数民族文化资源、历史文化资源、旅游资源,最大限度地发挥其经济价值和社会价值,

① 数据来源:贵州省归国华侨联合会《贵州省情简介》。

实现了文化资源的优化配置和再生产。大方县整合自身民族文化、历史文化资源，打造了以奢香精神为灵魂的古彝圣地、以彝族文化为特色的多民族文化融合发展高地、以彝族文化为核心的藏羌彝文化走廊要地。(4)发挥"文军"力量，推动文化扶贫向深阔拓展。实施"十百千万"培训工程，大批传承人经过培训后自主创业，从非遗传承人转变为文化产业从业者。举办多彩贵州文化创意设计大赛、多彩贵州旅游商品设计大赛、能工巧匠选拔大会"两赛一会"活动，评选优秀选手和优秀作品，打造拳头产品，培育优秀工匠，数千名手工技艺骨干、数万名传统村落贫困农户在民族民间传统技艺传承中，有效提升了脱贫致富奔小康能力。

图 3-3-1　贵州省文化扶贫调研

二、贵州文化扶贫急需改进的环节

近年来，贵州省的文化扶贫脱贫工作虽然取得了一定成效，但由于基层政府对文化发展和扶贫工作的趋势规律认识不足，以及当地历史基础薄弱，先天发展滞后，在具体实践中仍存在很多困难和问题。

(一)基层政府对趋势规律认识不足

部分基层政府对文化建设和扶贫工作的发展趋势和工作规律认识不足、重视不够，很多工作受资金、人才等基础保障的影响,只是停留在口头上、计划中,工作推进相对滞后。在多数贫困地区,基层领导干部多把发展经济作为农村的首要任务,仅仅将扶贫工作视作一项"政治任务",上面怎么交代,自己就怎么办,看不清楚农村文化建设与农村经济、政治、社会发展之间协调统一、相互促进的内在逻辑关系。政府对趋势规律认识不足导致对文旅项目的策划规划、文化扶贫的宣传推广不到位,影响企业、群众参与文化扶贫工作的积极能动性,导致文化扶贫在一些区域进展缓慢。

(二)文化资源的保护和创意利用不足

贵州地区大多是少数民族聚居区,虽有丰富多彩的文化资源,但人民群众对资源的保护、利用意识不足,还缺乏充分利用文化资源开展文化扶贫项目的能力,有待政府加大引导和扶持力度。一是有些珍贵的文化遗产资源因缺少保护已处于濒临消失的境地。二是有些资源虽被发现了,但由于当地缺少创意广告企业而不能被打造、开发成具经济价值的文化品牌。如,有的地方每年都举办民族节庆,但缺乏内容策划和与旅游市场对接,同质化严重,贫困户参与度低,收益少;有的地方实施传统村落与旅游融合的项目,鼓励原住民大量搬出,丧失了村落文化的吸引力和旅游竞争力。三是在公共文化服务提供上往往存在缺乏统筹、效率较低等问题,文化和旅游资源浪费现象存在;不同层级的公共文化服务机构分级管理,封闭式运行,只对本级政府负责,较少考虑公共文化服务资源整合的问题。

(三)产业人才和智力支撑不足

文化扶贫工作的开展是一项复杂的社会系统工程,不仅需要全社会的共同关注,更需要一批技术精湛的专业文化人才。贵州虽然在开展文化扶贫工作的过程中培养了一批文化产业从业者,但仍存在专业文化人才大量缺口、人才素质亟待提高的问题。当地基层公共文化机构专职人员严重不足、队伍不稳定、服务水平参差不齐等问题比较突出,制约了公共文化服务质量的提升;文化设施管理和利用不到位,功能发挥严重不足,文化工作开展难以取得成效。在发展特色产业方面,由于多是当地人转型来做,具有一定理论知识和经验的专业人才匮乏,发展人力资本不足,企业无意于人才队伍建设,产业推进困难。另外,由于当地的艺术人才较少,如作曲家、作词家、书法家、美术家等,各类文艺活动缺少,导致对文化资源的宣传不到位。

第二节 发展对策

一、以世界的眼光看贵州，构建开放贵州

在全新理念的引领下，结合贵州区位优势，站在世界的角度看贵州，按照“中国贵州、世界贵州”的定位发展，走出一条科学引领的发展之路。一是以贵州自然资源优势开道，在大健康理念的驱动下，打造“世界身心健康示范区（基地）”，做好顶层设计，编制“世界身心健康发展示范区发展规划”。二是讲好贵州故事，依托文化名人、历史故事，传播贵州文化理念，在守护文化根脉的同时提升贵州对外的影响度、知名度、美誉度。三是打造世界之最，大方县清虚洞申报世界吉尼斯世界第一，已被吉尼斯总部接受，以此为借鉴，结合地区资源优势，打造更多世界之最，助推贵州走向世界。

二、做大做强特色产业，提升文旅市场国际竞争力

贵州拥有良好的自然生态禀赋和丰富的民族文化资源，应充分发挥地区资源优势，牢牢把握发展和生态两条主线，促进文化与旅游、健康、时尚等其他产业的深度融合。一是打造“文化＋旅游＋特色产业”生态链，通过发挥黄果树文化、屯堡文化等对其他产业的拉动、提升作用，利用手段创新和技术创新，推动产业转型升级。二是依托资源优势，打造特色文化产品，以提升文化产品市场竞争力。大方县为“中国天麻之乡”，通过将文化与特色中医药产业结合，做强做大“大方天麻”品牌，建设好贵州药材基地；安顺市茶产业资源丰富，通过制定安顺生态茶质量标准，打造“安顺生态茶”品牌。三是建设建立“贵州健康扶贫产业园”，联合相互部门组织，做大健康产业，构建大健康生态系统。

三、进行文化扶贫培训，为脱贫攻坚提供智力支撑

文化扶贫不是物质扶贫，而是精神扶贫。文化扶贫的有序开展依赖智力、人才的支撑，建议引进先进技术、人才，并进行文化扶贫培训。一是强调聚焦职能和精准需求，立

足于人、精准到人,在人才帮扶方面下功夫,继续“加大人才支持力度”,在任务安排上始终把人才帮扶作为贯穿始终的突出任务。二是通过举办生态论坛、博览会的形式,吸引国内外同行专家到贵州考察,为贵州文化产业的发展建言献策;或组织政府、企业人员到外地考察,学习国内典型城市的发展经验,如安顺市可借鉴山东泰安在人才培养方面的经验。三是重视扶持扎根基层的乡土文化能人、民族民间文化传承人,尤其是非物质文化遗产项目代表性继承人,并加大对其保护、培训力度,使其自觉承担起传承非物质文化遗产的重任。

四、创新文化扶贫机制,优化文旅发展环境

加强省、市政府的组织领导,健全文化扶贫政策,统筹区域文化扶贫工作进度,优化文化扶贫发展环境。一是完善文化投入保障机制。用足用好文化建设专项资金,有序推进文化扶贫工作。二是发挥基层政府的主体作用。调动基层政府参与文化扶贫的热情,将文化扶贫工作的绩效考核结果作为评价党政领导班子和主要领导干部实绩的内容,督促基层政府抓好、落实。三是创新文化扶贫的发展模式。将创新理念融入文化扶贫,进行供给侧多元改革,增强有效供给。

第四章
济宁市泗水县新旧动能转换文化产业调研报告

2018 年 7 月，由昝胜锋博士带领的山东大学文化产业规划团队赴济宁市泗水县对当地文化产业发展情况展开调研，并与当地相关部门领导就泗水县文化产业发展基础、发展现状、未来趋势等方面举行了座谈会。本规划全面贯彻党的十九大精神和省市县关于实施新旧动能转换重大工程的决策部署，以中共中央、国务院、省市县出台的相关文件为依据，在明确了泗水县文化产业新旧动能转换的现实基础、总体要求、战略布局、业态体系、重点突破、保障措施等内容之上，对如何加快推动泗水县文化产业转型升级、提质增效进行了调研思考。现摘录调研报告中的部分成果内容与读者共享。

图 3-4-1　在泗水县尼山圣源书院调研

第一节　现实基础

一、产业基底奠定动能转换基础

(一)产业综合产能稳步扩大

“十三五”开局以来,泗水县文化产业获得长足发展。2017 年,全县文化产业增加值实现 10.85 亿元,占全县 GDP 比重 6.34%,比重位居全市第一。文化市场主体培育成效显著,截至 2018 年,全县各类文化市场经营单位共计 200 余家,从业人员 4000 多人,培育了万紫千红、宏大伟业、勇嘉包装、鲁柘砚、儒陶、泗滨砭石等一批骨干文化企业,初步形成以大型文化企业为龙头、以中小微企业为基础的文化市场主体格局。产业扶持力度不断加大,自 2012 年起,县财政每年安排不少于 2000 万元的专项扶持资金,在产业重点项目建设、文化品牌打造及形象宣传推介、文化产品和服务出口等领域取得显著的扶持成效。

(二)产业结构动能持续优化

在全县经济转调发展大局中,国学培训、陶石工艺品、彩印包装、文化用纸等重点文化业态实现较快发展。紧紧抓住曲阜优秀传统文化传承发展示范区建设机遇,以尼山圣源书院为核心载体,泗水县在大众儒学普及、国学师资种子培训、国际儒学研究交流领域创造了显著的社会和经济效益。柘沟土陶、鲁柘砚、砭石等传统工艺传承创新能力不断提升,陶石工艺品、医养保健品形成一定的市场规模。彩印包装行业产值位居全省前列,泗水县得以成为江北最大的食品包装塑料彩印基地。造纸产业转型升级步伐加快,新闻印刷纸、白卡纸等文化用纸生产线持续更新换代,现已形成集造纸、纸制品、印刷、包装等为一体的系统产业链。

(三)产业动能承载不断强化

近年来,泗水县加快落地一批公共文化设施及产业基础设施。公共文化服务设施体系不断完善,全县现有文化馆、图书馆各 1 个,文物管理所 1 处,文化站 13 个,县文化中心现已启动建设。文化及相关产业载体规模持续扩大，国学小镇、始祖文化产业园列入曲阜文化示范区整体规划，等闲谷艺术粮仓被评为中国乡村旅游创客示范基地，万紫千红御温泉二期、盛御游乐园等项目投入运营，道驿庄园等项目建设加快。目前全县拥有文化产业示范基地5家、市重点文化产业园区1家、市级重点文化企业2家，市级优秀传统文化传承创新示范基地3处，市级文化产业特色乡镇(村)各1处，产业动能承载能力逐步提高。

(四)产业融合步伐逐步加快

泗水县依托文化资源禀赋优势，积极推动文化与旅游、农业、商贸等产业融合发展。围绕“中国泉乡·圣源泗水”核心品牌，泗水县通过打造万紫千红、西侯幽谷等重大文旅产业项目，不断丰富儒学研修、民俗体验、文化观瞻等特色文旅产品体系，先后获批山东省旅游强县、“好客山东”全域旅游示范县。加快培育乡村特色文化产业，全县涌现出王家庄、水泉村、青龙庄、南尧湾等一批省内特色影视基地、省级农业旅游示范点、省特色旅游村，“泗水赏花汇”成为全省六个乡村旅游品牌节事活动之一。电子商务快速发展，2017年交易额达到12.6亿元，同比增长25%。依托“互联网+”，泗水特色手工制品、工艺品、农产品走出去步伐不断加快。

二、存在问题亟待动能转换破解

(一)产业顶层设计有待加强

全县文化产业暂无明确的顶层设计，产业发展定位不清晰，未能与“中国泉乡·圣源泗水”品牌高度契合。相关文化资源尚处于浅层挖掘，曲阜优秀传统文化传承发展示范区内的角色定位不清晰。作为泗水县新旧动能转换工程的八大产业之一，文化旅游与相关产业融合动能尚未充分激活，产业空间布局有待优化。

(二)产业规模质量亟待提升

全县文化产业总量规模偏小。数据显示，2017年泗水文化产业增加值(10.85亿)与曲阜(25.9亿)差距甚远，尽管增加值占GDP比重居全市首位，但仅占全市总增加值(2016年)的6%。文化企业、园区规模普遍较小，聚集能力不足。产业内部结构不尽合理，文化制造业与文化服务业比重失衡，新兴业态发展滞后。

（三）产业创新发展驱动不足

受传统县域发展环境影响，泗水县文化产业要素体系不健全，对优质科技、金融要素的吸引力不足，文化产业公共服务平台建设滞后，扶持引导产业新动能的政策体系不完善。行业领军型人才匮乏，企业创新发展能力偏弱，文化产品普遍处于粗放型生产、供给状态，丰富的文化资源优势尚未转化为产业发展优势。

图 3-4-2　泗水县艺术粮仓

三、多元优势拓展动能转换空间

（一）优秀传统文化资源富集

泗水县作为始祖文化的诞生地、圣源文化的发祥地、泉水文化的汇集地、皇家文化的体验地、红色文化的传承地，具备良好的文化资源禀赋。截至目前，全县共有全国文物保护单位 1 处，省、市、县级文物保护单位分别为 13 处、24 处、82 处，省级非物质文化遗产名录 1 项、省级非物质文化遗产拓展项目 2 项，市、县级非物质文化遗产项目为 10 项、30 项。陶石资源储量丰富，鲁柘澄泥砚作为中国四大名砚之一闻名中外，柘沟土陶成为文化类国家地理标志产品。

（二）生态文化建设成绩斐然

县域经济生态文明试点建设实现预期成效，先后打造泉林国家森林公园、泗河源国家湿地公园、省级重点生态功能区等一批区域生态品牌，成功创建中国绿色碳汇城市、全国绿化模范县、山东省县域经济生态文明试点县、山东省循环经济示范县、山东省园林城市。加快推进圣源文化品牌建设，全力打造儒风孝道之乡，尼山圣源书院成为尼山世界文明论坛的永久举办地。泗张镇、柘沟镇分别被评为山东省民间文化艺术之乡、中国民间文化艺术之乡。

（三）创新发展活力持续释放

依托“科技引领、创新驱动”战略，泗水区域创新能力不断增强。2017 年，全县新增山东名牌 2 个、产学研合作企业 25 家、市级以上科技创新平台 4 个，授权发明专利 20 件，国家高新技术企业达到 14 家，引进“千人计划”“泰山学者”2 人。通过落实国家、省、市鼓励企业创新的优惠政策，逐步完善创新、创业体系，实现创新、创业、创投、创客“四创联动”，有序推进创新公共服务平台、创新研发平台建设，进一步激活了传统文化制造业、服务业、批零业发展活力。

四、战略机遇加速动能转换进程

（一）两区建设奠定转换先发优势

习近平总书记视察济宁并发表重要讲话，赋予全市弘扬优秀传统文化的光荣使命。伴随曲阜优秀传统文化传承发展示范区列入国家“十三五”规划纲要，邹鲁文化生态保护实验区进入省级重点文化生态保护行列。在党的十九大明确提出坚定文化自信，推动文化事业和文化产业发展的时代背景下，两区建设将聚焦传统文化创造性转化和创新性发展，通过政策倾斜、先行先试，奠定泗水县新旧动能转换的先发优势。

（二）战略机遇提供转换持久动力

作为国家首个以新旧动能转换为主题的区域发展战略，山东省新旧动能转换工程在系统探索转换方式和体制机制中稳步推进，济宁市“1＋5＋N”的新旧动能转换总体布局不断完善，共同为泗水县文化产业新旧动能转换提供了方向引领。在国家文化产业政策环境不断优化的基础上，统筹利用泗水县列入沂蒙革命老区县和省财政直管县、县域经济科学发展生态文明试点县及鲁西科学发展高地、鲁南铁路客运专线建设等各领域政策红利,将为泗水文化产业后发快进、跨越发展提供持久动力。

图 3-4-3 在泗水县进行文化产业调研

第二节 发展路径

一、指导思想

全面贯彻党的十九大精神,以习近平新时代中国特色社会主义思想为指导,严格落实省市新旧动能转换工程重大部署,坚持“生态优先、绿色发展”不动摇,以“四新”促“四化”,推动文化产业成为全县新旧动能转换的新引擎和突破口。积极探索县域文化产业新旧动能转换的路径与模式,健全完善现代文化产业体系和文化市场体系,推动泗水县文化产业转型升级、提质增效,为全面开创“生态泗水、活力泗水、文化泗水、幸福泗水”新局面提供强大动力。

二、基本原则

（一）坚持生态优先、绿色发展

牢固树立“绿水青山就是金山银山”理念，在全面推进生态文明示范工程建设中，统筹泗河流域、泉林泉群等重点片区的文化生态保护工作。在合理保护利用中，依托文化创意创新力量增强文化生态服务功能、丰富文化生态产品供给。

（二）坚持双效统一、产业惠民

坚持把社会效益放在首位，实现社会效益和经济效益相统一。以社会主义核心价值观为引领，强化文化产业动能转换的价值引导与方向引领。加强文化资源统筹和公共服务，不断丰富文化产品和服务供给，满足人民群众日益增长的美好生活新需要。

（三）坚持创新驱动、提质增效

坚持新旧动能转换“四化”“四新”原则，激活泗水县优秀传统文化的创造性转化和创新性发展活力，加强始祖文化、圣源文化、红色文化、泉水文化资源的保护利用。聚焦县域文化产业发展趋势、重点领域与关键环节，推动文化产业提质增效。

（四）坚持协同联动、融合发展

主动服务和融入国家及省、市发展战略，统筹推进新旧动能转换、传承弘扬优秀传统文化、供给侧改革、乡村振兴等战略举措，依托文化产业的渗透力、辐射力和带动力，持续推动文化与相关产业深度融合，加快文化金融全面对接，夯实文化科技融合基础。

三、发展定位

（一）总体定位——中国泉乡・圣源泗水

坚定“生态立县”战略，依托“名泉荟萃、泉多如林”优质生态资源，打造享誉全国的“泉林—泉群—泉乡”生态地标。讲好古老泗河文明发祥、圣人驻跸故事，构建“洙泗渊源之地，圣化融液之区”的人文地标。

（二）文化定位——中华始祖文化缘起地

深入阐发泗水作为伏羲、虞舜故乡，东夷文化摇篮及儒家五圣等先贤圣哲成长活动之地的历史渊源，构建涵盖始祖文化、圣源文化、红色文化的中华优秀传统文化传承发展五大体系，在曲阜优秀传统文化传承发展示范区框架内，打造中华始祖文化缘起地。

(三)产业定位——国内文化生态旅游新高地

紧随文旅融合和全域旅游发展大势，以历史文化为魂，以自然生态、特色产业为体，将泗水县打造成以文化寻根、泉乡休闲、田园度假为核心，集文化体验、修学研学、精品观光、生态休闲、乡村度假、健康养老、山地运动等于一体的国内文化生态旅游新高地。

四、发展目标

(一)总体目标

至 2022 年，全县文化产业新旧动能转换工程取得重大突破，文化产业整体实力显著增强，产业质量效益全面提高、业态体系趋于完善、载体支撑不断强化、文化有效供给显著加强，文化产业新旧动能转换新格局基本形成。

(二)具体目标

产业质量效益全面提高。到 2020 年，全县文化产业增加值占 GDP 比重达到 7.5%以上，文化产业成为全县重要的国民经济支柱性产业。到 2022 年，全县文化产业增加值占 GDP 比重达到 8.5%以上，泗水由文化资源大县转变成文化产业强县。

产业业态体系趋于完善。构建“4＋3”文化产业业态体系，推动工艺美术、印刷包装、文化造纸、国学培训等传统优势业态转型升级、提质增效，改造形成新动能。推动影视传媒、创意设计、文化电商等特色新兴业态扩容倍增、加速崛起，培育形成新动能。

产业载体支撑不断强化。文化产业集聚水平显著提升，形成一批具有较强竞争力的文化产业集聚区、特色文化企业品牌，争创 1 处以上省级文化产业示范园区或基地，新培育文化骨干企业 3～5 家，形成一批文化产业新旧动能转换示范园区、特色企业。

文化有效供给显著加强。文化领域供给侧结构性改革成果显著，县域文化市场供给体系更加完善，围绕公共文化服务与新兴文化消费领域，形成政府主导的均等化、普惠式与市场主导的多层次、多样化相结合的文化产品和服务结构。

五、战略路径

根据省市新旧动能转换“四化”主攻要求，紧密结合全县八大产业动能转换部署，通过产业智慧化培育新动能、跨界融合化催生新业态、产城一体化拓展新空间。

(一)产业智慧化培育新动能

充分激活文化创意与文化科技、文化金融对产业智慧化的驱动效应,以文化创意手段提高文化生产与服务水平,适应文化消费市场新需求。以文化科技创新提升产业价值链,推动产业技术进步、效率提升和模式变革。以文化金融创新集聚优质市场要素,提升服务文化实体经济的能力。

(二)跨界融合化催生新业态

稳步构建业态交叉渗透的新旧动能转换产业新生态,以加快产业融合为重点任务,依托文化创意创新手段,提升旅游、农业、工业及其他服务业的文化内涵,延伸相关产品与服务文化附加值,不断衍生新产业、新模式、新业态,持续拓展和提升文化增值消费规模与质量。

(三)产城一体化拓展新空间

发挥文化生产力渗透引导作用,统筹构建产业功能、城市功能、生态功能和生产、生活、生态相统一的产城一体格局。稳步推进新型城镇化、乡村振兴战略,将文化产业发展纳入城乡要素一休化大格局中,提高县域资源配置、空间布局及综合发展水平。

第三节　对策建议

一、业态体系

(一)提升传统产业业态,改造形成新动能

1. 工艺美术

加大传统工艺振兴力度。传承工匠精神,鼓励非遗代表性传承人、工艺美术师、专业协会主动开展土陶、鲁柘砚、砭石、石雕等传统工艺技艺的整理工作。以纳入邹鲁文化生态保护实验区为契机,探索设立传统工艺工作站,推广传统技艺、传统美术类非遗项目的保护传承经验。切实加强生产性保护力度,鼓励和支持经营业户联合文创企业,在坚持传统艺术格调的基础上,创新艺术形式及生产技术。

推动行业链条规范发展。加强政府监管和行业引导,规范陶土、砭石等资源开发秩序。开展质量提升行动,深入推进土陶、砭石行业在生产质量、宣传推介等环节的标准化体系建设,确保行业健康发展。整合土地、资金、企业资源,进一步提升优势门类生产集聚水平。鼓励传统工艺企业和从业者合理运用知识产权,保护商业秘密和创新成果。完善行业组织建设,常态化开展传统工艺传承人群的培训和交流活动。

2. 印刷包装

加快印刷技术设备升级。加快推动印刷行业技术升级和结构调整,依托宏大伟业、勇嘉等包装印刷骨干企业,引导行业企业加强技术装备、原辅材料和系统解决方案的科技研发与产业化应用。以康得新为龙头,加快彩印基材技术创新,打造全国最大的塑料彩印包装基材供应基地。支持宏大伟业、远大包装等塑料彩印包装企业,开发生产可降解、保鲜、抗菌、抗辐射的绿色包装产品。

提高产业分工合作效能。加快培育纸制品印刷包装、塑料彩印包装和华金扑克牌、票据印刷三大特色产业片区,打造全省最具影响力的包装装潢印刷基地。不断完善纸品生产、BOPP、CPP、油墨、彩印、制袋等相关产业链条。加快建设康得新国际包装产业园,完善综合商务楼、公寓、研发中心、运动休闲设施、购物中心等园区公共服务设施,促进相关企业向园区集聚,不断完善园区产业链条。

3. 文化造纸

加快文化用纸升级换代。按照低克重、高强度、轻量化、环保化的发展方向,重点研发生产文化特种用纸、无碳复写纸、新型包装用纸等产品,加快培育新闻纸、印刷书写纸、涂布印刷纸、白纸板等文化用机制纸产品体系。引导企业进一步加大技术改造力度,实施化学浆、化机浆重点项目,推动原料结构调整,对传统纸产品进行低成本再造与产品价值提升,逐步淘汰效率低、附加值低的造纸生产线。

拓宽文化造纸产业链条。引导文化机制纸企业从单一生产型向生产和服务型转型,重视终端客户价值需求、价值研究,通过服务建立产品增值与差异化竞争壁垒。大力拓展纸制品加工应用范围,参与、整合下游纸质包装、装潢、制盒、印刷、制本等纸制品深加工产业链,通过产业链终端品牌建设,引导市场消费,强化产品的自主定价权。

4. 国学培训

树立核心服务优势。依托儒家文化滋养品格、陶冶情操、砥砺德行的时代价值，融合泗河流域文明研究成果，革新传统国学课程体系，优化教学实践模式，聚焦干部、教师、企业、青少年等核心客群，构建泗水县特色国学教育培训体系。发挥圣源书院—尼山世界文明论坛永久会址的影响力，密切与国内外知名学府、国学和儒家研究教育机构、孔子学院总部的合作关系，联合打造和引进精品国学培训项目。

强化国学 IP 产业植入。依托国学小镇等重点项目，引入专业培训机构和教学研发、生产制作、营销服务类机构，开发反映圣源文化的系列图书教材、影视作品、舞台剧目，丰富国学培训产品与服务体系。依托山水、乡村等休闲旅游项目，植入静修教学、礼乐教学、参与体验式国学研修项目，增强教育的仪式感和震撼力。依托泗水县杏花节、桃花旅游节等节庆活动，利用动漫、数字技术加强国学精髓的现代解读和演绎。

（二）发展新兴产业业态，培育形成新动能

1. 影视传媒

培育影视产业优势链条。发挥在泗水县取景拍摄的《福星临门》《三个女人一台戏》《演说论语》等影视剧影响力，重点培育影视内容生产、外景采风、配套服务等相关链条。鼓励制作、发行反映泗水县历史、风土人情和现代风貌的微电影、网络剧、旅游 3D 电影，加大《最美一公里》等在拍影视剧的宣传推广力度。统筹全县传统村落、美丽乡村及自然生态资源，持续培育金庄镇水泉村等一批特色影视基地。

激发县域传媒创新活力。加快推进报、网、台及微信公众号、微博和客户端等县级媒体平台的整合，以内容建设为中心，全面推进一体采集制作、多媒发布的立体传播模式。面向市场开发适宜的媒体产品，以泗水县始祖文化、圣源文化为基础素材，制作有价值、有影响力的传媒内容。培育提升“逛泗水”“最美泗水”等新媒体平台，增加新媒体用户黏度。将新媒体平台与互联网技术、数字内容相结合，助力“智慧泗水”建设。

2. 创意设计

提高专项设计服务能力。基于全县文化造纸、彩印、包装产业发展基础，加快推动广告策划、平面设计等行业发展，支持泗水县新越创意、鼎腾创意设计有限公司等企业做大做强。聚焦食品饮料、纸品包装、高端装备等传统制造业，利用文化创意设计手段提升相关产品外观、结构与功能。支持汇川、新来电、山东工具等高端装备制造企业成立研发设计平台,提升产品的艺术观感和文化附加值。引导儒陶、砭石等生产企业设立产品研发部门,提高传统工艺传承创新能力。

加大行业资源整合力度。结合泗水县各镇街双创园区建设工作,加快培育、引进一批创意策划、研发设计类企业,搭建园区服务平台。鼓励龙山园林等相关企业在扩大园林规划、景观设计、生产施工等业务基础上,进一步拓展生态旅游项目开发、奇石交易市场。依托等闲谷艺术粮仓、宋家沟画家村等项目载体,整合济宁设计师协会、知名艺术家群体资源,打造若干乡村旅游创客示范基地、设计师培训平台,加强全县创意设计人才队伍与平台建设。

3. 文化电商

夯实文化电商平台基础。依托"山东省电子商务示范县"品牌基础,加快推进阿里巴巴泗水电商产业园建设,加快完善配套设施和公共服务平台,集聚一批优质电子商务企业,打造设施完善、功能齐全、集聚程度高的电子商务示范园区。加快建设泗水县电子商务交易应用平台,在文化产品销售、数字娱乐、动漫游戏等领域,同步发展 B2B、B2C、C2C 的电子商务服务模式,提高文化电商交易额。

创建"圣源优品"电商品牌。依托泗水县电商产业基础和农村电商发展五大工程,推广永春堂康养产品电商直销模式,鼓励有条件的文化企业自主发展电子商务。学习借鉴曲阜孔府印阁互联网营销经验,指导泗水县土陶、鲁柘砚、砭石生产企业利用移动社交、直播平台,结合线上话题营销、线下事件营销渠道,原生态展现产品生产、制作流程,提高工艺品、文创产品线上销量和品牌知名度。

二、重点突破

(一)实施"文旅+"融合工程,开拓动能转换跨界新格局

1. 激发文化旅游产业内生动力

结合全域生态旅游示范区创建工程,优化"一心两带四片区"文化旅游空间架构,重点培育泗北生态新城、泗张镇、泉林泉群、北部山区、圣水峪镇等文化旅游片区。按照"乡居泗水、活力泗水、乐活泗水、多彩泗水"的开发理念,打造以万紫千红生态养生度假区为主体的高品质乡村休闲度假游,以圣源度假村和王家庄民俗村为主体的田园乡村度假

游，以赏花、采摘、美食等为主题的乡村特色经典游，以泉林泉群为主体的泉乡休闲游，以尼山圣源书院为载体的儒学研修研学游。加快传统旅游景区提质升级，创新始祖文化、圣源文化等泗水文化IP的植入模式，以圣贤故事、儒学经典为素材提升景区文化内涵，策划建设娱乐性、参与性、体验性、互动性的精品项目。联动等闲谷艺术粮仓、宋庄写生基地，推动文旅衍生产品的联合开发。

2.推动工业资源泛文旅化应用

统筹利用工业企业、工业园区、工业展示场所、工业历史遗迹等资源，构建涵盖工业购物游、工业科普游、企业文化游、工业遗产游的综合性产业链条，打造省级工业旅游示范区。持续建设提升永春堂、娃哈哈、润和酒业等现有省级工业旅游示范点，提高展馆、车间及配套设施的数字化、智能化水平，进一步挖掘产品文化、企业文化内涵并开发系列文创产品，在传统观赏、展示功能基础上，拓展研学、休闲、康养、购物等功能。引导果蔬饮料、薯类制品、酒水酿造等食品企业，建设一批彰显行业文化特色和企业历史沿革的博物馆、展厅，开发工业旅游互动体验项目，丰富生产工艺、制作流程等环节的交互体验内容。在全域旅游发展框架下，聚焦商务接待、研学游、亲子游和专题游消费群体，联动泗水县国学研修、生态观光等文旅项目，进一步延伸常规旅游线路。

3.强化文旅产业科技支撑作用

贯彻落实《“十三五”时期山东省文化科技发展规划》，重点推进优秀传统文化传承创新、文化艺术资源数字化保护与开发、新兴文化业态等领域的技术集成应用与创新。加快推进全县公共文化服务、文化消费领域的“文化云”平台建设，充实完善齐鲁优秀传统文化服务云平台的尼山文化展示内容。结合“智慧泗水”建设，完善电子商务产业平台、智慧教育、智慧旅游等模块。积极融入济宁国家级文化和科技融合示范基地建设大局，引进一批省级文化科技重点实验室，引导支持骨干文化企业与科研单位组建技术创新战略联盟。整合机制纸制造、彩印包装等行业技术平台，打造产业上下游企业“孵化器”。营造文化创意和科技创新融合发展的良好环境，鼓励文创企业用好高新技术企业认定、研发费用加计扣除等政策，建立健全“孵化＋科技”的创新培育体系，培育一批特色鲜明、创新能力强的文化科技企业。加快推进智慧旅游体系建设，提高旅游体验、旅游管理、旅游服务和旅游营销智慧水平，支持文化旅游企业引进大数据、物联网、人工智能技术提升文旅产品定制化、交互性、体验性水平。

4.提高文旅产业金融服务效率

加大对文化产业创投引导力度,积极争取在泗水县新旧动能转换基金中设立文化产业发展子基金,发挥政府股权投资引导基金作用,积极吸引金融机构和社会资本投入。鼓励符合条件的文化企业发行企业债券、公司债券或非金融企业债务融资工具,支持文化产业类投资基金发展。贯彻济宁市关于引导银行业支持文化产业发展的意见措施,引导银行机构综合运用循环贷款、年审制贷款、展期贷款、分期还款等多样化手段,减少文化企业高息“过桥”融资。支持银行设立绿色金融事业部或特色分支机构,鼓励符合条件的金融机构探索开展绿色债券、绿色基金和绿色信贷资产证券化等新型金融业务,建立完善专项授信评级和考核机制,加大对文旅企业、产业园区、重点景区的支持力度。加大财政配套支持力度,采取奖励、贴息、补贴、配套、资助等形式,支持重点文化旅游企业或产业基础设施贷款融资,建立中小微企业贷款风险补偿机制。积极推进权属明确、能够产生可预期现金流的旅游相关资产证券化,支持和改进旅游消费信贷,探索开发满足旅游消费需要的金融产品。

(二)推动乡村文化振兴,打造动能转换乡村文化建设样板

1.发展乡村特色文化产业

鼓励乡镇、农村充分挖掘特色文化资源,促进文化产业与休闲农业、乡村旅游、民俗活动的深度融合。坚持终端型、体验型、循环型、智慧型发展定位,开发具有地方特色的精品民俗活动、农事体验、名人观瞻等文化体验项目,重点在文化遗产、节庆赛事、修学研习、养生文化、民俗文化、名人文化等方面进行创意开发,打造一批美食村、艺术村、养生村、休闲村等特色村落。支持镇(街道)大力打造田园综合体、农业观光旅游、智慧农业、农村电商等新载体,推进滨河田园综合体农业生态园、龙湾湖桂花园等田园综合体项目。实施乡村旅游精品工程,依据各镇街自然环境、资源禀赋、文化特质,推广现有示范片区和生态文明村、美丽乡村样板村建设经验,打造泗张片区山区景观示范带、星村滨河生态示范带、圣水峪丘陵风貌示范带等一批各具特色的美丽乡村示范带。

2.推进乡村文化品牌建设

加强乡风文明、传统技艺、文艺活动及产业项目品牌培育,打造乡村文化振兴的泗水

样板。深入实施乡村儒学推进计划，发挥尼山圣源书院、洙泗学堂的引领作用，常态化举办“乡村儒学讲堂”，重点实施四德工程示范县建设项目、优秀传统文化融入社会治理项目、生态文化魅力家园建设项目、公共文化服务提升项目，打造“儒风孝道之乡”品牌。实施乡村传统工艺振兴计划，传承创新土石类优势传统技艺，提高剪纸等非遗项目影响力。加强农村题材文艺创作的规划和扶持，以泗河传说、秦始皇泗河取鼎为素材，创排民间艺术、民俗表演剧目，推出一批具有浓郁乡村特色、充满正能量、深受农民欢迎的农村题材文艺作品。鼓励乡镇、村充分挖掘特色文化资源，引导利用古民居、古遗址、古村落、古街区发展文化产业项目，培育圣地尼山小镇、圣水峪国学小镇等文化小镇。

（三）传承创新优秀传统文化，厚植动能转换文化转化优势

1.完善研究阐发体系

统筹推进仲子思想、泗河文化、始祖文化、陶文化以及砭石文化等特色文化系统整理、思想意蕴阐释辨析、时代价值研究阐发。整合卞国文化研究会、仲子研究会、圣源儒陶文化研究所，打造泗水优秀传统文化高端研究平台，深入探究泗水县作为古代东夷族群聚居之地、东夷文化摇篮的文化内涵，伏羲、虞舜、大禹等在泗水县繁衍生息及儒家五圣、墨子、仲子等先贤在泗水县活动的历史渊源。成立弘扬优秀传统文化课题组，常态化开展专题研究，实施镇村志修编，编辑出版地情资料手册、地方乡土教材等史志成果。实施泗水县历史文化题材文艺创作项目，发挥县文联和县书法、美术、作家、摄影等协会作用，以民间文学、传统戏剧、曲艺及民俗为载体，创作一批具有泗水特色、底蕴深厚的优秀文艺作品。

2.健全保护传承体系

坚持有效保护、充分展示、合理利用、传承发展，在邹鲁文化生态保护实验区框架体系内，重点推进文化遗产保护项目、历史文化展示项目、非遗生产性保护项目。做好县历史文化展馆、古卞国纪念馆、儒孝文化展馆等历史文化展示场所的调整、充实、改造和提升工作，推进县、镇、村三级历史文化展示工程建设，加大运用数字化技术对优秀传统文化档案资源进行科学整合。加强非物质文化遗产保护传承，开展非物质文化遗产记录工程，推进非遗传习所、展示馆建设，完善非遗“五位一体”保护传承体系，加大濒危非遗项目的抢救性保护力度，持续提升“北方陶都”创意文化产业园、鲁柘澄泥砚制作工艺保护

中心、儒学体验砭石养生文化产业园、始祖文化产业园等生产性保护平台服务能力。

3.拓展传播交流体系

构建全方位、多层次、宽领域的对外传播格局,重点实施对外传播品牌建设项目,打造“文明摇篮·圣源泗水”外宣品牌。发挥尼山圣源书院平台作用,联合国际儒联、国家汉办、台湾中华孔孟学会等机构,加强与欧美、港澳台等国家和地区学术界的交流与合作,积极参与承办“尼山世界文明论坛”,进一步打响“南有博鳌亚洲经济论坛,北有尼山世界文明论坛”品牌。加大对泉林泉群、泗张桃花源、万紫千红度假区、北方陶都、泗水砭石等的推介力度,打造自然遗产、文化遗产品牌。有序推动产业片区、产业项目、文化产品的品牌包装策划,支持县内文化企业、文化项目“走出去”参加美、日、韩等境外展会,鼓励各镇街、行业协会、文旅企业结合自身特点,提升对外形象和宣传质量。

三、保障措施

(一)加强组织领导与督导考核

1.健全组织领导机制

依托泗水县新旧动能转换重大工程建设领导小组,组建文化产业新旧动能转换推进专班,抽调人员集中办公。建立部门综合协调、地方协同联动机制,组织有关部门成立重大项目论证小组,研究出台文化产业重大项目扶持政策和管理办法,定期调度联系重大项目建设情况,对接用好省、市新旧动能转换基金。

2.建立督导考核制度

全面对接济宁市新旧动能转换可视化督导服务平台,对文化产业重大项目和新旧动能转换指标进行实时动态监测、督导调度,实现入库文化产业项目管理、推进、监管、服务的全过程覆盖。在全县新旧动能转换考核体系内,完善文化产业指标体系和考核细则,加强文化产业统计监测,建立情况通报制度,保障文化产业新旧动能转换工作的有序推进。

(二)强化财税金融及政策扶持

1.加强财税金融支持

落实国家、省、市文化产业财税政策,加大对重点业态、关键领域的财政支持力度。

整合各类财政资金优先支持入库产业项目。加大对文化及相关行业单项冠军、隐形冠军、“瞪羚”企业的资金扶持力度，选择文化科技融合业态和新旧动能转换重点行业及项目，先行先试期末留抵退税政策，落实国家关于促进创新产品研发应用的政府采购政策。

2.完善政策保障体系

贯彻落实国家、省、市近年来出台的文化产业政策，确保财政、税收、工商、土地、商务、科技等各项优惠政策按规定落实到位。适应产业融合趋势，整合全县各类产业扶持资金，提高产业扶持成效。探索制定文化科技企业所得税优惠、研发费用加计扣除等激励企业创新的普惠性政策。落实八大产业用地差别化政策，提高文化用地使用效率。

(三)加大人才培养与引智力度

1.加强专业人才培养

制定文化产业人才培养长期规划，引导高等院校、职业培训机构、相关企业开展产学研合作。实施“泉乡工匠”高技能人才开发计划，定期邀请国内外知名专家学者、文化企业家、泗水县首席专家举办文化专题讲座，组织优秀文化产业管理人才到先进地区学习培训。多渠道搭建人才培养载体，进一步完善大学生创业孵化基地建设和众创空间建设。

2.加大招才引智力度

贯彻落实“泗水县创新创业领军人才集聚计划”，建立重点行业紧缺人才专业目录。按照柔性引进理念，引进一批文化产业高端人才和创意领军人物。倡导“人才+项目”联动引进，按照“一事一议”原则，支持高等院校、科研机构与文化产业园区、规模以上文化企业在泗水落地建设文化科技平台(实验室)、产业人才培训基地、分支机构。

(四)优化产业发展与营商环境

1.改进优化政务服务

建立新型政商服务关系，认真落实“放管服”改革，落实“一次办好”“只跑一次”“全程网办”等事项清单，实现“一窗式受理、一站式审批”，降低文化企业办事成本。实施政务信息系统整合，实现主要资源开放共享。全面清理规范涉企收费，不断降低制度性交易成本。保持政策的统一性和持续性，确保本外地文化企业享受同等政策优惠。

2.健全文化市场体系

建立健全文化市场监管体系，依法维护文化市场秩序。强化市场主体知识产权保护意识,鼓励文化企业主动实施创意作品及形象的专利申请、商标注册、软件著作权登记。加强人才、技术、信息、产权和中介服务市场建设,支持版权代理、文化经纪、评估鉴定、担保、推介等文化中介机构发展。

(五)夯实文化生态与平台基础

1.加大文化生态保护力度

严格落实《邹鲁文化生态保护实验区总体规划》,加大历史文化名城、名镇、名村保护力度,维持泗水文化资源的丰富性、文化的多样性以及文化生态空间的完整性。优化文化生态资源空间布局,丰富文化生态产品供给,开拓文化与生态良性互促格局,为泗水文化产业新旧动能转化提供良好的人文及自然生态环境基础。

2.搭建高端文化服务平台

依托全省优秀传统文化传承创新工程,建成并运营一批优秀传统文化项目重大载体,打造优秀传统文化传承发展平台。引导并集聚纸品包装、陶制品等文化产品企业,打造省级重点文化产品和服务出口基地。整合重点实验室、专家工作站、双创产业园、众创空间等平台资源,构建文化产业重大创新平台体系。

第四篇

泺尚年度评选榜单

改革开放 40 年，深刻地改变了中国、影响了世界。“中国经济”“中国力量”正在世界范围内发挥越来越重要的作用，文化产业、体育产业是改革开放的先行者、受益者，更是助力者。为顺应文体产业促进身心健康发展的新趋势，以聚焦文体产业的前端研究，推动文体产业动能转换。《创意中国调研报告》编委会、文化产业山东省文化科技重点实验室（山东大学）、泺尚中国创意产业网联合发布“中国文体产业 2018 年度榜单”，榜单诞生经历了大数据计算分析、网络投票和专家评审团评审等环节，具有扎实的数据基础、广泛的社会参与性和学术研究的严谨性，在很大程度上反映了 2018 年中国文体产业发展的新趋势，希望能对业内外人士了解 2018 文体产业有所裨益。

第一章

2018 年度十大文体产业关键词

一、文旅一体化

上榜评语：2018 年 3 月 13 日，国务院机构改革方案提出将国家旅游局与文化部合并，组建文化和旅游部。国家文旅部成立后，将出现一批扶持文旅融合业态的利好打包政策。将会进一步推动文旅一体化的融合发展，将中华优秀传统文化、时代主流文化全面纳入旅游产业发展中来，将从社会治理、文化输出、社会主义价值观建设等方面，更多元化地思考新时代的旅游发展。

二、新旧动能转换

上榜评语：山东新旧动能转换综合试验区是党的十九大后获批的首个区域性国家发展战略，也是中国第一个以新旧动能转换为主题的区域发展战略。山东新旧动能转换综合试验区位于山东省全境，包括济南、青岛、烟台三大核心城市，十四个设区市的国家和省级经济技术开发区、高新技术产业开发区以及海关特殊监管区域，形成“三核引领、多点突破、融合互动”的总体布局。实现新旧动能转换是中国经济社会发展动力转换的内生要求，具有重要意义。

三、新媒体变革

上榜评语：当一个产业趋于成熟的时候，它所面临的外部政策环境和内部竞争环境都会变得日益严峻起来。新媒体产业日臻成熟，其发展逻辑也在不断重构。随着监管层层加码，产业发展格局愈加两极分化，新媒体平台、组织或者个人所生成的各类内容所要传递的价值观和正能量将会进一步受到各方关注。新媒体内容回归主流，也变得愈加规范。随着越来越多技术的普遍安装和广泛商业化，未来新媒体产业的发展仍然还会有更多更新的红利释放。

四、乡村文化振兴

上榜评语：乡村是一个文化空间，乡村文明是中华民族精神文化的原点。留住乡愁、振兴乡村，就是要留住我们民族文化的根，就是要在发展中保留我们民族本身的特质，使传统与现代交融互补。要使文化成为乡村的凝聚力、生产力、驱动力，需要从生活的层面出发，以文化提升生活品质、拓展发展空间、引领文明进步，进而造福乡民。党的文化富民、文化惠民政策增强了乡村老百姓的获得感、归属感和幸福感，以习近平总书记为核心的党中央更是从民族复兴的历史高度和战略意义上重视文化发展，乡村文化振兴迎来重大时代利好。

五、5G 时代

上榜评语：日益加速的数字化变革不仅在给全球互联网带来机遇，更给文化产业发展带来巨大的空间。随着文化创意与科技创新不断发生“化学反应”，从舞美设计到文物保护，从互联网在线直播到博物馆数字化展陈，科技与文化将软硬互通、刚柔并济。文化与科技的高度结合成为未来文化产业发展的必由之路。

六、规范影视行业税收秩序

上榜评语：影视行业近日“天价片酬”“阴阳合同”现象频出，亟需一场刮骨疗毒式的改革与规范。国家税务总局开展专项行动,规范影视行业税收秩序,以修复业已严重扭曲的市场乱象,使影视行业的发展重回正轨。业内专家表示,规范税收秩序,有利于提升影视行业在薪酬、资本、核算等财务方面的管理水平,必将促进我国影视业健康发展。

七、Vlog

上榜评语:视频博客(video weblog 或 video blog,简称 vlog),意为“视频博客”,也称为“视频网络日志”。Vlog 作者以影像代替文字或相片,主题广泛,作者上载与网友分享。真实和人格化是 vlog 作品最受瞩目的两个关键词。观众真正喜欢看的并不是简单的对于博主生活的记录,更为重要的是有拍摄者个人风格的生活记录。未来有望进一步打造中国 Vlog 文化生态圈,引领短视频行业记录形态变迁的浪潮,促进中国短视频时代全民记录的有序发展。

八、国漫复兴

上榜评语:动漫产业及二次元文化已经成为我国文化创意产业的重要组成部分,动漫业已超越了种族、年龄、文化背景的限制,成为通行于世界的大众化艺术语言。国产动漫正迎来高速发展的黄金期。加强政策扶持、创新商业模式是突破产业发展瓶颈的良药。更重要的是秉承工匠精神,坚定原创态度,深层次挖掘民族内涵,打造更多传播中华文化、体现中国精神的优秀作品。如此,“国漫崛起”才不是一句空洞的口号。

九、文化金融服务超市

上榜评语:北京市首个文化金融服务中心在北京朝阳国家文化产业创新实验区正式投入使用。该中心有效整合各类金融服务和政策资源,面向有融资需求的文化企业提供政策咨询、项目对接、金融业务办理、投融资合作等一站式专业服务,并为文化企业和金融机构举办业务培训、项目路演提供专门空间和精准服务。

十、体育综艺

上榜评语:体育的魅力是无穷的。通过体育综艺可以以多彩的方式向国人展示丰富的体育文化与体育内涵，为促进中国体育产业发展贡献出不可忽视的力量。体育综艺保留了娱乐手法中能够获得传播号召力的部分，艺人输出“无差别”的努力、“一视同仁”的竞技场域构建、艺人在镜头前的闪光和落寞，充分满足了观众的同理心，夯实了“全民传播”的基础。对于尚在徘徊的中国大众体育文化而言，这将是一个充满希望的风口。还有更多关于体育综艺的想象力与影响力可以被发掘。

第二章

2018 年度十大文体产业焦点事件

一、《文化产业促进法》被列入五年立法规划

上榜评语:《文化产业促进法》被纳入人大常委会五年立法规划,改变了文化领域立法长期以来较为薄弱的局面。我国文化立法工作以前所未有的力度和速度推进,无疑向所有的文化产业人传递出了一个积极的信号:坚持下去,未来已来!

二、文化部和国家旅游局合并

上榜评语:2018 年 3 月 13 日,国务院机构改革方案提出将国家旅游局与文化部合并,组建文化和旅游部。文化是核心,旅游是平台。文化与旅游部成立以后,可以更加便利地使文化和旅游在政府管理层面有机地进行合作,推动文化事业、文化产业和旅游业融合发展,借助于旅游产业的通道,更加丰富文化发展的空间。

三、《文化及相关产业分类(2018)》出台

上榜评语:2018 年 4 月,国家统计局发布《文化及相关产业分类(2018)》,本次修订中

文化产业原有的定义、分类原则保持不变,新增加符合文化及相关产业定义的活动小类,重点调整了分类方法和类别结构,从产业链条的生产、流通和服务等环节反映了当今文化建设和文化体制改革情况,这对于文化产业的发展具有重要的指导意义。

四、智慧广电建设

上榜评语:迈入 2018 年,我国加快推进“智慧广电”建设,从“功能广电”向“智慧广电”升级,广电系统迈出实质步伐,在技术保障与突破,媒体融合平台建设,深度参与智慧城市和智慧社区等公共服务体系建设,丰富“智慧家庭”终端应用和涉足新领域布局新业态等方面取得一定成效,广电终端的智能化发展已势不可挡。

五、故宫文创快闪店

上榜评语:2018 年 2 月,随着一则“朕偷溜出宫”的新闻火遍京城网络及媒体,这是作为“网红”的故宫文创系列产品首次以线下体验的形式,面向城市年轻群体传播以故宫为代表的优秀传统文化。让传统融于现代,是传统与现代的一次碰撞,更是时代发展的必然选择,也正表明了故宫文创走近年轻人,走向年轻化的选择和决心。

六、2018“一带一路”文化传播高峰论坛

上榜评语:“一带一路”文化传播高峰论坛,作为高规格、高水平的学术交流平台,不仅是展示文化传播研究成果的重要载体,也是共享文化传播新思想新观点的学术盛宴,将对我们准确把握“一带一路”背景下“金张掖”发展机遇带来深刻的启迪和帮助。加强与国内外媒体的沟通联系,让丝绸之路所承载的人文精神发扬光大,使古今丝绸之路上的感人故事家喻户晓。

七、政策赋能,体育产业迎来万亿级消费市场

上榜评语:2018 年 7 月底,国家体育总局发布《全民健身指南》,这是官方首次面向大众推出权威的运动建议。体育产业首次进入国家经济总体布局,明确了体育产业与智能产业、互联网+的融合发展方向。体育产业也被国家发改委明确定义为经济发展的“新风口”。

八、中国国际进口博览会举办

上榜评语：进博会旨在坚定支持贸易自由化和经济全球化、主动向世界开放市场。进博会吸引了58个“一带一路”国家、超过1000多家企业参展，成为共建“一带一路”的重要支撑。进博会为国内消费者提供了与世界一流产品和服务接触的机会，更为国内企业提供同等品质供给创造可能。博览会的文化产品也是一大亮点。一个更加繁荣、便利的中国市场正在壮大。

九、老字号跨界变现

上榜评语：老字号2018年屡有跨界创新之举。老字号频频跨界，其大背景在于，由“情怀杀”“回忆杀”所驱动的国货复兴浪潮渐成气候。伴随着各类老字号、国货的重新流行，话题性推动其品牌价值一路水涨船高。如何给记忆赋予新时代的文化和符号，让品牌带来的文化可以被传承，赋予品牌新的使命与价值，这也是一种创新和重构。

十、2018中美体育论坛

上榜评语：体育联盟在国家体育产业中占据着极其重要的经济和战略地位，美国的四大联盟，中国的中超、CBA，都具备极强的国际影响力，是推动体育全球化的重要渠道之一。在中美体育论坛上，国家体育总局经济司司长刘扶民表示“在建设体育强国过程中，需要群众体育和竞技体育、体育产业三位一体、协调发展。”现阶段，体育产业与民族复兴、国家强盛、经济发展、社会稳定以及人民群众对美好生活的向往紧密联系在一起，意义重大。

第三章

2018 年度十大文体旅游赛事

一、2018 北京文化创意大赛文博产品设计赛区总决赛

上榜评语:“2018 北京文化创意大赛”立足北京、辐射津冀、面向全国。赛区经由赛事来实现宣传文博品牌文化、规范文博衍生品市场、引导文化市场消费,征集作品数量多达500 余件。奇思出佳作,妙手传文化。优秀的作品展现了我国文博文创产业的新篇章。古朴与时尚碰撞,典雅与灵动交辉。文化同市场携手,美观同实用并具。

二、WUCG2018 世界大学生电竞联赛全球总决赛

上榜评语:WUCG2018 世界大学生电子竞技联赛全球总决赛·电竞嘉年华于 2018 年 12 月 8 日在三亚半山半岛帆船港盛大开启。来自中国、美国、澳大利亚、韩国、日本、马来西亚等国家的优秀高校电竞队伍在英雄联盟、王者荣耀、QQ 飞车手游、炉石传说四大项目上展开为期三天的角逐巅峰。伴随比赛,并将展开跨国高校文化交流和多元化的文娱盛会。

三、2018 厦门国际马拉松赛

上榜评语:厦门国际马拉松赛以其较高的竞赛水平、广泛的群众参与和丰富的配套活动,成为中国最具影响力和国际知名度的马拉松赛事之一,从 2008 年起连续 11 年荣获"国际田联路跑金标赛事"认证,并连续获中国田协"金牌赛事"认证。厦门也先后被中国田协授予"中国马拉松突出贡献奖"和"马拉松城市"称号。每届赛事都云集了众多的参赛者、旅游者,带来巨大商机。赛事也进一步地促进了海峡两岸交融互动的良好氛围。

四、2018 世界一级方程式锦标赛中国大奖赛

上榜评语:世界一级方程式锦标赛中国大奖赛是第一个在中国举办的"世界三大体育赛事"。这项 1950 年起源于英国的赛事来到中国、落户上海后,已经走过 15 个风云赛季。2018 世界一级方程式锦标赛中国大奖赛正值大赛 15 周年,是难得一遇的赛事盛会。

五、2018 中国大学生足球联赛

上榜评语:中国大学生足球联赛是中国国内高校参与范围最广、竞技水平最高、影响最大的足球联赛,也是唯一被中国大学生体育协会正式认可的全国性大学生 11 人制足球赛事,比赛对于促进高校体育事业发展、拉动体育文化产业深化发展具有重要意义。

六、2018 中国航空文化创意设计大赛

上榜评语:2018 年是国家改革开放 40 周年,更是新中国航空工业大步迈向航空强国新征程的第 67 年。2018 中国航空文化创意设计大赛由中国航空工业集团指导,旨在积极传播航空文化,普及航空科普知识,加强文化创意和设计服务与装备制造业、消费品工业对接,促进文化企业与制造企业深度合作。

七、2018 环法中国赛挑战赛

上榜评语:环法自行车赛是全球规模和影响力最大的自行车赛事,是仅次于足球世界杯和奥运会的国际赛事,参赛者均是代表着当今公路自行车赛最高水平的世界顶尖车

队。环法自行车挑战赛是环法自行车赛的系列赛,已在全球十多个国家举办。环法自行车赛在中国设置赛区,将会开辟中国体育文化产业的一大全新消费领域。

八、2018 企鹅派对跑

上榜评语:企鹅派对跑,是由腾讯体育主办的全新自建赛事 IP。这项主打"派对"主题的赛事融合大量年轻、时尚、娱乐以及社交元素的大众赛事,旨在让更多的人走到户外,体验、享受运动的快乐。企鹅派对跑以"派对"作为赛事属性,它不仅仅是一项简单的跑步赛事,更是以体育为主题连接运动与社交、线上与线下的社交平台。

九、2018 玄奘之路国际商学院戈壁挑战赛

上榜评语:一千三百多年前,玄奘法师在这里经历了追杀、背弃、迷路、彷徨、生死……"宁可就西而死,岂能归东而生"、"不至天竺终不东归一步"实现了从坚持到超越的伟大升华。参赛者深刻体验在严峻的自然环境下超越极限的生死历程,体悟到"理想、行动、坚持"的成功法则,在苍茫天地间感受"天人合一"的生命境界,在内心深处寻找到让生命得以攀援上升的巨大能量,从而以更积极、更健康、更持久的动力去拥抱生命中更大的挑战。

十、2018 沸雪北京国际雪联单板滑雪大跳台世界杯

上榜评语:沸雪北京国际雪联单板滑雪大跳台世界杯由国际滑雪联合会主办,中国滑雪协会与北京市体育局共同承办的国际雪联 A 级官方赛事。经国际滑雪联合会确认,赛事正式升级为沸雪北京国际雪联单板滑雪大跳台世界杯,标志着我国这项赛事已经成为国际顶级滑雪赛事之一。

第四章

2018 年度十大文体产业新业态公司

一、北京世相科技文化有限公司

上榜评语：由一线传媒公司创建的文化内容领域头部品牌——新世相，以社群和品牌为驱动，利用社群孵化生产内容，再借由品牌将内容打造成 IP，最终 IP 通过影视、游戏等途径变现。新世相目前是世相科技（北京世相科技文化有限公司）的内容生产前端，发起过逃离北上广、丢书大作战、凌晨四点的北京等爆款文化活动，打造时下最热门的文化话题品牌。

二、四川言几又文化传播有限公司

上榜评语：从最初的"书店＋咖啡＋文创产品"1.0 模式，到包括设计产品、文化沙龙、主题餐厅等功能的 2.0 模式，不断升级"生活方式体验"，未来，言几又还将启动 3.0 模式，增加文创街区、设计师工作空间、文创项目孵化、阅读主题酒店等，实现"文化综合体"的自我定位与要求。言几又融合多元的设计空间，汇聚当下最具代表性的时尚品牌，兼具产品空间、公共空间、活动空间等三大立体空间，引领着城市的新型阅读体验与创意文化生活。

三、北京开心麻花娱乐文化传媒股份有限公司

上榜评语：开心麻花是一出戏，一种风格，也是一种娱乐精神，一种生活态度。从成立之初，开心麻花发展至今已经成为极具影响力的喜剧品牌，并引领了一种喜剧风潮，开创了“前店后场”剧场模式：剧场＋“文创、酒吧、咖啡厅、餐饮”，新颖的体验模式，依靠开心麻花的核心产品：基于戏剧、电影、IP进行的实体文娱产业链，再搭上年轻消费红利期的便车，将剧场文化变成大众生活消费的必需品。

四、上海中胤文化创意有限公司

上榜评语：LES AIRS就是凭借着对消费者需求的深刻理解和对零售业趋势的把握，被消费者和购物中心热烈追捧。LES AIRS围绕生活形态呈现组合，商品繁多，能够为消费者提供全套系生活需求服务，除了创意、高性价比的产品，还设有餐饮区、咖啡区等互动体验区，常年有咖啡拉花、品酒鉴赏、魔术表演、时尚搭配等多种互动表现，通过建立创新的业态组合给消费者丰富体验，传递与倡导品质生活。目前产品分为出行、文具、益智、生活家居四大基本品类，每2～3周替换掉10％～20％的产品，不断快速迭代，带给消费者新鲜感。

五、北京泡泡玛特贸易有限公司

上榜评语：POP MART泡泡玛特，是集潮流商品销售、艺术家经纪、衍生品开发与授权、互动娱乐和潮流展会主办于一体的潮流文化娱乐品牌。产品包括潮流玩具、二次元周边、BJD娃娃、IP衍生品等多个品类。在产品销售之外，围绕社交、交易、娱乐等进行多元创新尝试；巧妙把握用户的收藏心理，从产品开发、销售设计和传播上充分刺激消费者的“痒”点，未来将推出IP衍生品，打造相应的游戏与动画产品，建立专业的潮流玩具社交电商平台。

六、看见造物中国原创设计品牌公司

上榜评语：传承中国造物智慧的原创设计。看见造物汲取多种材质和手工艺，集结

国内外卓著设计力量,与手工作坊联合呈现代表性设计产品,致力于对中国传统材质与工艺的当代诠释及应用。倡导“上乘非奢侈”的美学精神,受到设计界与文化力量的一致好评。

七、猫眼文化传媒有限公司

上榜评语:猫眼电影是美团旗下的一家集媒体内容、在线购票、用户互动社交、电影衍生品销售等服务的一站式电影互联网平台。2018 年下半年,猫眼电影覆盖影院的票房贡献占比超过 90%。目前,猫眼占网络购票 70%的市场份额,每三张电影票就有一张出自猫眼电影,猫眼电影成为影迷下载量较多、使用率较高的电影应用软件。

八、快看世界(北京)科技有限公司

上榜评语:快看漫画是快看世界科技有限公司发行的一款移动端漫画 APP,向用户提供高清全彩的国内外原创漫画阅读。漫画是年轻人文化 IP 的未来,是一个结构性的机会。新一代漫画成为更加适合年轻人 IP 承载以后,快看漫画致力于真真正正帮助国内创造出更好的 IP,打造出感动人心又具有商业价值的最好的国漫 IP。

九、北京巴别时代科技有限公司

上榜评语:中国领先的游戏研发及发行高新企业。巴别时代公司总部位于北京,并设有美国、香港、上海、海南等海内外多家分公司,公司通过旗下“最游戏”平台打造一站式服务,在移动游戏以及网页游戏领域全面布局,为玩家提供最优质的游戏服务。巴别时代至今已在全球 15 个国家和地区发行了移动游戏以及网页游戏,遍布国内和海外,全面发展战略;同时发力影视,动漫等文化 IP 创造和拓展,着力于实现影游多种文化的创意联动。

十、阅文集团

上榜评语:阅文集团引领行业的正版数字阅读平台和文学 IP 培育平台,旗下拥有中文数字阅读强大的内容品牌矩阵。包括创世中文网、起点中文网等网络原创与阅读品牌；中智博文、华文天下等图书出版及数字发行品牌；天方听书网、懒人听书等音频听书品牌。阅文平台上已创造了超过10亿级票房的改编电影、突破10亿点击的改编动画、多部总流水过亿的改编游戏、1000多万的单部作品周边销售，已然成为全方位渗透广大阅读爱好者生活场景的阅读品牌。

第五章

2018 年度十大著名人物

一、曾原

上榜评语：作为上海文创 50 条主撰稿人，曾原从上海文创 50 条的立意、特点、结构以及影视演艺、动漫游戏、网络文化、创意设计、出版等细分产业这四个方面全面深度地解读上海文创政策。随着上海文创 50 条的进一步细化和落地，文创 50 条将是改写上海文化版图的加速器，将进一步推动产业升级。

二、崔永元

上榜评语：央视主持人崔永元调查检举的“阴阳合同”事件，在社会上引起广泛反响，影响由娱乐行业蔓延至整个文化产业。国家税务总局开展专项行动，规范影视行业税收秩序，以修复业已严重扭曲的市场乱象，规范影视行业的发展重回正轨。

三、单霁翔

上榜评语：“在今天，不会有人比单霁翔更适合担任故宫博物院的院长。”单霁翔先生作为故宫博物院的院长，提出“将尽己所能，让传统文化走进百姓生活，活在当下，把一个完整的紫禁城交给下一个600年。”在单院长的领导下，故宫博物院正在逐渐走向世界文化舞台的中央，焕发出全新光彩。

四、马东

上榜评语：马东的每一步几乎都踩在文化产业的风口上，更难得的是他一直保持着文化人赚钱的乐趣。纵观马东的经商之路，从供职央视到转投互联网公司，从深度访谈主持人到娱乐节目引领者，从内容采购方到内容创业者，植根于文化，升华于文化。马东认可历史文化的积累，也拥抱技术的进步，他迎合年轻人的话语，接纳“各式各样的文化色彩”。

五、文牧野

上榜评语：中国导演界的后起之秀，他执导的《我不是药神》被誉为是中国现实主义电影的巅峰之作，该电影不但赢得票房和口碑的双丰收，更彰显了电影审查制度的进步，同时推动医疗改革，2018年进口抗癌药实施零关税的政策。他用电影给予社会更多的人文关怀，传递温暖人心的价值观。

六、刘子力

上榜评语：江西景德镇陶瓷文化旅游发展集团董事长，着力解决全市陶瓷系统面临的困难，努力促进大力发展文化创意和文化旅游产业，促进传统制造业与文创产业的完美融合。刘子力引领打造的陶溪川文创街区获评“首批国家级文化产业示范园区”，入选“国家首批工业遗产”。“陶溪川现象”初步呈现，正在成长为全国知名的国家文旅企业集团。

七、樊建川

上榜评语：建川博物馆馆长、四川省收藏家协会副主席。樊建川收集的抗战文物里有许多大件，这是其他收藏家难以做到的：美军汽油桶，飞机残骸等。樊建川的每次人生角色的转换都是和改革开放的时代大背景紧密联系的。他喜欢收藏文物，也包括自己人生各个重要时期的实物，这几十年的人生故事和思想变革都可以浓缩在一件一件的实物之中，又变成新的市场资源，开创民营博物馆自我运营的新路径。

八、丁磊

上榜评语：网易公司创始人，现担任网易公司董事局主席兼首席执行官。凭借敏锐的市场洞察力和扎扎实实的工作精神，网易在与娱乐相关的内容、载体、平台等方面陆续发力，为推动中国互联网文化产业的发展做出了重要贡献。

九、田梅

上榜评语：央视大型文化音乐节目《经典咏流传》的制片人。《经典咏流传》响应落实“推动中华优秀传统文化创造性转化、创新性发展”的精神，用“和诗以歌”的形式将传统诗词经典与现代流行相融合，在注重节目时代化表达的同时，也将深度挖掘诗词背后的内涵，讲述文化知识、阐释人文价值、解读思想观念，为现代文明追本溯源，树立文化自信发挥巨大作用。

十、李洪军

上榜评语：北京隆晟华盾文化产业园总监。隆晟华盾是中国首家以戏曲文化为主的产业园，工业厂房风结合徽派建筑风彰显了传统文化与时尚文化的完美融合，通过发展戏曲主题餐厅、戏曲主题宾馆、戏曲艺术酒吧、戏曲特色购物、戏曲小剧场等将中国的戏曲文化发扬广大。

第六章

2018 年度十大文体产业特色小镇

一、北京·密云古北水镇

上榜评语：密云古北水镇集观光游览、休闲度假、商务会展、创意文化等旅游业态为一体，是服务与设施一流、参与性和体验性极高的综合性特色休闲国际旅游度假目的地。以精美的明清及民国风格的山地合院建筑，以及长城脚下的夜游“八大名玩”闻名：登长城，提灯夜游司马台；品长城，城下湖畔精致晚餐；望长城，摇橹长城下；赏长城，星空温泉絮语；聆长城，浪漫水舞秀；宿长城，夜宿长城脚下；戏长城，戏水长城脚下；醉长城，山顶品酒观星。还原老北京年味儿的“古北过大年”。

二、广东惠州潼湖科技小镇

上榜评语：广东省首批特色小镇创建示范点名单日前出炉，惠州潼湖科技小镇作为惠州唯一代表上榜。作为潼湖生态智慧区重量级项目，潼湖科技小镇拥有紧邻深圳东莞、地处粤港澳大湾区的潼湖生态智慧区所拥有的区位、生态等多重优势，以及全球 IT 巨头思科等海内外知名机构的“加持”，将聚焦深耕“物联网＋”产业领域。

三、浙江衢州龙游红木小镇

上榜评语:目前国内最大的中式名贵硬木家具研发与生产基地之一。红木小镇规划占地3600亩,估算总投资超过80亿元。将国学与红木融合,大量采用红木建造仿古建筑,增强参观者对源远流长中国传统文化的认同感和归属感。未来将会把龙游红木小镇打造成全国红木家具最大生产基地、华东地区林权交易中心、中国红木价格指数定价中心;打造国内最大的家居产业电子商务平台,并建成亚洲最大的红木生产制造基地。

四、瓯海时尚智造小镇

上榜评语:国内领先的服装前卫时尚文化小镇。瓯海时尚智造小镇产业布局包括服装高端定制、服装生产检测、品牌运作、设计研发、电商展销等。规划面积约4200亩,总投资80亿元。围绕生产、生活、生态"三生融合"的理念,拟建设"一轴(时尚功能轴)两带(时尚生产带、时尚生活带)四区(云端定制区、时尚文化区、创意研发区、电子商贸区等产业分区)",打造突出"时尚智造"、构建"众创空间"、凝炼"地域文化"、发掘"时尚消费"的"特色小镇"。

五、河北廊坊大厂影视小镇

上榜评语:输出精彩纷呈、具有积极意义的优质节目内容是大厂影视小镇的一贯坚持。目前,小镇已经打造了完善的人才孵化、项目孵化、前期拍摄、后期制作等产业生态链。大厂影视小镇定位于"中国影视产业第一镇",坚持"孵化+产业化"双轮驱动发展战略,涵盖影视制作、电视传媒、影视科技、创意设计、动漫游戏、音乐、主题体验等产品线,推动文化、科技、金融融合发展,构建影视创意产业完整链条和全新生态圈,打造世界级文化创意产业集群。

六、云栖小镇

上榜评语:云栖小镇,是一个云计算产业生态聚集地,运用大数据的计算将简单数据变成生产要素,构建"共生、共荣、共享"的生态体系。2018年5月24日,云栖小镇入选最美特色小镇 50 强。小镇已累计引进包括阿里云、富士康科技、Intel、中航工业、银杏谷资本、华通云数据、数梦工场、洛可可设计集团在内的各类企业 433 家。产业覆盖大数据、APP 开发、游戏、互联网金融、移动互联网等各个领域，已初步形成较为完善的云计算产业生态。

七、万科松花湖冰雪小镇

上榜评语：以雪上运动为特色的体育文化小镇，巨资引入奥地利、意大利等国际一流品牌先进滑雪设备和现代的设计理念，配合得天独厚的自然禀赋，打造国内一流的室外滑雪场，发展特色旅游、房地产、培训、酒店等相关产业，是国内体育小镇中为数不多的成功案例。万科松花湖冰雪小镇以关注优质资源、靠近核心市场、聚焦冬奥概念为原则，让冰雪小镇的理念切实贯穿人们的生活。

八、香河机器人小镇

上榜评语：香河机器人小镇作为特色小镇的先行者，在高端引领创新驱动的战略指引下，香河机器人小镇，积极探索政府主导、企业运作、合作共赢的 PPP 模式，为入驻企业打造创新发展平台，让创新成为高质量发展的第一动力。香河机器人小镇涵盖工业、医用、军工机器人、3D 打印以及无人机等多门类机器人项目，科技部国家领军人才创新驱动中心、省重大项目加速器、太库科技全球第一家智能硬件加速器也先后落户小镇，成为京津冀产业链最全的综合性机器人产业集群。

九、万达丹寨小镇

上榜评语：万达丹寨小镇的建筑采用苗侗风格，引入丹寨特有的国家非物质遗产项目、民族手工艺、苗侗美食、苗医苗药等内容。万达丹寨小镇以非物质文化遗产、苗族、侗族文化为内核，融商业、文化、休闲、旅游为一体，涵盖吉尼斯世界最大水车、3000 米环湖慢跑道、千亩花田、四大苗侗文化主题广场、鸟笼邮局、精品客栈、街坊、酒坊、米店、会馆和酒吧、影院等众多文化旅游功能，形成独具特色的综合性商业、旅游目的地，被评为国家 4A 级景区。

十、安仁古镇

上榜评语:安仁古镇曾让《中国国家地理》杂志如此惊异,并用多达 21 个页码深度报道了中国博物馆小镇安仁丰蕴独特的公馆文化:"在四川省成都市郊这个仅半个西湖大小的小镇里,竟然至今完整地保存着 27 座公馆,南京市才只有 26 座"。安仁古镇依托三刘庄园公馆以刘文彩庄园、刘文辉公馆、庄园新天地为核心的庄园体验区,辅以特色建筑,结合中外建筑文化和民俗文化,已初步形成了特色餐饮、特色体验区的服务体系,真实演绎了民国历史文脉,实现了在民国原版的实景舞台上叠合时尚业态,历史与时尚的精彩融合演绎。

第七章
2018年度十大文体产业投融资案例

一、苏宁体育融资

上榜评语：苏宁体育隶属于江苏苏宁集团，是苏宁旗下八大业务板块之一，体育传媒、智能终端、商业零售及足球青训是其四大业务。苏宁体育完成6亿美元融资，由高盛、阿里领投，估值超过百亿。苏宁体育涉及网络电视端观看、移动端资讯、社交互动、用品推广到体育技能培训和健身，2018年，随着苏宁体育旗下的PP体育获得欧冠未来三年的独家全媒体版权，使苏宁体育成为当时中国乃至亚洲顶级足球版权最齐全的平台之一。

二、哔哩哔哩、爱奇艺融资上市

上榜评语：我国知名视频网站B站和爱奇艺双双向美国证监会提交申请，B站（哔哩哔哩）已申请IPO发行4200万美国存托证券（ADS），B站首次公开招股最大募资额将达到6.0375亿美元。爱奇艺也设定赴美IPO价格区间在17～19美元，拟发行至多1.25亿股美国存托股份。这相当于计划IPO融资规模近21.25亿美元，这对于我国传媒企业走向世界资本市场具有重大意义。

三、黑格科技获3.25亿元A轮融资

上榜评语:黑格科技作为国内领先的数字化生产服务商,聚焦3D打印应用和数字化智能制造技术。2018年黑格科技宣布完成A轮3.25亿元人民币融资,由IDG资本领投,深圳富士投资集团,逸辉耀投资跟投。本轮融资将主要在3D打印技术研发和生产、3D打印产业链、企业人才布局等几个维度加大投入,开辟了文化产业装备业的全新商业布局。

四、汉仪字库完成新一轮1.5亿融资

上榜评语:2018年11月5日,中国大陆最早的专业字库公司汉仪字库宣布完成新一轮融资,本轮融资总额为一亿五千万元,由洪泰大文娱产业基金领投,华控基金、长江浙商、杭州复林创业基金等知名投资机构参与投资。汉仪字库成立于1993年,是中国大陆最早专业从事字形设计、字库产品开发、汉字信息技术研究、汉字应用解决方案的文化创意与信息技术企业。

五、十字星获腾讯参投数千万A轮投资,估值超3亿元

上榜评语:2018年11月6日,十字星宣布最近获得了数千万元A轮融资,由腾讯和国内一家游戏公司共同投资。本轮融资将用于新的漫画创作、游戏开发以及对现有IP的深耕。十字星是一家漫画制作公司及游戏开发商,2017年就获得了腾讯的数百万元Pre-A轮融资。现在的十字星拥有完整的上下游开发能力,估值已经超过3亿元。

六、"何仙姑夫"在正式宣布完成A+轮数千万融资,投资方为深创投和百度视频

上榜评语:本轮融资主要用于短视频内容的研发和运营,其次用于围绕产业环节的摸索和布局,如电商和短视频IP开发等。"何仙姑夫"是一个短视频内容品牌和MCN服务商。创始人刘飞称,今后将成立MCN服务品牌"贝壳视频",专注短视频红人孵化。随着行业的成熟,不断挖掘优质内容价值,将"何仙姑夫"在三五年内打造成短视频行业领

先的 MCN 机构。

七、健身品牌 Shape 完成 5000 万元 A 轮融资

上榜评语：2018 年 11 月 27 日，健身品牌 Shape 宣布完成 5000 万元人民币 A 轮融资，由创世伙伴资本领投，老股东清流资本超份额跟投，这是 Shape 自 2018 年年初成立以来的第三笔融资。今年 3 月 Shape 获得真格基金的数千万天使轮融资，6 月获得清流资本数千万 pre-A 轮融资，成为 2018 年健身行业颇受关注的企业。

八、懒人社交完成 1000 万美元 A 轮融资

上榜评语：2018 年 11 月 30 日，懒人社交完成 1000 万美元 A 轮融资，投资方为红杉资本中国、云九资本。懒人社交是一个一站式跨境社交媒体管理平台，支持 Facebook，Twitter，Instagram 以及 LinkedIn 等主流社交媒体的授权服务，可以一键发布到各个授权平台。同时平台提供英文写作团队和大数据分析服务，帮助用户进行社交媒体营销。

九、一休数学思维获千万元天使轮融资

上榜评语：2018 年 10 月 9 日，一休数学思维完成了千万元天使轮融资，由百度风投领投，老股东纬度智投跟投，融资额用于课程研发和软件开发，将会为中国教育产业带来全新因素。一休数学思维目标用户群主打 4～10 岁儿童，数学学科和思维能力训练相结合，教研团队全部来自于牛津、清华、北师大、加州大学等名校。

十、灿星再获 3.6 亿融资，阿里巴巴、腾讯音乐入股

上榜评语：据证监会上海监管局的官方消息，正在 IPO 途中的上海灿星文化传播有限公司完成新一轮融资。杭州阿里巴巴创业投资管理有限公司溢价增资人民币 2 亿元，西藏齐鸣音乐有限公司投入 1.6 亿元，两者分别获得灿星 1.17%和 0.94%的股权。齐鸣音乐股东为杨奇虎和胡敏，杨奇虎为腾讯音乐总经理，胡敏担任腾讯音乐 CFO，这意味着灿星此次融资同时引入阿里巴巴和腾讯两大巨头。

第八章

2018 年度十大体育产业黑科技

一、区块链

上榜评语:区块链在文化产业中的应用范围很广:新闻出版方面,保护原创创新版权保护新方式;在线音乐方面,构建音乐人到消费者的直接交易平台;游戏方面,保护游戏玩家的虚拟资产;影视方面,区块链可以帮助打击盗版……随着大部分数字货币渐渐开始趋于稳定,预计 2019 年市场将复苏,区块链+文化产业将迎来快速发展。

二、智慧空间

上榜评语:智慧空间对于文化产业最大的优势在于场景空间的重新建立。这个场景空间包括生产、策划阶段的办公空间场景、商业流通阶段的营销空间场景、使用体验阶段的消费空间场景。在智慧空间中,文化创意人员可以更好地进行沟通协作,提高工作效率,生产文化创意产品;在营销过程中,智慧空间更全面地模拟用户的使用场景,让文化产品的体验更具沉浸性、说服性和适销性;在使用过程中,智慧空间可以为文化产品的体验提供更为契合的使用环境。

三、量子计算

上榜评语：和传统的计算机相比，量子计算的运作原理是截然不同的。量子计算机可以进行并行计算，一次性处理大量数据，因而可以极大地提高计算速度。量子计算可用于密码破解、气象预报、基因测序药物研发等诸多数据密集型的场景。人工智能和量子计算可以完美结合，让计算机具有自主学习理解人类语言、识别图片和视频、理解媒体内容等功能，从而为文化产业带来良好的发展机遇。

四、数字映像

上榜评语：数字映像是对现实世界物体、流程、系统等进行数字化构建仿真模型，然后进行实时关联。映射的现实世界对象发生变化，数字映像也随之发生相应的变化。数字映像在文化产业同样具有广泛的应用前景。比如文创产品的研发阶段，企业可以构建虚拟化的数字映像，对其进行仿真测试，这些测试结果自动反馈到真实世界的样品上。这样一来，企业的试错成本降低，研发效率提高。

五、自主性设备

上榜评语：文化内容需要载体和渠道触达到消费者，自主性设备相对于传统设备更加便利快捷，无人驾驶汽车、无人机、苹果手机上的的 Siri、智能音箱、机器人，都是典型的自主性设备，都具有不同程度的人工智能，可以进行自动操作，节省大量时间。从而给文化消费者带来更好的体验，同时缩短了文化消费的路径，可以创造新的文化消费场景。

六、ET 工业大脑

上榜评语：基于 ET 工业大脑平台，可以轻松实现数据的采集、分析、挖掘、建模，并且快速构建面向制造业领域的智能分析应用，或将成为人工智能与中国制造业深度结合后的创新基地。文化产业作为高智能行业，这项技术的问世无疑是重大利好。

七、智能数据分析

上榜评语：智能数据分析可以自动从网站、论坛等搜集数据，然后进行统计分析，识别出数据中的模型和规律,然后给出简单清晰、容易理解的结论,并用图表图片等可视化工具展现出来,一目了然。智能数据分析为文化产业的数据分析提供便利,更进一步,是为文化产业的产品流通环节赋能,智能数据分析的便利使得文化产业“商品的跳跃”变得更为从容。

八、边缘计算

上榜评语:边缘计算和云计算相反,当云计算已经不足以即时处理和分析数字平台上的巨量数据时,这个时候边缘计算能够派上用场。比如边缘视频分析技术:在本地对视频进行简单处理,选择性丢弃一些静止或无用画面,只将有用的数据传输到云端,减少带宽浪费,节省时间。这项技术无疑为文化产业的发展插上了高速发展的翅膀。

九、5G 技术

上榜评语:5G 是第五代的蜂窝移动通信,5G 性能的目标是高数据速率,减少延迟,节省能源,降低成本,提高系统容量和大规模设备连接。文化产业的数字化,离不开技术的强力支撑。相较于 4G,5G 带来的变化不仅是速率的提升,更是媒介生态革命,将会触发数字创意产业的业态创新与生态蜕变,文化资源的数字化发展将再上新台阶。

十、AI 驱动技术

上榜评语:在文化产业领域内,人工智能已有大量应用,但主要集中于音乐、新闻出版、视频、旅游等数字内容和电商平台。随着文化产业数字化程度的提高,在文化产业应用的范围也将越来越广泛。央视纪录片《创新中国》节目制作团队与科大讯飞合作,采用了 AI 语音合成技术,让 2013 就已经病故的李易老师的声音能够在片中得以“复活”。人工智能配音让李易老师的声音再次带来感动和惊喜的同时,也见证了科技与文化的完美交融。

主要参考文献

1.中共中央办公厅,国务院办公厅:《关于加强知识产权审判领域改革创新若干问题的意见》,2018.02。

2.财政部:《中央文化企业公司制改制工作实施方案》,2018.03。

3.国务院办公厅:《关于促进全域旅游发展的指导意见》,2018.03。

4.文化旅游部:《关于在旅游领域推广政府和社会资本合作模式的指导意见》,2018.05。

5.国家发改委:《国家五部门联合发文规范主题公园建设要求丰富文化内涵》,2018.04。

6.文化旅游部:《国家文化和科技融合示范基地认定管理办法(试行)》,2018.05。

7.国务院:《知识产权对外转让有关工作办法(试行)》,2018.06。

8.中共中央办公厅,国务院办公厅:《关于实施革命文物保护利用工程(2018～2022年)的意见》,2018.07。

9.中共中央:《乡村振兴战略计划(2018～2022年)》,2018.09。

10.中共中央办公厅,国务院办公厅:《关于加强文物保护利用改革的若干意见》,

2018.10。

11.国家统计局:《文化及相关产业分类(2018)》,2018.11。

12.国家广播电视总局:《关于加快电影院建设促进电影市场繁荣发展的意见》,2018.12。

13.文化和旅游部等17部门:《促进乡村旅游可持续发展》,2018.12。

14.国家发展改革委:《国家发展改革委关于印发山东新旧动能转换综合试验区建设总体方案的通知》,2018.01。

15.山东省人民政府:《山东省新旧动能转换重大工程实施规划》,2018.02。

16.山东省人民政府:《山东省医养健康产业发展规划(2018～2022年)》,2018.06。

17.文化和旅游部,教育部,人力资源社会保障部:《中国非物质文化遗产传承人群研修研习培训计划实施方案(2018～2020)》,2018.04。

18.文化和旅游部,财政部:《关于在旅游领域推广政府和社会资本合作模式的指导意见》,2018.04。

19.文化部办公厅:《"中国民间文化艺术之乡"命名和管理办法》,2018.01。

20.财政部税务总局:《关于延续宣传文化增值税优惠政策的通知》,2018.06。

21.国家发展改革委,国家海洋局:《全国海洋经济发展"十三五"规划》,2017.05。

22.发改委,国土部,环保部,住建部:《关于规范推进特色小镇和特色小城镇建设的若干意见》,2017.12。

23.国家体育总局:《体育标准化管理办法》,2017.08。

24.国家体育总局:《全民健身指南》,2017.08。

25.昝胜锋.《创意中国调研报告2018年卷》[M].山东大学出版社,2018年版。

26.昝胜锋.《创意中国调研报告2017年卷》[M].山东大学出版社,2017年版。

27.昝胜锋.《创意中国调研报告2016年卷》[M].山东大学出版社,2016年版。

28.昝胜锋.《文化产业商业模式》[M].福建人民出版社,2016年。

29.昝胜锋.《文化经济学》[M].中国人民大学出版社,2016年。

30.张旭东著.全球化时代的文化认同[M].北京大学出版社,2005。

31.朱怡芳著.传统工艺美术产业发展与政策研究[M].北京理工大学出版社,2013。

32. 张士闪著.《乡民艺术的文化解读》[M]. 济南:山东人民出版社,2006 年版。

33. 刘德龙主编.《民间俗信与科学文化》[M]. 济南:山东教育出版社,2001 年版。

34. 谈国新,钟正著. 民族文化资源数字化与产业化开发[M]. 华中师范大学出版社,2012。

35. 高小康著.《霓虹下的草根:非物质遗产与都市民俗》[M]. 南京:江苏人民出版社,2008 年版。

36. 殷俊,主编. 动漫产业与国家软实力[M]. 中国书籍出版社,2012。

37. 杭间. 文化创意产业是一把双刃剑[J]. 美术观察. 2007(08)。

38. 曾秀霞,周进国. 论城市体育品牌及广州城市体育品牌的确定[J]. 上海体育学院学报,2009(1)。

39. 刘军. 苏州市大型体育赛事现状调查与发展对策研究[D]. 苏州大学,2012。

40. 张大超,李敏. 我国公共体育设施发展水平评价指标体系研究. 体育科学[J]. 2013。

41. 方雅婷. 苏州市大型体育赛事居民关注度现状调查及提升策略研究[D]. 硕士学位论文,苏州大学,2015。

42. 朱洪军,张林. 大型体育赛事与城市公众参与的实证研究[J]. 体育科学,2014(6)。

43. 孙思哲,岳新佳,程永超. 我国城市群众体育赛事改革研究[J]. 体育文化导刊,2016(5)。

44. 肖剑,蒋新国. 大型综合性体育赛事对举办城市竞技体育发展的影响研究——以广东省第十三届运动会为例[J]. 惠州学院学报(自然科学版),2011(3)。

45. 潘爱玲,刘文楷,邱金龙. 困境与突破:新旧动能转换背景下文化企业商业模式创新研究[J]. 山东大学学报(哲学社会科学版),2018(02):30-37。

46. 齐骥. 文化产业促生经济增长新动力研究[J]. 山东大学学报(哲学社会科学版),2017(03):42-48。

47. 郑道振. 构建运动休闲城市的动力因素分析. 广州体育学院学报[J]. 2016 年 04 期。

48.宫承波,翁立伟.我国新媒体产业模式创新思路探析[J].当代传播,2012(03):56-59。

49.王慧敏.创意城市的创新理念、模式与路径[J].社会科学,2010(11):4-12。

50.吕庆华,芦红.创意城市评价指标体系与实证研究[J].经济地理,2011,31(09):1476-1482。